Hermann J. Huber

Leben Lieben Legenden

Dieses Buch widme ich
Rudolf, Irmgard und Joachim Hutzler
sowie Kerstin, Lore und Simone Swonke.

DANKSAGUNG

Der Autor dankt für die Unterstützung bei seinen Recherchen sowie die Hilfe bei der Fotobeschaffung besonders herzlich: Rolf Bührmann, Jean Daniel Cadinot, Christoph Eichhorn, Wolfgang Fey, Georg Guhert, Gudrun Horstmeier, Rudolf, Joachim und Irmgard Hutzler, Volker Janssen, Bob Lockwood, Andreas Mariot, Egon Nieser, Carla Rehm, Philipp Salomon, Rose Marie Soto, Edith Steinmeyer (WDR-Bildarchiv), Dr. Bernhard Struckmeyer, Kerstin, Lore und Simone Swonke, Wolfgang Theis (Stiftung Deutsche Kinemathek), Georg Uecker, Wolfgang M. Werner.

Zum Autor:
Hermann J. Huber (geb. 1954),
Journalist, Drehbuchautor; bereits während seines Studiums an der Universität München Pressesprecher mehrerer Jugendorganisationen; von 1977 bis 1981 Bundesvorsitzender des Jugendpresseverbandes und des Verbandes "Medien und Jugend in Deutschland"; Pressearbeit für Filmgesellschaften; Hörfunkreportagen für Radio Bremen und Radio Hamburg; Veröffentlichungen zu Film, Fernsehen, Theater in über 35 verschiedenen deutschsprachigen Tages- und Wochenzeitungen, Zeitschriften und Magazinen; Buchautor u.a. der Standardwerke "Schauspieler Lexikon der Gegenwart für Deutschland, Österreich, Schweiz" und "Gewalt und Leidenschaft - Das Lexikon Homosexualität in Film und Video".

Hermann J. Huber

Leben
Lieben
Legenden

Die 60 schillerndsten
Kultstars der Schwulen

FOTOKUNSTVERLAG

© Fotokunstverlag FKV GmbH Berlin/Frankfurt 1989
Herstellung: Fuldaer Verlagsanstalt
Gestaltung: Erhard Pelz
Alle Rechte vorbehalten
Nachdruck verboten

Verlagsanschrift:
FKV GmbH
Redaktionsbüro Frankfurt
Postfach 700 362
D-6000 Frankfurt/Main 70

ISBN 3-922257-97-6

Bildquellen
Archiv Hermann J. Huber
Agentur Alexander, ARD-Spielfilmredaktion, Ariola, Arsenal-Film, Walter Bayer, Ludwig Binder, BR, Jean Daniel Cadinot, CBS, Rosemarie Clausen, Deutsche Grammophon, Edition Manfred Salzgeber, EMI-Electrola, Entenproduktion Bockmayer/Bührmann, Filmverlag der Autoren, Filmwelt, Marcel Fugère, Gero-Video, Peter Godry, Alex Gotfryd, Herbert von Gualtierie, Louis Hamon, Hausmann/Prenzel, HR, IMT/Isabel Mahns-Techau, Volker Janssen, Kristall-Film, Kövesdi, Luxmeta-Film, Merlin-Distribution, Metronome, Neue Constantin, Phonogramm, Polydor, Prokino, RCA, James Robinson, Philipp Salomon, Samy & Mario, Roland Scheikowski, Herman Schulte, Roberto Sani, Scotia, SDR, SFB, Dietmar Seip/WDR, Senator-Film, Wieland Speck, Stiftung Deutsche Kinemathek, Taurus-Beta, Ken Towle, Videobox, UIP, United Artist, Phylis Cerf Wagner, Virgin, Warner Columbia, Warner Bros., WDR, ZDF, dpa (Seite 80, 81, 84, 85, 222).

Inhalt
Leben Lieben Legenden

Inhalt..5	Robert Long..124
Vorwort..6	Ludwig II..128
Helmut Berger......................................8	Barry Manilow....................................134
Peter Berlin..14	Klaus Mann..138
David Bowie.......................................18	Jean Marais..142
Boy George..24	Mary & Gordy....................................146
Bronski Beat.......................................28	Hubert von Meyerinck........................150
Arthur J. Bressan Jr............................30	George Michael..................................152
Jean Daniel Cadinot...........................34	Harvey Milk..154
Truman Capote..................................38	Vaclaw Nijinsky..................................158
Richard Chamberlain..........................42	Klaus Nomi..162
Peter Chatel......................................48	Rudolf Nurejew..................................164
Montgomery Clift...............................52	Pier Paolo Pasolini.............................168
Jean Cocteau.....................................56	Pauline Courage alias Harry Pauly......172
The Communards...............................60	Pet Shop Boys...................................176
James Dean.......................................62	Roger Peyrefitte.................................180
Divine..66	Rosa von Praunheim..........................182
Christoph Eichhorn............................70	Freddy Quinn....................................186
Rainer Werner Fassbinder..................74	Kurt Raab..190
Hubert Fichte....................................80	Rio Reiser..194
Frankie goes to Hollywood.................82	Frank Ripploh....................................198
Jean Genet..84	Tom Robinson...................................202
Boy Gobert..86	Samy & Mario....................................204
Gustaf Gründgens..............................90	Dieter Schidor...................................208
O. E. Hasse.......................................94	Georg Uecker....................................212
Rock Hudson.....................................98	Rudoph Valentino..............................216
Elton John.......................................104	Village People...................................220
Udo Kier..108	Luchino Visconti................................222
T. E. Lawrence.................................114	Oscar Wilde......................................226
Limahl...118	Tennessee Williams...........................230
Bob Lockwood.................................120	Alexander Ziegler..............................234

Hermann J. Huber
Vorwort

Sechzig Stars. Kinohelden, Filmpatriarchen, Theatergötter, Rockgiganten, Ballettgenies, Travestievamps, Poeten, Politiker und ein Märchenkönig. Sechzig Außenseiter als Kultstars. Jeder von ihnen ist eine Legende. Auch die Lebenden darunter scheinen unsterblich. Viele "schön wie ein Gott und männlich wie ein Held", würde Schiller sagen. Viele das Gegenteil und doch nicht minder faszinierend. "Auf Mischung kommt es an", würde Goethe meinen. Es sind Männer jeden Alters, mit bestechenden Leistungen und oft atemberaubenden Schicksalen.

"Auf leisen Sohlen wandeln die Schönheit, das wahre Glück und das echte Heldentum", verkündet Wilhelm Raabe. Unsere Helden, die mit Paukenschlägen Karriere machten, mußten oder müssen sich im Leben nicht selten verstecken, Leisetreter spielen. Leben, Lieben, Legenden: Man müßte Leiden hinzufügen.

Ob es gewürdigt wird oder nicht, schwule Männer wurden über die Jahrhunderte in fast allen kulturellen Bereichen zu Pionieren und Trendsettern. Unsere Stars sind unersetzbare Diamanten dieser glänzenden Kette. Sie schufen Werke, die alle banalen Konventionen und Modernismen überdauern. Doch trotz Erfolg und Triumphen, viele dieser sanften Revolutionäre waren unglücklich, leiden. Unter ihrer Homosexualität, unter deren Ächtung, unter deren Ausbeutung.

"Der Künstler ist der Schöpfer schöner Dinge. Die Kunst offenbaren und den Künstler verbergen ist das Ziel der Kunst. Wer unter die Oberfläche dringt, tut es auf eigene Gefahr."

Oscar Wilde 1890

Jean Marais und Jean Cocteau wurden ein Traumpaar. Montgomery Clift hat sich wegen seines Schwulseins gehaßt. David Bowie kokettiert damit wie andere mit ihrem Porsche. Gustaf Gründgens sah den Luxus darin, seine Homosexualität um Himmelswillen zu verbergen. Peter Berlin und Jean Daniel Cadinot würde ohne sie keiner kennen. Rosa von Praunheim hat ihretwegen Minderwertigkeitskomplexe, ist aber trotzdem auf sie wie ein Schneekönig stolz. Mary & Gordy oder Bob Lockwood zwicken sie in Monroe-Klamotten. Rudolf Nurejew in ein hautenges Trikot. Elton John begleitet sich auf dem Klavier, wenn er sie melancholisch anpreist. Für Truman Capote war sie Religion. Boy George nahm ihretwegen Heroin.

Pier Paolo Pasolini ließ sich auf der Suche nach *ihr* von einem *ihrer* Hurenbengel ermorden. Harvey Milk wurde niedergemetzelt, weil er um mehr Toleranz für *sie* warb. James Dean starb mit 24, zu jung, um *sie* bekennen zu können. Für Rock Hudson kam das Bekenntnis fast zu spät. Arthur J. Bressan, Peter Chatel, Klaus Nomi, Dieter Schidor, Kurt Raab und Liberace fielen im Unwissen, wie gefährlich *sie* geworden ist, dem teuflischen Virus zum Opfer. Robert Long besingt *sie*. Helmut Berger spielt *sie*. George Michael leugnet *sie*. Oscar Wilde war *sie*.

Allen diesen glühend verehrten Stars wurde ihre Homosexualität zum Schicksal.

Mir als Autor schien es wichtig, vor allem auch die

lebenden Kultstars persönlicher vorzustellen. Viel zu lange war es sowieso nur möglich oder opportun, über prominente Schwule erst nach deren Tod Bücher zu schreiben, ungeschönt. Einer großen Anzahl der Stars bin ich persönlich begegnet. Einige habe ich in den letzten Jahren selbst interviewt. Darunter: Helmut Berger, Jean Daniel Cadinot, Richard Chamberlain, Peter Chatel, Christoph Eichhorn, Rainer Werner Fassbinder, Limahl, Bob Lockwood, Robert Long, Mary & Gordy, Kurt Raab, Rio Reiser, Frank Ripploh, Samy & Mario, Dieter Schidor oder Georg Uecker. Die Jüngeren und Junggebliebenen also. Gerade sie dürfen, so meine ich, in einem aktuellen Band wie diesem nicht fehlen. Manchen sind diese Künstler vielleicht zu aktuell. Andere halten es womöglich mit Oscar Wilde: "Es ist höchst bedauerlich, daß man heutzutage so wenig unnütze Neuigkeiten erfährt." Ich halte die Leben, Lieben, Legenden unserer Zeit für mindestens genauso wichtig, auch wenn die Geschichte erst nach uns ihr Urteil fällt.

Die Historie kommt trotzdem nicht zu kurz. Auch nicht, wenn einige schwule Größen fehlen. Ein Buch kann nun einmal nur sechzig, nicht sechshundert Kultmonumente vertragen, soll es Leben beleuchten und kein trockenes Lexikon sein. Warum fehlen die Meister des Wortes Heinrich Heine, Stefan Zweig, André Gide, Marcel Proust, Walt Whitman, Paul Verlaine, Jean-Arthur Rimbaud oder gar William Shakespeare? Warum die Filmlieblinge Charles Laughton oder Maurice Chevalier? Die Filmemacher John Schlesinger, Werner Schroeter, Robert van Ackeren? Sunnyboys wie Thomas Fritsch und Rex Gildo? Die Travestiehexe Romy Haag? Zwitter Amanda Lear? Tennis-As Gottfried von Cramm? Und Poppapst Andy Warhol? Oktavenröhre Hans Rippert alias Ivan Rebroff? Warum Vaclaw Nijinsky und nicht Peter Taschaikowsky? Leonard Bernstein und Benjamin Britten? Oder die vulgäre, aber unentbehrliche Zeltinger Band? Sie und all die anderen schwulen Kulturmänner gehörten genauso in dieses Buch. Und am Ende nicht sogar Marlene Dietrich, Liza Minnelli, Marilyn Monroe und Zarah Leander? Sind sie nicht genauso die Kultstars, zumindest der schwulen Szene?!

Außenseiter als Stars. Fast verbietet sich da eine pompöse Heldenverehrung. Auch Stars, gerade wenn es wie in diesem Buch oftmals Anti-Stars sind, haben große Schwächen und fiese Fehler. Deswegen liebt man sie ja so. Deswegen ist es auch gut, diese Schwächen zu kennen. Ob aus Mitleid oder Schadenfreude spielt dabei keine Rolle. Nicht alle unsere Stars sind, weil sie schwul sind, miteinander verwandt. Viele müssen wie Feuer und Wasser erscheinen. T.E. Lawrence und Divine! Boy George und Ludwig II.!

Ermutigend ist, daß man Schwule als Stars auch im gesamten kulturellen Kreislauf als Menschen besser zu verstehen versucht. Man okkupiert nicht mehr nur ihre Leistungen, bekränzt ihre Taten mit Lorbeer, und weicht ihnen in einer Berührungshysterie privat aus. Es kann nicht angehen, schwule Trendsetter für kulturell "in" und gesellschaftlich für "out" zu erklären. Das wäre zu den vielen, die es auf dieser Welt gibt, die überheblichste Schizophrenie.

Kultstars brauchen uns, ihr Publikum wie ihre Affairen, Drogen, Räusche, Marotten - die Luft zum Atmen. Auch darum dieses Buch.

Helmut Berger
Dorian Gray aus Fleisch und Blut

Paradiesvogel, Jet-Set-Clown, Grazie, Nobelhure, männliche Skandalnudel, die schönste Frau seit Marlene, Kokstucke, Filmgott, Superstar, Nimmersatt, Nacktheld, Überschauspieler, Schmollmodell, Lebenskünstler - eine kleine Sammlung dessen, wie man Helmut Berger in der Weltpresse charakterisiert. Es findet sich in den Stößen von Zeitungsausschnitten kein einziges Zitat, in dem man ihn schlicht ohne Superlativ nur einen Mann nennt. Mit normalen Maßstäben scheint er nicht meßbar, er ist, lebt und leidet außergewöhnlich, durch und durch. Das A-Normale ist ihm zur Norm geworden, das Extravagante zur Pflicht. Er läßt sich auch im Gespräch nicht erfassen, selbst seine Körpersprache bleibt für Deutungen stumm. Seine 40 Filme studieren und daraus ein Bild mit Rahmen zu machen versuchen, aus dem man den echten Berger wiedererkennt, wird als dilettantisches Mosaik verblassen. Er ist ein Geheimcode, den keiner von uns knackt. Eine Sphinx, blendend-schön, glattfrisiert, mit wachen, mißtrauischen Augen; deren Farbe, die uns anstrahlt: eisig blau.

Helmut Steinberger, das Rätsel, wurde am 29. Mai 1944 als Sohn eines Wirts und späteren Hoteliers in Bad Ischl geboren. Er war, kaum zu glauben, ein scheues Kind. "Mein Gott war ich schüchtern. Ich hatte vor meinen Schulkameraden wirkliche Angst, dabei stellten mir einige von ihnen schon frühzeitig nach." In den Bergwäldern, in denen einst Kaiserin Sissi auf die Jagd ging, träumte der Tiroler Junge seine ersten Träume von Theater und Film. Bis zum erstrebten Max-Reinhardt-Seminar in Wien schaffte er es nicht, aber wer konnte ahnen, daß er dieser Kaiserin als Bayernmonarch Ludwig II. - wenn auch nur auf der Leinwand - einmal begegnen wird.

Mit seinem energischen Vater verstand er sich nicht. Umso mehr hielt seine Mutter zu ihm, in den wenigen Wochen, in denen sie ihn während der Ferien zu Gesicht bekam. Denn von frühester Jugend an hatte man den sensiblen Helmut in Internate gesteckt. Eines davon war das Franziskaner-College Feldkirchen. Außer Sprachen wollte der kleine Schönling nichts lernen. "Nur ein schwuler italienischer Professor hat mich über die Matura (Abitur) gerettet." Auch die

"Ich bin durch die Hölle gegangen, ich habe alles gemacht, alles erlebt, aber ich will mehr."

Helmut Berger

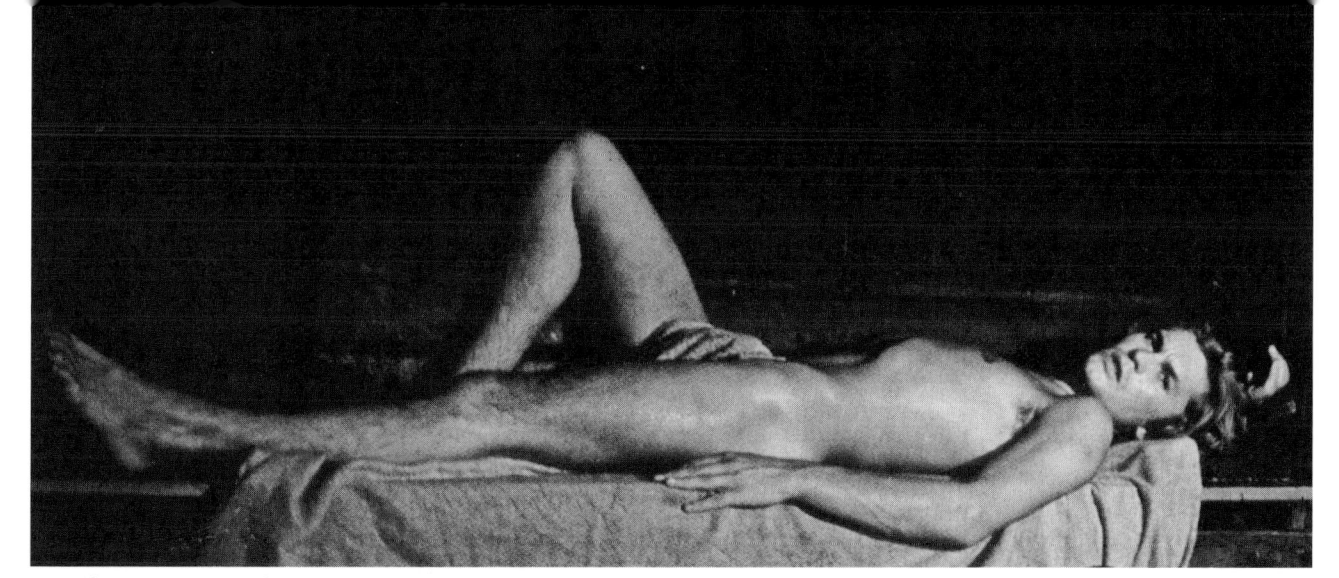

Hotelfachschule, auf der sein Vater bestand, wurde zum Reinfall. Es zog ihn weg von zu Hause, er verließ Salzburg, wohin es seine Familie verschlug.

Aus der Provinz ins Leben: Helmut Berger sah in den Spiegel und beschloß, sein Luxusgesicht zu Geld zu machen. Unversehens war er Dressman und Fotomodell. 1,80 Meter groß, stahlblaue Augen, blonde Mähne, Idealgewicht von 68 Kilo, den Tick Erotik im Blick, trampte er durch Europa. Sein Bildnis mit genauen Körpermaßen lag in Dutzenden Modellagenturen von London über Paris bis München. Nebenbei jobbte er als Parkplatzwächter, Barmixer, Kellner oder Aushilfskraft an der Hotelreception. Das Fazit einer Reise: Er tourte durch die Schweiz, hurte durch Paris und posierte sich durch London. Berger: "Perfekt, nicht wahr?"

Schließlich ging er nach Italien, das ihm bis dahin verhaßt war, auch oder gerade, weil er selbst einen italienischen Großvater hatte. "Italien, das war für mich Rimini und die ganze Touristenseligkeit. Ich habe sogar abgelehnt, Italienisch in der Schule zu lernen. Und dann kam Visconti, der hat Italien zu einem Paradies für mich gemacht." Bevor dieser Übervater, Geliebte und Gönner in sein burschikoses Leben trat, ließ sich der Austro-Beau an der Universität Perugia nieder, eben, um das Verlorene nachzuholen, Italienisch zu lernen. Bei Ausflügen nach Rom kam er immer öfter mit Schauspieler-Cliquen zusammen. Da war er ganze 21 Jahre alt.

In der Filmstadt Cinecitta, diesem Moloch vor Roms antiken Toren, stand sich Helmut Berger zunächst die Füße in den Bauch - als Statist für aufwendige oder schäbige Filmproduktionen. Hier, zwischen den Kulissen, so erzählt er stets, sah ihn Luchino Visconti. Doch es war anders. Visconti ist ihm in einem deutschen Hotel begegnet, wo Berger als Kellner jobbte. Vielsagende Blicke. Und so wie er einst Alain Delon als Stricher aus dem Pariser Hinterhof-Milieu herausgefischt hatte und ihn mit "Rocco und seine Brüder" zum Weltstar erschuf, so nahm er sich nun dieses jungen, adonishaften Österreichers an. "Ich konnte nicht sprechen, gehen und stehen. Erst er hat mir alles beigebracht." Visconti, schon 62 Jahre und damit fast dreimal so alt wie sein Schützling, gab Berger 1968 in "Hexen von heute" die erste winzige Rolle. Silvana Mangano, Annie Girardot und Clint Eastwood an seiner Seite waren bereits Stars. Er traute sich nicht, seine "Kollegen" überhaupt nur nach etwas zu fragen.

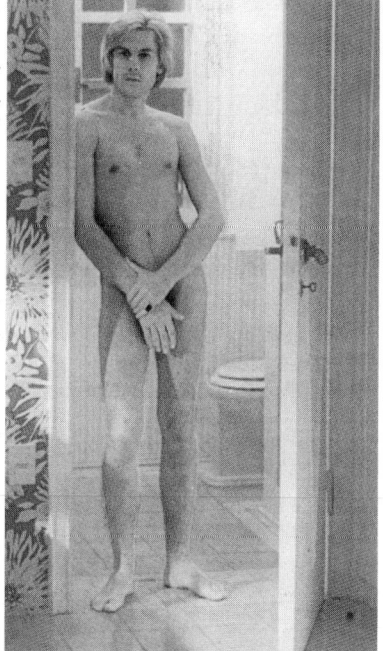

Helmut Berger
"Das Bildnis des Dorian Gray"

Wie sehr sich Visconti gleich beim ersten Zusammentreffen der beiden in Berger verliebt hatte, schilderte ein

Freund nach Viscontis Tod: "Der war verloren. Wie er ihn im Restaurant ansah, wie er ihn zu Hause umhegte, das bedarf keiner Deutung mehr." Lange überlegte Visconti, der Ästhet, wie er seine Neuentdeckung dem Kinopublikum darbieten könnte. Mutig gab er ihm in einem neuen Starensemble die Hauptrolle im ersten Teil seiner deutschen Trilogie "Die Verdammten" (1968). Es war dies der pointierteste Charakter des großbürgerlichen Untergangsdramas im aufkeimenden Nazi-Deutschland. Als Industriellensohn vergewaltigt er auf dem Weg zur Macht sogar die eigene Mutter, treibt ihren Liebhaber in den Selbstmord, um dann ungestört die Transvestitenrolle spielen zu können: Hat er als Marlene Dietrich beim Geburtstag des Großvaters noch alle geschockt, wagt es jetzt keiner mehr, ihn zu unterbrechen, als er in SS-Uniform erscheint. Der Film, der im Blut- und Spermabad des Röhm-Putsches einen bombastischen Höhepunkt hat, war für Berger mehr als das Geschenk eines Lebensgefährten und Mentors. Die Kritik überschlug sich. Und schon bald sollte Marlene Dietrich selbst, die er so unnachahmlich und kokett imitiert hatte, in ihren Memoiren schreiben: "Ich habe das Wunder, wie jemand einen Schauspieler erschafft, nach Josef von Sternberg (mit ihr selbst) nur noch einmal erlebt: Luchino Visconti gelang es mit Helmut Berger."

Berger als Marlene, keiner und keinem ist dieses travestische Glanzstück jemals kühner und realistischer geglückt. Hier spielte ein Narziß, einer, der Frau und Mann in seiner androgynen Seele vereint. Zwei Jahre später hat er das als "Dorian Gray" (1970) unterstrichen. Massimo Dallamano drehte diesen Film eigenartig verquer, hatte Oscar Wildes Roman ins London der 70er Jahre verpflanzt. Doch Berger nahm diese Klippen. Schöner, brutaler, einnehmender hätte der "lebende" Dorian Gray aus dem Roman nicht sein können. Göttlich nackt verbrachte er die Hälfte des Films damit, Frauen und Männer zu verführen, keiner kam ihm aus. Eine bessere Besetzung des Wilde'schen Narziß gab es nicht: Berger spielte sich selbst.

Helmut Berger als König Ludwig II.

Kein Magazin mehr, kein Klatschkolumnist, der sich fortan nicht für die Eskapaden des neurömischen Wundermanns interessierte. Seine Amouren füllten die Weltpresse, kein Filmstar war auf Schicki-Micki-Parties so begehrt. Mal schlief er mit Mick, mal mit Bianca Jagger. Mal, will man einer Zeitung glauben, "vernaschte er sieben Jungs auf einen Streich". Und trotzdem, Visconti hielt seinen Star noch einigermaßen im Zaum. Sein Rezept hieß Beschäftigungstherapie. Für den Hochglanzfilm "Ludwig II." (1972) drehte er über ein Jahr. Als schwuler Bayernmonarch bewies Berger, was schauspielerisch in ihm steckt. Seelenkostüm und ästhetisches Gehabe - wieder sind sie deckungsgleich. Berger arbeitete sehr diszipliniert, um dieser realen Traumfigur so nahe wie möglich zu kommen. Schwarz gefärbte Haare, angemalte Röschen, später ausgestopfter Mund, Blechgebiß, täglich viele Stunden Maske. Eine Tortur, die der nervöse Star mit viel Zureden seines Geliebten Visconti überstand. Dennoch, einmal schmiß er die Produktion. Er weigerte sich, einen jungen Schauspieler auf den Mund zu küssen: König küßt Lakai. Visconti brach ab, schickte die Memme nach Hause. Kleinlaut kroch Berger nach Schloß Linderhof zurück.

Wieder versöhnt, lebten beide in ihrer Sieben-Zimmer-Wohnung in Rom. Doch während Visconti neue Drehbücher sichtete und ausfeilte, war er, sein Lebensinhalt, der Stoff für die Klatschspalten. Drogen, Räusche, Affairen füllten Bände. Visconti war krank. Sein Krebsleiden machte ihm mächtig zu schaffen. Doch jetzt, 1974, drehte er, so das Urteil der Nachwelt, seinen genialsten Film: "Gewalt und Leidenschaft". Berger spielt darin einen jungen Deutschen, eine Nobelhure, einen APO-Versprengten, einen Dealer, der sich mit der rechtsradikalen Szene einläßt. Eine reiche, schrille Marchesa nimmt ihn in Beschlag. Er schläft mit ihr, ihrer Tochter und deren Freund. Der Professor (Burt Lancaster), in dessen römischem Haus sie sich kurzerhand einquartieren, schließt den jungen Rebellen in sein Herz. Er wird für ihn die Verkörperung des Eros schlechthin. Er pflegt ihn, als er von Radikalen blutig geschlagen wird, nimmt ihn in Schutz. Konrad, so Bergers Rollenname, stirbt. Ob Selbstmord oder Mord, die Schuldfrage hat am Ende ihren Sinn verloren, denn der Professor bleibt allein.

Dieser filmische Zusammenprall von Kunst und Leben, Jugend und Alter ist so mitreißend inszeniert, daß die Parallelen zum Zusammenleben von Visconti und Berger offensichtlich wurden. Ein Freund Bergers: "Das war die Rache Viscontis an seinem Schützling. So bestialisch, so gelackt, so eklig-schön hatte er ihn nur dargestellt, weil er wußte, daß er von ihm nichts mehr zu erwarten hatte." Visconti starb 1976. Er setzte Berger als Universalerben ein. Berger verdrängte den Verlust seines Geliebten. Er stürzte sich noch stärker in die Glitzerwelt der Society. Doch im März 1977 wurde er bewußtlos in seiner Wohnung gefunden, vollgepumpt mit Schlaftabletten und Alkohol. Selbstmordabsichten wies er in Interviews entschieden zurück: "Wofür denn, warum denn? Es war ein Unfall. Ich brauche Tabletten, weil ich ohne sie nie einschlafen kann." Die Ärzte konnten ihn nicht halten. Er taumelte von einem Vollrausch zum nächsten. Exzesse waren die Folge. Das Münchner Nobelhotel "Vier Jahreszeiten" erteilte ihm lebenslages Hausverbot. Er hatte nächtelang Männerorgien gefeiert, die Tapeten abgerissen, die Wände mit Pisse und Kot beschmiert.

Doch er fand zurück zu seiner bewunderten Arbeit: Eine Glanzleistung bot er in Claude Chabrols Fernsehserie "Fantomas". In unzähligen Masken, Fummeln und Bonmots zeigte der verwöhnte Partylöwe, daß er doch ein perfekter Schauspieler ist. Die Kunst, vom satanischen Grinsen ins einnehmende Lächeln wechseln zu können, ließ erkennen, daß er hinter der zur Schau gestellten kalten Arroganz doch eine Seele besitzt. Viscontis Tod, die ungewohnte Haltlosigkeit setzten ihm mehr zu, als er selbstsicher zugeben wollte: "Ich bin durch die Hölle gegangen. Ich habe alles gemacht, alles erlebt. Aber ich will mehr ... Irgendwie lebe ich mich zu Tode." Angst vor AIDS indes wehrte er ab. Er hat bis heute keine Probleme, sich zu seinen zahllosen Sexabenteuern zu bekennen: "Ein leeres Marmorbad am Morgen ist wie ein Champagnerglas ohne Inhalt."

1983 glaubte man, Berger wolle mit seinem Einstieg bei "Denver" noch einmal die große Karriere beginnen. Linda Evans, die schon mit dem schwulen Richard Chamberlain für Pressestories geturtelt hatte, hatte den gerade 40jährigen Berger nach Amerika geholt. Doch "Dynasty" wurde, wie Berger

Helmut Berger als "Marlene" in "Die Verdammten"

Helmut Berger in "Das fünfte Gebot"

selbst meinte, ein Reinfall. Für seine Ex-Kollegen hat er heute nur noch Häme übrig: "Joan Collins und ihre Typen sind doch nervöse Tunten. Nach zehn Stunden Warten bei den Dreharbeiten verfallen die so in Trübsinn, daß sie ihre Bankauszüge zu lesen beginnen, so lange, bis sich ihre Mienen wieder aufhellen. Joan Collins ist doch ein gieriges Geldweib, das für Millionen Dollar jeden Dreck spielt."

Bergers dreizehnteiliges Gastspiel beim "Denver Clan" als Windhund Peter de Vilbis geriet zum Flop. Seine markante Erklärung: "Visconti hat mir mit auf den Weg gegeben, daß ich immer nur der Star eines Films sein kann. Das ist schwerer als alles andere, Helmut, hat er gesagt, aber so will dich das Publikum, oder gar nicht! Er hat recht." Daß ihn die amerikanischen Seifenoper-Darsteller so von oben herab hinauskomplimentierten, brachte ihn in Rage: "Meine Filme sind längst Klassiker, in die Filmgeschichte eingegangen. Gibt's in dieser Serie einen einzigen Darsteller, der ein ähnliches Ergebnis nachweisen kann? Gibt es einen Film von John Forsythe, den man sich gemerkt hat, oder von Joan Collins? Ja, hat Clark Gable fünf Filme gemacht wie ich, die ihre Zeit überdauert haben?"

Bergers Selbstbewußtsein ist gigantisch. Doch irgendwie hat er recht. Kein europäischer Weltstar hat auch sexuell so geprotzt wie er. Und doch weiß keiner angeblich genau, ob er bi- oder ganz homosexuell ist. Dieses Rätselraten genießt er, er ist ja eine Sphinx. Freunde, die seine berühmt-berüchtigten Parties auf seiner römischen Dachterasse erlebten, wissen, "daß die Blonde mehr auf Jungs steht". Keiner hat so viele schwule und bisexuelle Rollen verkörpert wie er. All diese Streifen sind Welterfolge geworden. Aus dem hektischen Filmgeschäft zieht er sich zunehmend zurück. Die Visconti-Tantiemen erlauben es ihm.

Nach Touren von Cannes bis L.A., Gefängnisstippvisiten, Drogenprozessen lebt er wieder zu Hause, in seinem post-antiken Barock- und Marmorparadies

Helmut Berger zusammen mit Senta Berger in "Reigen"

über den Dächern der ewigen Stadt. Dieses Reich aus surrealen Gemälden, arabischen Kissenlandschaften, kostbaren Bädern, hellen Seidentapeten, vergilbten Marlene- und Marilyn-Postern in der Via Guido Banti 34 ist der Zufluchtsort vor denen, die ihn nerven. Und wer tut das nicht?

In drei Kategorien hat er dem Journalisten Rolf Thissen gegenüber einmal die Menschen eingeteilt: in Eintagsfliegen, in Ausnützer und Liebhaber. Wo er hingehört - versuchen Sie's mal.

Peter Berlin
Der blonde Vulkan

Jeder schwule Mann kennt Peter Berlin. Er ist ein Sexsymbol, ein Kultstar, eine Legende. Er hat sein eigenes Image. Keiner hat es ihm verpaßt, er hat es selbst erfunden. Und er hütet es wie seinen Augapfel. Seine Erscheinung ist unverwechselbar. Scheinbar ist er auch nicht gealtert. Trotzdem, Peter Berlin hat zwei Gesichter. Er ist der fleischgewordene Erzengel mit der Lanze genauso wie Luzifer mit der Peitsche, der Sohn der Göttin Aurora. Blonde Pagenmähne, firmamentblaue Augen, schlank wie eine Gazelle, mit seinen Wundermuskeln jedoch stark genug, Feinde abzuwehren und Diener anzuwerben. Sein Narzißmus ist Kunst.

Schwer, sehr schwer ist es, über Bilder, Portraits und Filme hinaus an ihn selbst heranzukommen. Der Provokateur männlicher Geilheit ist und lebt distanziert von denen, die er provoziert. Ja, er ist schüchtern. Er führt ein Doppelleben, bewußt. Nach außen verwirrt er durch lasziziver Auftreten, für sich privat ist er ein Philosoph. Die meiste Zeit verbringt er damit, still, über Dutzenden von Büchern oder an ruhigen Plätzen nach dem Sinn des Lebens zu forschen. Er ist ein Grübler.

Oft schließt er sich in seinen Appartements in New York oder San Francisco ein und verläßt zwei Wochen lang nicht die Wohnung. Freunde bringen ihm Brötchen, Obst, Milch, das Notwendigste zum Leben. Arbeiten, also Fotografieren und Modellstehen, bei ihm sowieso ein und dasselbe, müßte er nicht mehr. Seine Videos, Fotos, Postkarten sind auch ohne geschäftstüchtiges Rühren der Werbetrommel ein Renner. Es ist so, als hätte er einen Sensationsroman, einen Weltbestseller geschrieben, der nun immerzu läuft, ständig neu aufgelegt wird. Oder einen jener Evergreens, die rund um den Globus aus jeder Musicbox dröhnen. Vielleicht weil er das weiß, ist er phlegmatisch. Man muß ihn antreiben, neue Motive zu finden, neue Bilder zu schießen. Er könnte als Akteur und als Regisseur Dutzende von Videos drehen, auch aus Deutschland werden

"Ich würde mich liebend gerne mit meinem Image in den Central Park oder auch mitten auf den Time Square in New York stellen und dort erotsiche Fotos machen. Leider bin ich zu scheu und habe nicht den Nerv dazu, doch ich wäre der glücklichste Mensch, wenn ich's könnte."

Peter Berlin

ihm laufend Angebote gemacht. Doch, wieso soll er sich diesem Streß unterziehen? Ganze zwei Filme hat er in seinem Leben gedreht, und das schon vor 15 Jahren. Weil er in unzähligen Galerien, Ausstellungen, Läden, Magazinen optisch ständig präsent ist, glaubt man, er produziere unaufhörlich. Man ist überrascht, wenn man von seinen Lebensgewohnheiten erfährt - und von dem minimalen Einsatz und der gigantischen Wirkung. Das Erfolgsgeheimnis?

Geheimnis: 1943 kam er in Berlin zur Welt. Es war Krieg, schlechte Zeiten. Auch seiner Familie, alter deutscher Adel, blieb nichts von dem Elend erspart, in dem die Stadt noch weit in den Fünfzigern weilte. Sein bürgerlicher Name ist heute tabu. Man muß das verstehen. Yellowpress und Lilapress stürzen sich gierig auf jeden Von-und-Zu, der den Lehnstuhl seines aristokratischen Umfelds verläßt. Auch Peters Sippe würde wahrscheinlich toben. Nach der Schule absolvierte er, noch an der Spree, eine Ausbildung als Fotomechaniker bei einem Industriefotografen. Außerdem besuchte er eine Fachschule für Fotografie. Er ist also handwerklich ein Profi. 1970 zog es ihn zum ersten Mal für längere Zeit in die Staaten. Er war ein Blumenkind, ein passionierter Hippie. Nach Tramps durch Rom und Paris nahm er 1971 endgültig Abschied von der alten Welt. Goodbye Europa!

In New York und San Francisco war das Gay-Fieber entbrannt, man wagte nun, sich und seine Gefühle zu zeigen. Peter fühlte sich hier in diesem Garten Eden sofort himmlisch zuhause. Er flanierte an der Schwulenmeile er Welt, der Polk Street, und sah, welche Begeisterung er auslöste. Seine schwarzen Lederhosen waren knapp, eng, die offene Jacke konnte seinen nackten, sehnigen Oberkörper nur betonen. Nachts schweifte er durch die Parks, in diesen genital-sexy Klamotten. Die ersten Schwulenpornos, die er sah, regten ihn nicht sonderlich auf. Wieso sollte man nicht erotischere drehen? Als Produzent und Hauptdarsteller in einem bereitete er sich vor, den schwulen Kultfilm des Jahrzehnts zu inszenieren.

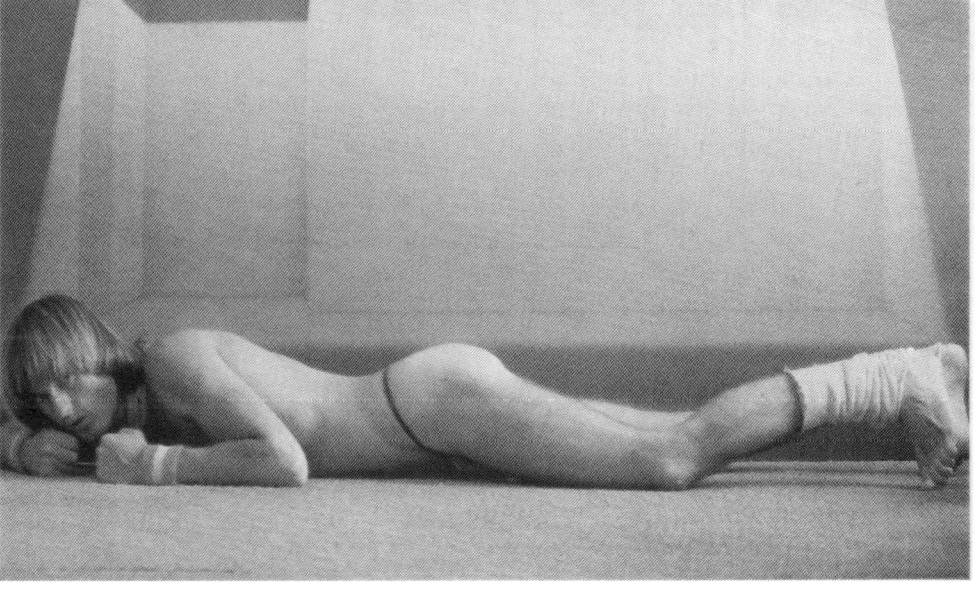

"Nights in black leather" (1972/73) ist heute Nostalgie und Historie in einem. Dieser Film strotzt von sexueller Befreiung. Peter Berlin setzte sich selbst und seinem

Phallus ein Denkmal. Diese Erektion geht nie mehr zurück. Was ist so aufregend an diesem St(r)eifen? Ein blonder Engel, knapp an die 30, das Gesicht ephebisch glatt wie 20, wild, unverbraucht, sucht seinesgleichen. Und er findet Blumenkinder, langmähnig, kernig und sogar etwas weichlich. Das Liebesabenteuer im Park, am Waldrand, gehört zu einem Höhepunkt des schwulen Sexfilms. Heute würde so nicht mehr gedreht, ja die Fickszenen (gestellt!) sind sogar dilettantisch. Aber wie und mit welchem Drumherum es dargeboten wird, ist unglaublich, unglaublich erotisch. Peter Berlin ist in seinem Film auch der Sklavenmeister. Wie er seinen Diener anstachelt, wie er sich huldigen läßt, verrät sehr viel von seiner beabsichtigten Wirkung. Ein Bonmot am Rande: Während an der Kellerwand das gerade zum Symbol gewordene Peace-Emblem der Blumenkinder-Generation groß ins Bild tritt, legt Peter Berlin seinen Sklaven in Ketten!

1975 drehte er "That Boy"; wieder lief der Film mit überwältigendem Erfolg in den amerikanischen Kinos. Die Nachfrage wuchs. Er hat sie mit selbstfotografierten Bildern bis heute befriedigt. Er ist so Narziß, daß er nur sich selbst als Fotografen zuläßt. Oder, daß er als Fotograf nur sich selbst als Modell engagiert. In einem aufregenden und einem sehr seltenen Interview mit dem Berliner Galeristen Volker Janssen (für "Männer") meinte er dazu: "Die Idee finde ich aus meiner Sicht gar nicht so ungewöhnlich, sondern eher logisch. Um meine Vorstellungen von Ästhetik in der Fotografie zu verwirklichen, brauche ich ein Modell, das erstens meinen Anforderungen entspricht, und zweitens immer dann, wenn ich in der Stimmung bin, Fotos zu machen, in der gleichen Stimmung ist und Lust hat, fotografiert zu werden. Ein solches Modell gibt es nicht. Ich selbst dagegen stehe mir jederzeit zur Verfügung, das zu tun und auch nachzuempfinden, was ich als Fotograf gerade machen will."

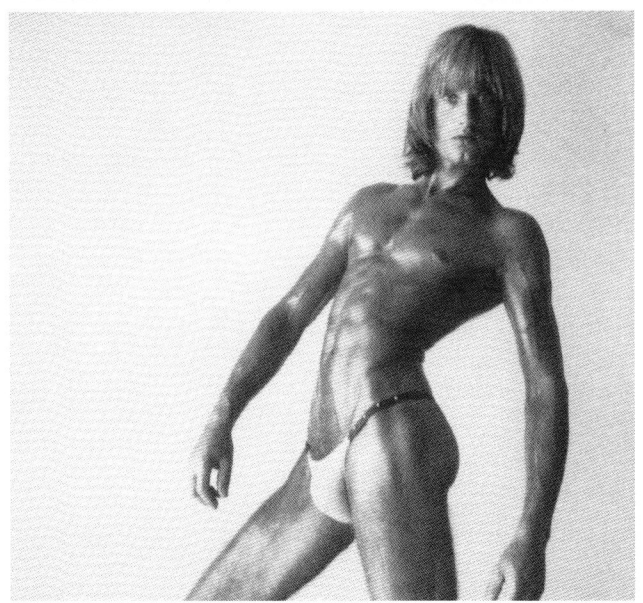

Er weiß, die Bilder, die er für sein Image, das "Peter-Berlin-Label", benötigt, könnte kein anderer Fotograf realisieren. Er läßt sich daher vorsorglich auch privat, im Gespräch, mit Freunden niemals ablichten. Und auch selbst verspürt er kein Interesse, andere aufreizende Männer vor seine Kamera zu holen. "Die, die sich als Modell eignen würden, sind meistens nur flüchtige Bekanntschaften, die kommen und auch schnell wieder gehen." Hast, Hektik haßt er. Er will Zeit für seine Arbeit. Und: "Für mich können gute erotische Fotos nur in einer völlig intimen und von mir kontrollierten Umgebung entstehen. Sobald ein Fremder dazukommt, ist die Atmosphäre gestört."

Peter Berlin ist ein komplizierter Mensch. Vor allem aber nicht das vermutete Sexmonster. Angst vor AIDS kennt er nicht, weil er keinen an sich 'ran läßt. Schon in Berlin fanden ihn die Kerle, vor denen er in den Parks provozierend posierte, "arrogant und zickig", weil man ihn nicht anfassen durfte. Er lebt Sexualität, gerade die eigene, visuell aus. Für ihn ist es der Höhepunkt, wenn ihn andere beim Betrachten seines Körpers erreichen. Noch heute, knackig, viril, Wahnsinnsbody, streift er in hauchdünnen Nylonhosen durch die nächtlichen Parks von New York und San Francisco. Manchmal ist er sogar nackt. "Das ist seine Form von Sexualität", beschreibt es einer seiner Freunde. Daher wünscht er sich auch, er könnte für seine Bilder mitten im Millionen-Meer von New York auf offener Straße, bei Tageslicht, Modell stehen. Seine Befangenheit hält ihn ab, seine Scheu läßt ihn dieses Schauspiel nicht wagen.

Das Sexidol lebt, weil es zurückgezogen lebt. Peter Berlin hat es verstanden, sich nicht zu verschleißen. Mit 45 ist er noch aufregend wie vor 15 Jahren. Daß er mehr und mehr mit Wasser- und Acrylfarben an seinen neueren Fotos herumretuschiert oder die Posen mit Airbrush verfremdet, mag daran liegen, daß es ihm Spaß macht zu experimentieren, als daran, daß er sich fotografisch liften müßte. Er verabscheut Sterilität und huldigt der Atmosphäre. Wer nur seinen eigenen Körper als Motiv kennt, muß, will er nicht an Langeweile sterben, imaginieren. Peter Berlin ist zur Imagination geworden.

David Bowie
Gigolo, Tunte, Pontius Pilatus

Was gibt es zu ihm noch zu sagen? Ob als Rockstar oder als Schauspieler, er ist seiner Zeit immer um eine Schlagzeile voraus. Ein Trendsetter, ein Geschmacksstratege, ein Phänomen. Er hat mehr über sich erzählt, als gedruckt werden kann. Und doch hinterläßt er für das jeweils völlig Neue, das er anpackt, nur Rätsel. Auf dem Höhepunkt seiner Rockkarriere verblüffte er seine Fans mit der Nachricht: "Rock ist eine langweilige Sackgasse, und ich will kein abgewichster Rocksänger werden." Als man ihn nach "Merry Christmas, Mr. Lawrence" als Kinostar umjubelte, tönte er: "Wartet mal ab, wenn ich eine richtige Rolle bekomme!" Satt, das muß man zugeben, ist er nicht geworden, trotz 15-Millionen-Dollar-Plattenverträgen und Filmgagen, wie man sie nur Hollywoods High Society hinblättert. David Bowie rackert. Scheinen auch seine wilden Orgienjahre vorbei, im lila Lehnstuhl nimm er nicht Platz: "Oh, Kinder, ich will noch so viel erleben!"

Sein grenzenloser Erfolg wurde ihm nicht an der Wiege gesungen. Die stand in Brixton bei London, in einem Arme-Leute-Milieu. Hier, wo er im Januar 1947 zur Welt kam, hatten sich die Einwanderer aus Jamaica und Irland niedergelassen. Die Straßen schmutzig, die Wahrscheinlichkeit noch als Junge da herauszukommen, gering. David Jones, wie er bürgerlich heißt, mußte auch zu Hause kämpfen. Sein Bruder war geistig behindert, seine Mutter darüber fast verzweifelt. Wegen Pflege und Fürsorge fehlte das Kleingeld, das andere Jungen bekamen. Doch David entwickelte schon als Kind den Instinkt, wie es geht, trotz widriger Umstände Anerkennung zu erfahren. Ein Vehikel: die Musik. Mit 13 spielte er sich in Schülerkonzerten in die Herzen von Kameraden, Eltern und Lehrern. Damit wurden zudem viele seiner schlechten Leistungen in anderen Fächern kompensiert. An der Bromley Technical High School erwarb er sich die Kenntnisse, die ihm später auch als Musiker zugute kamen. Er weiß nicht nur, wie man eine Anlage richtig bedient, er kann sie notfalls auch instandsetzen und selbst reparieren.

"Natürlich habe ich Männer geliebt. Und Männer, ob Strichjungen oder Schauspieler verehren mich ekstatisch."

David Bowie

Mit 16 fühlte er sich stark genug, seine erste Band aus der Taufe zu heben. Zuvor hatte er sich bei einer Schlägerei mit Freunden ein lädiertes Auge geholt. Seine giftgrüne Pupille, das Geheimnis für die unnahbare Distanz, war blutunterlaufen und zeigt noch heute diesen fast erotisierenden rötlichen Dauerstich. "David Jones and the Lower Third" tingelten durch drittklassige Clubs, oft ohne Gage. Selbst die Brause mußten sie mitunter selbst bezahlen. 1969 ging der Fuchs mit Gespür fürs Popzeitalter neue Wege. Er gründete seine legendäre Formation "The Spiders from Mars". Nicht Musik allein bestimmte das Szenario, oft war sie gar nur Staffage, entscheidend wurden die kunterbunten, bizarren Kostüme. Er selbst zwängte sich in hauchdünne Negligés, Strapse, Nachthemden, lila Strampelhöschen. Man sah, hier agiert ein Kerl mit verteufelter Ähnlichkeit zu einer Frau.

"Ziggy Stardust" - das Album wurde 1972 ein Welterfolg - verblüffte die Popszene. Ein Mann powert als Frau, zumindest als androgyne (das Wort wurde damals noch nicht verstanden) Erscheinung. Bowie zeigte, seht' her, das bin ich, endlich seht' ihr mich so, wie ich bin. Dieser Glamour, diese verrückte Maskerade förderte sein alter ego, sein wahres Ich, zu Tage. Die Medien schrieben nur von Bi-Sexualität des Satin- und Pumphosen-Rebellen, er selbst zog jedoch freiwillig

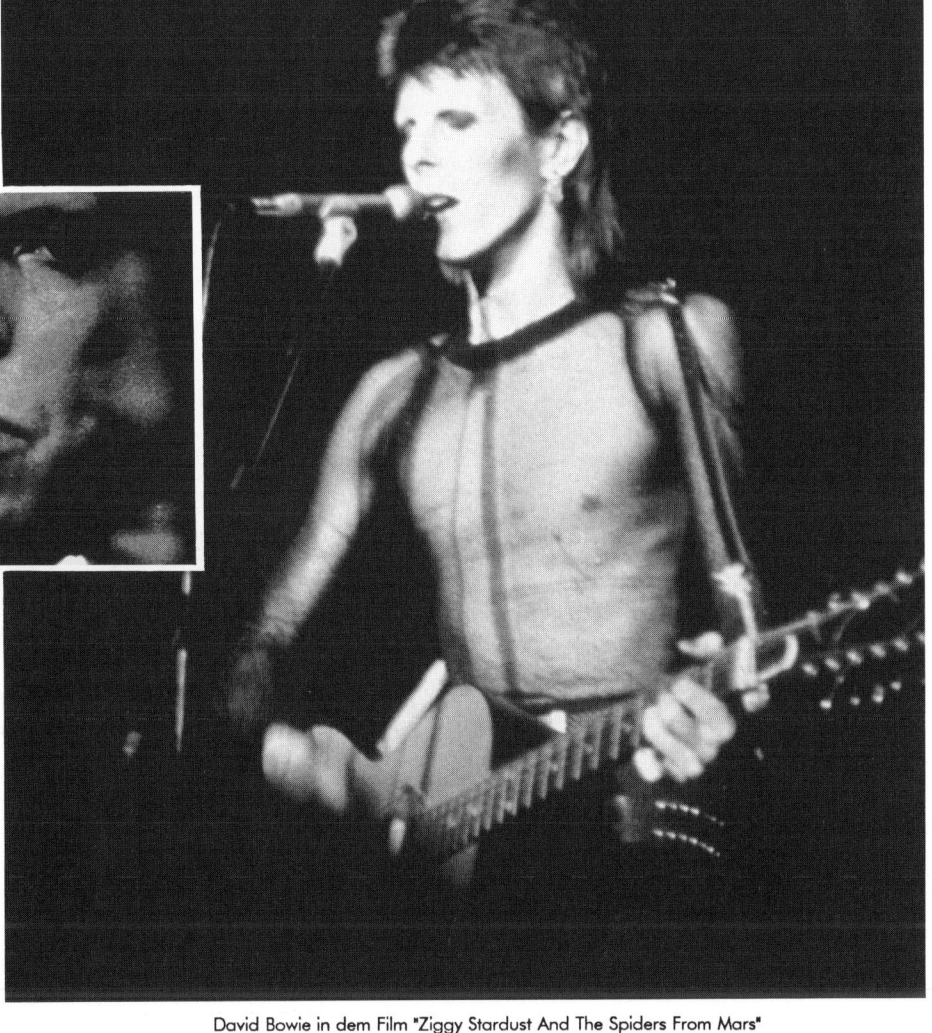

David Bowie in dem Film "Ziggy Stardust And The Spiders From Mars"

in die Schwulenszene ein. Offen trampte er durch Londons Gaybars, angemalte, ausgelassene Kerle im Arm. Der Film "Ziggy Stardust and the Spiders from Mars" kam zwar erst 1982 (!) in die Kinos, aber sein Coming-out-Konzert vom 3. Juli 1973 im Londoner Hammersmith Odeon war auch so als revolutionäres Ereignis weitverbreitet genug.

Kritiker warfen ihm vor, er habe sich sein bisexuelles Image nur verpaßt, um Plattenkäufer zu ködern. Welch' verkehrte Definition! Während die meisten Plattenfirmen ihren Stars andere Neigungen fast per Vertrag untersagen, soll einer zum Ankurbeln seiner Karriere von

David Bowie in "Labyrinth"

diesem ungeschriebenen Gesetz abgewichen sein? Wer kokettiert damit - wenn es nicht stimmt - auch Männer zu mögen? "Männer, die Männer lieben, zu reizen und Frauen wild zu machen, die ihn wieder ans andere Ufer zu ziehen versuchten ... darin steckt der Erfolg", diese Definition ist auch für ein führendes deutsches Pop-Lexikon (so geschehen!) ein Armutszeugnis dümmlichsten Ausmaßes.´ Bowie empfand die Gelegenheit, sich endlich in Verkleidung seiner Gefühle zu entkleiden, als passend genug, er mußte keine schwachsinnige bisexuelle Lügentheorie stricken.

Wie wenig sich der Marlene-blonde Superstar verstellen mußte, bewies er 1975 in Nicolas Roegs Film "Der Mann, der vom Himmel fiel". Bowie spielt einen androgynen Außerirdischen, der sich auf die Erde flüchtet, weil sein Heimatplanet bedroht ist. Neben einer Kleinstadtkellnerin fällt auch ein schwuler Rechtsanwalt auf den sinnlichen Jüngling herein. Wie in "Performance" mit Mick Jagger nahm sich Roeg auch für diesen Erfolgsstreifen einen Kerl, der männliche und weibliche Züge irritierend (so meinte Kritiker Bodo Fründt) in sich vereint. Ein Kampf der Geschlechter, der dem engelsgleichen Wesen Bowie auf den Leib geschrieben schien.

Wo konnte er die neu gewonnene Souveränität seiner sexuellen Empfindungen besser ausleben als in Berlin. 1977 zog es ihn in die Szene an der Spree. Hier produzierte er auch seine LPs "Low" und "Heroes", hier schrieb er die Filmmusik für den Kassenschlager "Christiane F. - Wir Kinder vom Bahnhof Zoo". Hier tourte er fast jede Nacht durch Stricher- und Transi-Kneipen. Bowie: "Berlin hat die besten Stricherjungen der Welt." Wer sagt ungefragt solche Wahrheiten? Daß er wahrheitsliebend ist, gibt ein anderes Urteil über seinen fast vierjährigen Berlin-Trip wieder: "Berlin ist eine Stadt voller Bars für traurige, enttäuschte Menschen, eine Stadt, um sich zu besaufen. Ich weiß nicht, wie lange es Berlin in dieser Form noch geben wird. Wahrscheinlich nicht mehr lange."

Diese Haßliebe hat er sich bis heute erhalten. In den USA verriet er: "Die Stätte meiner seelischen Krankheiten und Exzesse war Los Angeles. Die Stätte meiner Heilung war West-Berlin. Dort kurierte ich mich aus und fand zu mir selbst." Kann einer bei Strichjungen und Schwulen zu sich selbst finden, wenn er seine schwule Ader als Publicity-Gag anpreisen will? Fans, die ihm in Berlin wegen seiner Szenebummel ungelenk zu nahe kamen, behandelte er mitunter recht unhöflich. Einem drückte er in seinem Ohr eine Zigarette aus. Seine Erklärung: "Ja, das war im Vollrausch. Am nächsten Morgen wachte ich in einem Schlafzimmer voller Hippies auf." Wie sehr ihn Berlin in seinem Hinterkopf traf, zeigt sein Instrumentalhit "Neukölln" (auf der LP "Heroes"), die er als Reflexion auf die Situation der türkischen Gastarbeiter in diesem Berliner Stadtteil verstanden wissen will.

In Berlin entstand 1978 auch sein zweiter Kinofilm "Schöner Gigolo, armer Gigolo" (Regie: David Hemmings). Sydne Rome, Kim Novak, Maria Schell, Curd Jürgens wurden aufgeboten - und natürlich Marlene Dietrich. Sie kam wieder in ihr geliebtes Berlin. Von Bowie und seinem spröden Charme war sie begeistert. Die Geschichte des Gigolo Paul in den 20er Jahren, in den Plüschcafés und später im Schützengraben, hatte in den Filmtheatern leider nicht den gebührenden Erfolg. Erst die Fernsehausstrahlung 1982 machte vielen Zuschauern bewußt, welch' spannendes Filmdokument sie auf der Leinwand verpaßt hatten.

Stürmisch gefeiert wurde Bowie 1980 am Broadway in New York. Hier bewies er im Theater, daß er ein genialer Schauspieler ist. Als "Elephant Man", geschminkt bis zur Selbstaufgabe, feierten ihn die US-Kritiker "als

David Bowie in "Furyo - Merry Christmas, Mr. Lawrence"

die Entdeckung des Jahres". Bowie als Krüppel, mit spastischen Verrenkungen - der Schönling, die Puder-Diva, hatte sich in ein Monstrum verwandelt. Schon 1979 hatte er mit seiner LP "Lodger" aus dem Jenseits Grüße entboten. Das Cover schockte seine treuesten Fans. Bowie mit entstellten Gliedmaßen, Tod, Geburt und Wiedergeburt symbolisierend. Orientalische

Klänge, Medizinmann-Töne, Hexengemurmel, ein Zauberer schwang gekonnt Stöckchen und Hut.

Multi-Talent wurde die Formel für seine professionellen Beobachter. Man erkannte, mit Klischeefloskeln, mit plattgedroschenen Standardformulierungen wird man diesem Pop-Gott nicht mehr gerecht. Hatte seine "Bi-Sexualität" die Gazetten lange nicht mehr beschäftigt, nahm man sich 1983 dieser Definition wieder an. Bowie kam als schwuler Krieger auf die Leinwand: "Furyo - Merry Christmas, Mr. Lawrence". Der Regisseur des "Reichs der Sinne", Nagisa Oshima, hatte mit ihm und dem japanischen Rockidol Ryuichi Sakamoto ein verklärtes Männerepos geschaffen. Der Kuß der beiden, bevor sie der Tod ereilt, ging als erregendster Beitrag männlicher Gefühle in die Filmgeschichte ein. Die Kritik schwelgte: "Bowie hat durch seinen außergewöhnlichen Gesichtsschnitt, der wie eine Mischung aus Peter O'Toole, Josef Beuys und frühem Richard Widmark anmutet, immer noch jene nicht faßbare Ausstrahlung, die offenbar auf die Massen magnetisch wirkt."

Nach dem fernöstlichen Kriegermythos Bowie wieder als beschwingter Europäer: "Let's Dance", pure Tanzmusik, gerade durch ihre Schlichtheit ein Renner. Bowie zeigte auch in "Absolute Beginners" (1985), welcher Bandbreite sein Repertoire ist. Im Milieu von Huren, Zuhältern, Drogensüchtigen, Schwulen formte Julien Temple eine hitzige Show. Mit einem gelackten Managertypen Bowie als Protagonisten. Als Koboldkönig Jareth erfüllte sich Bowie 1986 einen Wunsch, als er in dem Phantasie-Märchen "Die Reise ins Labyrinth" mitwirkte. Ein langmähniger, zotteliger Herrscher über das Zwergenreich - Bowie, das Kind, das, wie er zugibt, mehr noch als Kneipen die "Muppets-Show" liebt.

Der Gigolo, die Tunte, der Kämpfer - nun ließ er sich als Pontius Pilatus engagieren. "The Last Temptation of

David Bowie in "Absolute Beginners"

Jesus Christ" heißt Martin Scorseses Film, den er nach dem Buch von "Alexis-Sorbas"-Autor Nicos Katzantzakis drehte. Jesus wird von Willem Dafoe verkörpert, Harvey Keitel spielt den Judas. Bowie ist der exaltierte römische Statthalter, der Jesus ans Kreuz nageln läßt, obwohl er von seiner Unschuld überzeugt ist. Das ist wohl die gewagteste Besetzung, die sich die Filmkritik vorstellen konnte. Er ist sein eigener Promotor - und immer für jede Überraschung gut. Dafür wäscht er sich die Hände in Unschuld!

Boy George
Weiches Outfit - Freche Schnauze

Er löste die Machos in der Popmusik ab. Und er wurde für Jahre zum Trendsetter, musikalisch und modisch. Mit seiner spektakulären Aufmachung war er der Traum von Millionen Teenagern und der Alptraum für deren Eltern. Weich, weibisch, empfindsam-kokett präsentierte sich 1981 ein Junge, der wie ein Mädchen wirkte: Boy George. Er umhüllte sich mit wallenden Gewändern, überzog sich mit Rouge und Puder, wurde zum Crazy-Wesen. "Prominentester Vertreter der Androgynität" - so umschreibt ihn seine Plattenfirma Virgin heute. Seit seinem schwulen Coming out ist er zur Kultfigur geworden, eine, die man abgöttisch liebt und bis zum Überdruß haßt. Boy ist ein Ereignis.

Am 14. Juni 1961 wurde George Alan O'Dowd in London geboren. Es fiel ihm schwer, neben seinen vier Brüdern und seiner Schwester im Mittelpunkt zu stehen. Sein Vater war jähzornig. "Das habe ich von meinem Vater geerbt. Der konnte vor Wut ein ganzes Zimmer demolieren, und danach fragte er dich: 'Darf ich dir einen Tee anbieten?'" Boy wollte schon früh ein Mädchen sein. Er klaute seiner Mutter das Parfüm und wohl auch manches Stück Unterwäsche. Als er die ersten Barthärchen im Spiegel zu erkennen glaubte, hat er sich tagelang in seinem Zimmer eingeschlossen und geheult.

Mit 14 Jahren stieg er aus dem typischen Look der 70er Jahre aus: keine Hosen mehr mit Schlag, abgeschnitten die schulterlangen Haare und die endlosen Hemdkragen. Es waren Sommerferien. Zurück in der Klasse, verunsicherte er die Lehrer mit seinem neuen, ersten, avantgardistischen Erscheinungsbild dermaßen, daß er die Schule kurz darauf verlassen mußte. Die Schwulenszene Londons schien ihm nun die geeignete Bühne, seine Eigenkreationen auszuprobieren. Viele Kerle belächelten ihn, hielten sein Stilempfinden für den Tick eines Verrückten. Boy George jobbte als Fotomodell. Daß sein Geschmack durchaus Modesinn hatte, erfuhr er, als ihm die Royal Shakespeare Company den Auftrag erteilte, für ein Punk-Theaterstück die ausgeflippten Kostüme zu entwerfen.

"Arroganz ist toll. Jeder, der schön ist, hat das Recht, sich arrogant aufzuführen. Denn die meisten von uns sind doch nun wirklich häßlich."

Boy George

Erste Erfahrungen als Sänger sammelte er 1980. Malcolm McLaren hatte ihn für sein Showprojekt "Bow-WowWow" als Background-Stimme angeheuert. Der feminine Junge mit dem ufo-großen Filzhut mußte sich nach dessen Vorstellungen verkleiden. Er rümpfte die Nase. Mit seinem Künstlernamen "Lieutenant Lush" (Leutnant Saftig) war er noch zufrieden, aber die Gruppe, in der er nur die fünfte Geige spielen sollte, behagte ihm bald nicht mehr. Er stieg aus. Eine Plattenfirma bot ihm einen Solo-Vertrag an. Doch bei genauerem Hinsehen entpuppte sich dieser Vertrag schlicht als Vermarktung eines einfallsreichen Modegecken. Boy George lehnte ab. Er entschloß sich, seine eigene Band zu gründen: "Sex Gang Children" hieß sie, Jon Moss, Mickey Craig und John Suede waren seine Partner. Nach zwei Titeln ging Suede, für ihn kam Gitarrist Roy Hay. Die Formation hieß nun "Culture Club".

Im Oktober 1981 präsentierte sich die Band zum ersten Mal vor Publikum. Langsam, aber stetig kletterte man nach oben. Mit "Do You Really Want To Hurt Me?" traf "Culture Club" 1982 ins Schwarze, monatelang belegte man in aller Welt die Spitzenplätze der Charts. Frontmann Boy war zur Attraktion geworden. Sein schillerndes Outfit wurde zum Gesprächsstoff Nr. 1 für die Showwelt. "Lauwarm die Musik, warm der Sänger" - gleich zu Beginn des Erfolgsrummels geriet die Sexualität des zierlichen, geschminkten Jungen zum Mittelpunkt allen Interesses. Wie sollten er und seine Manager darauf reagieren?

Erst stellte man Boy adrette Mädchen zur Seite, so als könne es für ihn nur Freundinnen geben. Ein Reinfall. Mehrere dieser Scheingeliebten packten hinterher aus, dementierten und bezeichneten Boy als "Lügner" ("Der konnte ja gar nicht!"). Dann erfand man die Zauberformel "Bisexualität". Schon 1978 hatte Boy einen blonden Jungen namens Peter Robinson bei einer Hausbesetzung kennengelernt. Der schminkte sich nun wie Marilyn Monroe und trat unter dem Vornamen der Hollywoodlegende auf. Marilyn und Boy waren für Wochen und Monate das Pärchen der Branche. Da Marilyn ("Calling Your Name") offen bekannte, schwul zu sein, gab es auch um Boy Spekulationen. 1983 verbrachten beide einen längeren Ägypten-Urlaub zusammen. Marilyn: "Was ist schon dabei, wenn zwei Freunde zusammen Ferien machen? Wir haben beide momentan keine Love-Affairs. Zwischen uns läuft aber nichts." Später die Korrektur: "Was ist schon dabei, wenn zwei Freunde sich mögen und miteinander schlafen?" Boy, der sich vor der Presse mächtig zierte, sein Schwulsein zuzugestehen, donnerte auch auf seinen Freund mit den Spitzenhöschen und den Rastallocken los: "Jetzt macht sie auf Rasta wie ich und reitet quasi auf meinem Rücken zum Erfolg. Ich bin doch kein Reitpferd."

Boy George und Culture Club

Boy hatte sich in seinen langjährigen Freund, nun Drummer von "Culture Club", Jon Moss verliebt. Beide verbrachten jede freie Minute gemeinsam. Im August 1985 gestand Boy: "Ja, wir gehen auch miteinander ins Bett." Das Verhältnis Boy / Jon führte in der Band zu starken Eifersüchteleien. Roy und Mickey, die beiden anderen Gruppenmitglieder, wollten nicht dulden, daß ihr Schlagzeuger über den Chef bestimmt. Jon Moss schätzte seinen Freund nicht nur privat, sondern auch als Künstler: "Boy hat an einem Tag mehr konstruktive Ideen als die meisten Popstars während ihrer ganzen Karriere." Die Band landete noch millionenschwere Hits, aber hinter den Kulissen flogen die Fetzen. Auf Hotelzimmern, Toiletten fauchte man sich an, gingen Spiegel zu Bruch. "Culture Club" löste sich auf. Es schien, als wäre es auch Boy Georges Ende.

Nachdem Boy George seinem Publikum die Wahrheit über sein Schwulsein verraten hatte, stürzte er sich offen in die Szene. Doch nicht die wurde Auslöser für eine Tragödie, sondern die schleichende Erfolglosigkeit und falsche Freunde. Boys Flucht: Alkohol. Er trank heimlich, Cognac, Champagner. Er aß viel zu wenig, verlor rapide an Körpergewicht. Er nahm Drogen. Im Heroin hatte er bald seine Ersatzwelt gefunden. Im Schlepptau zog er sexuelle und materielle Trittbrettfahrer mit, marode Fixer. Ab Mitte 1985 war er hochgradig süchtig. Schlagzeilen darum gab es massiert ab August '86. Boys Freund und Liebhaber Michael Rudetski (26), ein amerikanischer Musiker, starb in Boys Schlafzimmer an einer Überdosis Heroin. Michaels Eltern reichten eine Millionenklage gegen Boy ein, weil sie ihn für mitverantwortlich am Tod ihres Sohnes hielten: "Wir haben Beweise, Briefe, Tonbänder." Schon vorher war Boy selbst wegen Heroinbesitzes zu einer Geldstrafe verurteilt worden. Am 20. Dezember 1986 kam er erneut in Haft. Mit zwei Freunden war er festgenommen worden, als er eine Party im Londoner Stadtteil Camden verließ. Gegen Kaution ließ man ihn frei. Zwei Tage später starb Marc Golding (20) an einer Überdosis Methadon. Auch Marc gehörte zu Boys engsten Freunden.

Methadon: Das ist die Wunderdroge für alle Drogenabhängigen, wenn sie sich auf ihrem mühseligen Entziehungstrip befinden. Es wird verabreicht, um die quälenden Entziehungserscheinungen zu mildern. Anschließend ist eine Entwöhnung gegenüber Methadon dringend notwendig. Boy George wurde seit Sommer '86 mit Methadon vollgepumpt. Freiwillig hatte er sich damals in eine Entziehungskur begeben. Für lange vergeblich. Die britische Presse hatte schon das Schicksal von Jimi Hendrix vor Augen, als sie Boys Sucht zum Schlagzeilenrenner machte. Erst schwul, jetzt süchtig!

Doch für ein mystisches Ende war Boy mit 25 Jahren noch zu jung. Er kämpfte, besiegte sich selbst. Er bekam seine Probleme in den Griff und griff wieder nach den Sternen.

Als Solist landete er mit "Everything I Own", der Reggae-Adaption eines Bread-Klassikers, einen Nummer-1-Hit. "Keep Me In Mind" und sein Album "Sold" wurden erfolgreich. Boy hatte nicht nur seine Stimmlage verändert, auch sein Äußeres wurde geliftet. Der Junge ist nun erkennbar. Aus süßlicher Liebfrauenmilch wurde ein fast durchgegorener Weißwein. Boy George ist gereift. Seine Konzerte quellen wieder über vor Esprit und Kids, seine Sprüche sind nach seiner schonungslosen Beichte gefragt. Showkollegen attackiert er am liebsten: "Ich mag Michael Jackson. Soll er sich doch die Haut bleichen und Lamas bumsen ... Prince sieht aus wie ein Zwerg, den man in einen Eimer mit Schamhaaren geworfen hat ... Sex mit George Michael? Da könnte man es ja gleich mit einem Murmeltier treiben."

Boy George ist wieder da. Seine Welttournee, eine begeisternde Revue, füllte die größten Hallen. Sein Album "Sold" hält sich in den Hitparaden. Für sein Schwulsein gibt es keine Versteckspiele mehr, die Drogenabhängigkeit scheint besiegt. Ein von den Toten auferstandener Jüngling powert.

Bronski Beat
Rock mit Rosa Winkel

Fünf Jahre sind im Popgeschäft eine Ewigkeit. Solange ist die schwule Band Bronski Beat auf dem Markt. In neuer Formation, aber frech und engagiert wie am Anfang. 1983 traten Steve Bronski, Jimmy Somerville und Larry Steinbachek zum ersten Mal vor ihre Fans. In der größten Schwulendisco Londons, dem "Heaven", heizten sie den Gays so ein, daß sie schnell zum Lauffeuer der Szene gerieten. Ihre Debütsingle "Smalltown Boy" drehte sich bald auf den Plattentellern des gesamten Kontinents. Und dann kam "Why". Offen wie ihre erste Nummer, aber noch direkter:

"Verachtung in euren Augen, als ich mich umdrehe, ihn zu küssen. Geschlagen liege ich am Boden, ihr leugnet alle meine Gefühle, Blut tropft von euren Fäusten. Warum, sag' mir, warum? - Ihr mit eurer falschen Sturheit zerstört mein Leben, nennt mich krank, nennt mich sündig. Nie werde ich mich schuldig fühlen, nie werde ich aufgeben! Warum, sag' mir warum? - Du und ich zusammen, laß' uns für unsere Liebe kämpfen!" Bronski Beat kam rüber, kam an. Kids waren genauso begeistert wie Intellektuelle. Drei junge Männer, die sich nicht mehr versteckten, sondern mit Popmusik schwules Selbstbewußtsein verkündeten - ein neues Wir-Gefühl.

Trotzdem, sie hatten es nicht leicht, sich vor allem auf der Insel frei zu artikulieren. Ihr erstes Video durfte lange Zeit nicht gezeigt werden, weil sich darin zwei Männer kühne, aber eindeutige Blicke zuwerfen. Und Jimmy schielte verräterisch auf den nackten Körper eines Schwimmbadboys. Welche Prüderie! Auf ihrem Debütalbum "The Age of Consent", zu deutsch: Schutzalter, druckten sie die Schutzaltergrenzen von 33 Ländern ab. Das Cover trug außerdem einen rosa Winkel, jenes Symbol, das man schwulen Männern im 3. Reich aufgeklebt hatte, um viele von ihnen danach zu vergasen. Schwulenläden, Bücherläden, die schwule Literatur aus ihrem Sortiment genommen hatten, Plattenläden - alle mußten nun Bronski Beat

"Die Schwulen lieben uns. Wir sind auf eine Art ihre Helden, so scheint es wenigstens. Wir wollen gar keine Helden sein, aber es hat eben nie jemand wie Bronski Beat gegeben für uns Schwule. Wir sagen Dinge, die sie sagen möchten, aber sich nicht trauen."

Steve Bronski

Lippe, wurde in London geboren, wuchs aber in Southend, einem beliebten Urlaubsort an der See, auf. Erst als er anfing, Pop-Konzerte zu besuchen und ihn einige in Schwulenkneipen mitnahmen, stellte er fest, "daß es so etwas wie eine schwule Kultur" gibt. Auch in seinem Umfeld konnte er keine Kontakte knüpfen. "Außer den offensichtlichen Plätzen wie Klappen und Parks." Vielleicht wurde Bronski Beat auch deswegen so unverfälscht glaubhaft, weil sie über ihre Musik selbst erst des Provinzialismus ledig wurden und sich in der Uniszene Londons die Courage holten, die sie für ihre Songs brauchten.

Star der Truppe war ohne Zweifel Jimmy Somerville mit seiner unnachahmlich hohen Singstimme. Im ersten Karrierejahr 1984 flogen ihm die Herzen, Blumen und Blicke am heftigsten zu. Er verließ im April 1985 die Band und gründete mit Richard Coles seine eigene Gruppe "The Communards" (siehe dort). Für ihn kam John Foster zu Bronski Beat, ein alter Kumpel von Larry Steinbachek. Die Musik ist variabler geworden, die Jungs selbst strotzen vor Energie. "Hit That Perfect Beat", "C'mon C'mon" und "Truthdare Doubledare" sind Titel, die sich seit 1986 jedoch nicht ganz an der Spitze plazieren konnten. "Wir sind einfach drei Jungs, die Musik machen und glücklich sind, schwul zu sein ... Ich glaube, daß unsere Lovesongs vielen Boys helfen, zu ihrem Schwulsein zu stehen und ihr Coming out zu fördern." Eindeutig bekennen sie sich dazu, aus Londons Gay-Szene ihr Feedback zu bekommen. Ihre Wurzeln bleiben dort, von wo sie aufgebrochen sind.

und ihren rosa Winkel in die Regale stellen. Manche Schaufenster waren damit "dekoriert".

Steve Bronski kam mit Jimmy Somerville, dem Sänger der Band, aus Schottland. Steve: "Ich war schon immer schwul gewesen und ich sehe keinen Grund dafür es zu verbergen ... Aber ich kannte niemanden, der auch schwul war, keiner konnte mir helfen. In Glasgow gab es keinen Ort, wo ich hingehen und darüber reden konnte." Larry Steinbachek, der Schlanke mit der kessen

Arthur J. Bressan Jr.
Ein Pionier für schwule Befreiung

In seinen Filmen hat er Schwulen viel Selbstbewußtsein vermittelt. Zehn Jahre lang gelang es ihm, mit Lebensfreude, Engagement und einem Schuß Kaltschnäuzigkeit erotische Geschichten zu erzählen. Er scheute sich nicht, Sex als solchen zu zeigen, pornographisch, aber intelligent, mitreißend und witzig. Er, der nichts mehr wollte, als daß Schwule einen normalen Platz in ihrer jeweiligen Gesellschaft einnehmen können, bot ihnen Denkanstöße und anregende Unterhaltung. Als er das Ausmaß erkannte, das AIDS im Alltag jedes Schwulen einzunehmen begann, drehte er 1985 mit "Buddies" den ersten Spielfilm darüber, desillusionierend, aufrüttelnd, fast mit erhobenem Zeigefinger. 1987 erlag er selbst mit nur 44 Jahren dieser Krankheit.

Arthur J. Bressan Jr. wurde am 27. Mai 1943 in New York City geboren. Er wuchs in der Straße auf, in der später Leonard Bernsteins "West Side Story" (auch eine Auseinandersetzung mit Minderheiten) gedreht wurde. Er besuchte zuerst öffentliche, dann konfessionelle Schulen. "Ich hatte meine erste sexuelle Erfahrung mit neun Jahren und die nächsten fünf Jahre war ich auf der Suche nach älteren Burschen. Ich begehrte sie, aber es war problematisch, sie ein zweites Mal zu treffen, da es für sie gefährlich war." In seinem 1982 entstandenen Film über Kindesmißhandlung und Päderastie "Abuse - Mißbraucht" verarbeitete er eigene Erlebnisse aus seiner Jugend.

An der New York University erwarb er sich zum Thema "Das Kino von Frank Capra" den Magister in amerikanischer Kultur, lehrte an höheren Schulen und wurde Bundesbeauftragter für Erziehung. Mit 25 Jahren verließ er die Akademie. Auch für ihn wurde das politische Jahr 1968 zum Wendepunkt seines Lebens. Er ließ sich die Haare wachsen, tauchte ein in die Szene und begann, Stummfilme in Super 8 über Sexualpolitik und Rechte von Minderheiten zu drehen. 1971 erhielt er seinen ersten Job beim Film. Er schnitt

"Ich habe 25 Freunde, die an AIDS gestorben sind. Ich habe 50 Freunde, die an AIDS erkrankt sind. Ich bin sehr beunruhigt, weil ich weiß, daß ich selbst bald betroffen sein kann. AIDS hat mein Leben verändert, wie es das Leben vieler Schwuler verändert hat."

Arthur J. Bressan Jr. 1983

den "Courtroom Defense Film" über amerikanische Indianer, die die Sträflingsinsel Alcatraz besetzten.

Mit einem Mini-Budget von lausigen 2.400 Dollar produzierte Arthur J. Bressan Jr. 1973 seinen ersten Film über Homosexualität. "Passing Strangers", ein pornographisches Kleinod, geriet zum Kassenschlager. Die schwule Liebesgeschichte von Tom und Robert, für den einen das lang ersehnte sexuelle Coming out, endet glücklich in der Gay Parade des 24. Juni 1973, zu der die Schwulen San Franciscos aus allen Ecken herbeiströmen. Bressan hatte sich bereits in diesem Film als Romantiker erwiesen, der darüber die Courage nicht vergißt. Der Film ist bis heute ein Dokument erstrebenswerten schwulen Selbstbewußtseins.

1975 traf er den jungen Thomas Caroll, einen zu Hause mißhandelten Jungen, den er vor weiteren Demütigungen und Schlägen bewahrte. Er floh mit ihm an die Westküste, um ihm wenigstens für kurze Zeit eine andere, eine heile Welt bieten zu können. Auch diese Episode seines Lebens baute er ein in seinen vielbeachteten Film "Abuse - Mißbraucht". Seine nächsten beiden Filme mußte er 1975/76 auf Eis legen, weil er das Geld der Produzenten "nur gegen mein Ego" bekommen hätte. "Take Two", eine feministische Komödie, und "Navy Blue", eine Hetero-Liebesstory, blieben ungedreht.

Trotzdem gelang ihm mit seinen berühmten "Forbidden Letters" (1976) ein schwuler Kultfilm. Die Idee kam ihm in einer Klinik von San Francisco. "Ich lag mit einer ansteckenden Gelbsucht im Krankenhaus und las die Annoncen in einer Schwulenzeitschrift. Eine fiel mir auf. Sie stammte von einem Häftling aus Mississippi: 'Allein - wünsche mir Briefkontakt mit einem Mann. Nr. 04128, Abtlg. D.' Mein Brief ging noch am selben Tag in den Kasten. 04128 hieß Darryl, war 22 Jahre alt, ungebildet, verletzlich. Ein erfolgloser schwuler Dieb mit kleinen Ansätzen zur Gewalttätigkeit. Nach drei Briefen wurden unsere Papier-Beziehungen von der Landeshoheit Mississippis entdeckt. Darryl hat meinen vierten Brief nie erhalten." Um diesen Brief stülpte Bressan einen Softporno, der als kleines Kunstwerk eingestuft werden kann. Der Charme dieses intimen Tagebuches,

Bressan Ende der 60er Jahre

Bressan 1986

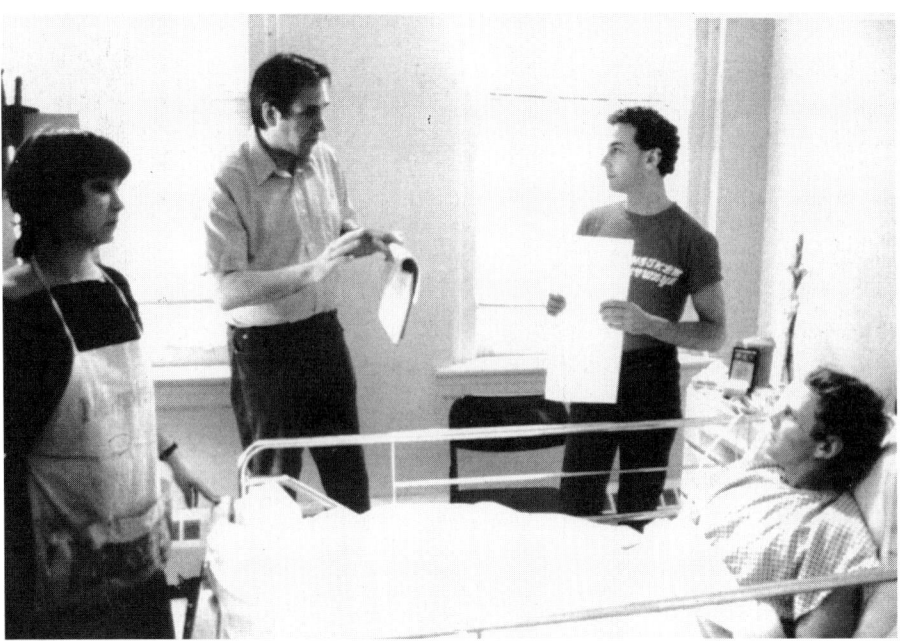

Bressan bei Dreharbeiten zu "Buddies"

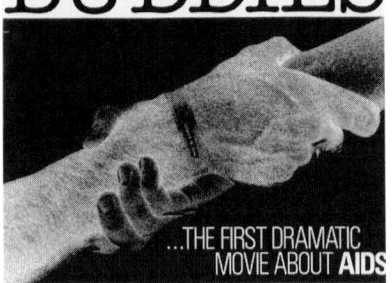

in dem sich sogar illegale Aufnahmen aus Alcatraz befinden, nimmt jeden Betrachter sofort gefangen.

1977 drehte Bressan den Dokumentarfilm "Gay USA". Er wurde eine wertvolle Finanzierungsquelle für den Kampf gegen Anita Bryants Anti-Schwulen-Kreuzzug, dem sich die Gays in USA und Kanada ausgesetzt sahen. Sein autobiographischer Film "Abuse - Mißbraucht" kostete den dynamischen Bressan viel Kraft, bis er 1982 an seinem 39. Geburtstag seine Premiere hatte. 34 amerikanische Verleiher hatten den Film um die Beziehung eines 14-jährigen Jungen und eines 32-jährigen Filmemachers, der ihn vor den Schlägen seiner Eltern schützen will, abgelehnt. Auch die Filmfestivals in New York und Los Angeles winkten ab; als wertvoller Helfer erwies sich die Berlinale, für die Manfred Salzgeber den Film nach Europa geholt hatte. Die Zuschauer waren wie die Kritik schockiert oder fasziniert. "Variety" lobte ihn, die Mehrzahl der US-Presse überklebte ihn mit wohlbekannt intoleranten Etiketten ("Daily News": "... eine halbgekochte heiße Kartoffel."). Der Film indes wurde, das ist heute klarer denn je, ein gelungenes Plädoyer, die Rechte von Kindern und Jugendlichen anzuerkennen. Bressan meinte selbst: "Auf der anderen Seite ist es die am besten artikulierte Antwort, die ein schwuler Künstler Leuten wie Anita Bryant entgegengehalten hat."

Sein Renommee, das sich Bressan vor allem in schwulen Cineastenkreisen erworben hatte, nutzte er, um 1983 einen weiteren, sehr heiteren Sexfilm zu drehen: "Pleasure Beach". Für diese romantische Strandgeschichte entdeckte er das spätere Sexsymbol Michael Christopher. Er ließ ihn für seine Probeaufnahmen strippen und war von seiner Virilität begeistert. Dieser Muskelprotz, dieser Bulle von einem Mann, bekam danach rund 50 schwule Filmangebote. Auch Bressan selbst komponierte ihm einen neuen Streifen: "Juice" (1984). Hier setzte er ihn als nimmersatten Fotografen ein, der für seine Sexheftstory über Männerkörper geht. Bressan über seinen Star: "Ich wollte einen Film um seine typisch amerikanische Männlichkeit drehen, seinen phantastischen Körper. Ich glaube in 'Juice' bekommt man einen ganzen Michael Christopher."

1984 brachte er die halb-ironische Pornokomödie "Daddy Dearest" auf den Markt. Wieder waren Kontaktanzeigen in Homoblättern der Anlaß für's Drehbuch. Diesmal stellte Bressan fest, daß er für 90 Prozent dieser Freundschafts- und Sexanzeigen die Altersgrenze überschritten hatte. Außerdem wollte er den in den Staaten immer stärker werdenden "Daddy-Kult" auf den Arm nehmen und beweisen, daß ein 35jähriger Darsteller wie Richard Locke noch attraktiv genug für's

Szenenfoto aus "Buddies"

intime Kino sein kann. Erneut hatte er einen Aspekt der schwulen Kultur festgehalten, nicht ahnend, daß es einer seiner letzten Filme sein würde.

AIDS beherrschte bereits zu der Zeit die Diskussionen in Schwulenbars und Schwulengruppen. Selbst darauf angesprochen, ob es nicht schwieriger werde, überhaupt Darsteller für seine freizügigen Pornos engagieren zu können, meinte er 1984: "Ich habe das bisher nicht festgestellt. Ich denke, jeder ist betroffen. Die Modelle, von denen einige Stricher sind, sind ebenso betroffen. Einige von ihnen treffen Vorsichtsmaßnahmen, andere können nicht besser damit umgehen wie jeder von uns. Ich habe indes nicht gemerkt, daß ihr Interesse an diesen Filmen abgenommen hätte. So verdienen die meisten ihren Lebensunterhalt. Für sie geht es nur am Rande um Kunst, meist geht es um Miete und das tägliche Essen oder darum, ob sie mit ihrem Liebhaber ausgehen können. Viele haben Partner."

Bressan war 1985 der erste Regisseur, der sich des Themas AIDS in einem Spielfilm annahm. Die Idee, so meinte er bei einem Besuch in Deutschland, brodelte schon lange in ihm. In "Spektrum Film" schrieb er im Dezember 1985: "Als ich mit meinem Film 'Abuse' in Würzburg und Frankfurt war und dort in eine Disco ging, traf ich einen jungen Mann, einen Deutschen. Wir tanzten, umarmten uns und küßten uns in einer Ecke. Da sagte einer auf deutsch zu mir: 'Du bist hier nicht in New York, nicht in West-Berlin, du bist in Frankfurt, behalte dein AIDS, bringe es nicht hierher.' Auf den Jungen, mit dem ich zusammen war, machte das einen starken Eindruck, und sein ganzer Körper schien sich auf einen Kampf einzustellen. Ich sagte, laß' uns nicht kämpfen, laß' uns von hier verschwinden. Und da war mir klar, daß das, was nun in Deutschland und Europa passiert, drei Jahre zuvor in Amerika geschehen war - die erste Welle von Ignoranz, Angst und Hysterie."

"Buddies", sein eindringliches Dokument, das von den Schwulen selbst jedoch zu wenig angenommen wurde, sollte Bressans letzter Film werden. Mit ihm ging er auf Tournee, mit ihm ging sein arbeitsintensives Leben in New York zu Ende. Schon im Wissen um seine Infizierung stellte er sich den Fragen des Publikums. Er brauchte von dieser Liebesgeschichte in "Buddies", deren qualvolles Ende vorprogrammiert ist, keine Anstriche zu machen. Er hatte das Menschenmögliche für die Sensibilisierung der Szene getan. Mit seinen Filmen schrieb er einen wesentlichen Teil der schwulen Befreiungshistorie, sein Tod am 31. Juli 1987 macht diese Leistung nicht vergessen.

Jean Daniel Cadinot
Traumpilot ins Reich der Sinne

Cadinot ist zum Synonym für schwule Erotik geworden. Seine Fotos, Bildbände und Videos haben Noblesse, sind von einer unentrinnbaren, gleißend-schönen Ästhetik. Man könnte ihn als den Oscar Wilde des Sexfilms bezeichnen, stünde er mit seiner Traumwelt aus unschuldigen Knaben, unbefangenen Teenagern und unersättlichen Männern nicht mitten im Leben des 20. Jahrhunderts. Cadinot selbst sieht sich als "unehelichen Sohn von Charlie Chaplin, Luchino Visconti und Steven Spielberg". Das heißt, er ist Spielfilmregisseur. Seine 25 Videos lassen sich nicht wie die Fastfood-Produktionen vieler seiner amerikanischen Kollegen auf die Aneinanderreihung gelungener oder gequälter Männerakte reduzieren. Sie haben Atmosphäre und Drive. Cadinot erzählt Geschichten. Spannend, leise, burschikos, melancholisch. Nur wenige seiner erotischen Märchen sind am puren Sex kleben geblieben, die meisten vereinen Witz und Geist. Seine Jungen küssen sich, für ihn transportiert dies mehr Intimität als die Endlosficks in den kalifornischen Produktionen. Er bekennt sich zum männlichen Körper als Lustobjekt, Pornographie um der Pornographie willen lehnt er jedoch hartnäckig ab.

Was ist das für ein Mann, der Männer für Männer vermarktet? In seinen Jeans und seinem bonbonfarbenen T-Shirt wirkt er wie ein erwachsener Junge. Ein Franzose, hochsensibel, charmant, ausgelassen und grenzenlos in seine Akteure vernarrt. Er plaudert amüsant beim Weißwein, seinen um 20 Jahre jüngeren Freund Nicolas an seiner Seite. Seine theatralischen Gesten erinnern an einen Showmaster, doch seine Bescheidenheit verwischt diesen Eindruck schnell. Er ist ein Individualist vom Schopf bis zu den Zehen, einer, der sich den Luxus erlaubt, als One-Man-Team zu agieren. Er schreibt Drehbücher, inspiziert Drehorte, sucht Darsteller aus, ist Kameramann, Regisseur, Tonmeister, Synchronchef und Produzent in einem. So bleibt es ihm erspart, Kompromisse schließen zu müssen. Er dreht nur, was er meint, wie er es meint und wieviel er meint. Seine Fans von Australien bis Kanada, von Saudi-Arabien bis Brasilien sollen jeden neuen Streifen als Premiere empfinden. Es ist paradox,

"Ich bewundere den männlichen Körper in seiner Schönheit und Vielfalt. Ich möchte ihn darstellen: künstlerisch, und bewußt auch erotisch."

Jean Daniel Cadinot

aber trotz seiner viertelmillion Cassetten, die sich weltweit im Umlauf befinden, will er lieber als Geheimtip denn als Marktkrösus gelten. Protzerei liegt ihm nicht.

Geboren wurde Jean Daniel Cadinot (sein klangvoller Name ist kein Pseudonym!) im siebten Bezirk von Paris, am 10. Februar 1944. Sein Vater war Kostümschneider, seine Mutter Hausfrau, die ihre Kinder sehr streng katholisch erzog. Eine Begegnung als 12jähriger Schüler bezeichnet er heute für sich als das Schlüsselerlebnis. Der Pfarrer habe ihm seine gesamte sexuelle Phantasie abverlangt, dabei glückselig masturbiert und sich ihm dann zur Buße selbst zu nähern versucht. "Das alles hat verheerend auf mich gewirkt, diese Doppelmoral; dieser Zusammenprall mit meinem Beichtvater wurde zum ersten Akt meiner Biographie." In seinem Video "Garcons de reves" (Sündige Knaben, 1982) hat er diese Jugenderinnerung bei Chorgesang und Orgelklängen dokumentiert. Auch "Sacré Collège" (Knabeninternat, 1983), einer seiner schönsten Knabenromanzen, verinnerlicht die ersten sexuellen Erfahrungen seiner Schulzeit.

Der musisch begabte, introvertierte Junge wollte Maler werden. Doch seine Leidenschaft wurde ge-

Cadinot bei Dreharbeiten (oben) und als Statist zu "Voyage a Venise" (Die Reise nach Venedig)

dämpft. Die Mutter untersagte ihm zur Strafe für seine Eskapaden weiter den Malereikursus zu belegen. Mit 16 meinte er, im Elektrohandwerk das richtige Berufsziel gefunden zu haben, doch aus dem Job stieg er

Cadinot bei Dreharbeiten zu "Pisten-Boys"

aus. "Ich habe nie eine Lehre gemacht", berichtet er heute, "ich war schon immer in allem, was ich anpackte, Autodidakt". Erst jedoch mußte er Schuhe und Schreibmaschinen verkaufen, "1000 Berufe antreten", um sich über Wasser halten zu können. Mit 17 riß er von zu Hause aus und zog mit einem 30jährigen Lehrer zusammen. Seine Mutter war schockiert, als sie es erfuhr. Sie hatte Angst vor dem Gesetz. Das stellte homosexuelle Handlungen bis zum 21. Lebensjahr unter Strafe. Um nach außen hin den Schein zu wahren, mietete ihm der Geliebte ein Hotelzimmer. Sechs Monate lang wohnte Jean Daniel dann wieder daheim, bis ihn sein schwulenfeindlicher Bruder endgültig aus dem Haus geekelt hatte. (1987 trat seine Mutter als Frau im weißen Taxi in seinem Video "2e sous-sol" auf - eine Wiedergutmachung?) Mit 18 verlor er den Vater. Doch es war kein Zufall, daß er anschließend mit einem 60 Jahre alten Bankier, einem Herrn mit Stil und Geschmack, zusammenlebte. Der hatte ihm auch eine Designerschule ermöglicht.

Mit 19 Jahren hat Jean Daniel das Fotografieren entdeckt. Die Technik hat ihn gereizt. Ein Jahr lang besuchte er die Fotoschule, um danach als unabhängiger Fotograf arbeiten zu können. Er knipste Bilder von Schauspielern, Travestiestars, mußte aber auch Kinderportraits anfertigen, um überhaupt leben zu können. "Das alles habe ich fast zehn Jahre lang gemacht."

Das deutsche Schwulenblatt "Him" hat ihm in den 70er Jahren seine ersten Männeraktserien gedruckt. Es entstanden Fotoalben. "Tendres adolescents" (Jünglingsliebe), 1980 als Video erschienen, war schon als Bildband ein Renner. Diese sanfte Hommage an zwei adonishafte Bauernjungen gehört bis heute zu seinen aufregendsten Werken. 250.000 Stück seiner 17 Alben wurden weltweit verkauft, die meisten sind wegen des Videobooms vergriffen.

Cadinot war mit dem Beginn des Videozeitalters zu einem Pionier der schwulen Liebe gereift. "Ich wollte die Homosexualität aus der lila Ecke heraustreiben, ihr das Tuntenhafte nehmen", begründet er seine Motive. Für ihn waren seine ersten Filme sein Coming out. "Denn die Bilder in den Magazinen konnte ich zu wenig formen, ich habe darunter gelitten, erst die Handlung im Video hat mir das volle Ausleben meiner Phantasie erlaubt."

Jeder Film hat sein eigenes Gesicht, so wie die zahllosen Jungen, die sich darin tummeln. Er sucht seine Laiendarsteller nicht nach Muskeln, Schwanzlängen und Geilheit aus, sondern in erster Linie nach ihrer Ausstrahlung. Noch voll angezogen müssen sie anziehend sein. Obwohl er Starkult nicht mag und den amerikanischen Rummel um Sexmaschinen wie Jeff Stryker, Rick Donovan, Leo Ford oder Michael Christopher eher skeptisch beurteilt, haben sich seine jungen Franzosen und Deutschen zu Stars entwickelt. David di Lorenzo, heute Chansonsänger in Paris, konnte durch "Stop Sur-

Cadinot mit seinem Freund Nicolas

Neugier, das Renommee. Die Jungs sind meist im ursprünglichen Sinne narzißtisch, deren Spiegel die Kamera wird. Was macht es da schon, daß nur rund zwanzig Prozent von ihnen schwul fühlen? Der Video-Großmeister holt auch so (oder gerade deswegen?) das Betörendste aus ihnen heraus. Er dreht die Filme nicht in ein paar Tagen herunter, sondern gibt den Jungs in Schullandheimen, Schlössern, Villen oder Hotels Zeit, sich entspannt vorzubereiten. Hank Reisner über Cadinot: "Trotz des Streß' waren die Dreharbeiten für alle immer auch Vergnügen. Die Typen laufen ihm die Bude ein, um mit ihm arbeiten zu dürfen. Die meisten wollen auch mit ihm ins Bett, doch da lief überhaupt nichts." Früher war er mit einem Steward befreundet, heute lebt er mit dem 24jährigen Nicolas, der in "Chaleurs" (Die große Hitze, 1987) einen Araberjungen spielt.

Cadinot dreht mitreißende Jungen-Epen. "Ich habe den Ehrgeiz, die Begriffe Kunst und Mann-männliche Erotik miteinander zu koppeln, und die Kritik läßt darauf schließen, daß ich auf dem richtigen Weg bin." Oft glaubt man, Roger Peyrefitte oder Jean Genet in seinen Stories wiederzuerkennen. "Harem" (1983), "Les Minets Sauvages" (Die jungen Wilden, 1984) oder "Chaleurs" (Die große Hitze, 1987) können als Klassiker in die schwule Videogeschichte eingehen. Ein Gewerbe, stark mit Ramschware und Schmuddeljungs bestückt, erfährt durch Cadinot gleichsam höhere Weihen. Professionalität führt bei ihm nicht zur Gelacktheit, das immer größer werdende Budget für einen 90-Minuten-Film nicht zu Seifenopern-Allüren. Bei allen Experimenten steht der männliche Körper im Blickpunkt seines Interesses. Für und um ihn geht er auf Entdeckungsreise ins Reich der Sinne. Er bekennt sich dazu, in griechischer Tradition ein Analerotiker zu sein. Kein anderer Sexfilmer zeigt diesen Körperteil so ästhetisch perfekt. Sokrates hat für dieses "Laster" den Schierlingsbecher getrunken. Cadinot grinst: "Vielleicht trinke ich ihn eines Tages auch."

prise" oder "Top Models" überragen. Hank Reisner, ein kesser Junge aus Mönchengladbach, wurde von Cadinot mit eigenen Filmen ("Pool-Boys" oder "Die große Eifersucht") bedacht.

Es ist nicht allein die 3.000 bis 8.000 Mark hohe Gage, die die Darsteller anschwemmt, mehr die

Truman Capote
Vom Wunderkind zur Salontucke

Er schockte. Und er unterhielt. Er enthüllte. Und er griff an. Truman Capote war ein Zwitter. Mal putzte er sich heraus wie eine bourgeoise Stiefmutter. Mal war er ein unrasierter Intellektueller. Er hatte eine bizarre Phantasie, eine blumig-burleske Sprache, einen strohtrockenen Humor. Er konnte lispeln wie ein Chorknabe und grölen wie ein Seebär. Nur für eines gab es keine Alternative: Er war durch und durch schwul. Und daran war nichts zu verstecken.

Truman Streckfus Persons, so hieß er wirklich, wurde am 30. September 1924 (lieber wäre es ihm gewesen, man wäre seiner falschen Angabe "1925" nie auf die Schliche gekommen!) in New Orleans geboren. Wie sein Busenfreund Tennessee Williams ein Kind des Mississippi. Beide waren die modernen Tom Sawyer und Huckleberry Finn, ungezogene Lausbuben wie aus Mark Twains Abenteuergeschichten. Nur eben schwul. Schon 1948 spielten sie miteinander anderen Streiche. Auf der "Queen Mary", ihrer ausgelassenen Überfahrt von England zurück in die USA, vertauschten sie in der ersten Klasse den Passagieren die Schuhe. Verkleidet kreuzten sie später auf fremden Parties auf, ärgerten Polizisten, nervten Reporter, spannten sich Liebhaber aus, banden anderen Bären auf.

Doch erst einmal war Truman ein Kind. Sein Vater, ein gutbürgerlicher Handelsvertreter, kümmerte sich wenig um ihn. Seine Mutter, eine exaltierte Schönheitskönigin, sperrte den blonden Knaben in die Wohnung. Sie tourte durch die Jazzkneipen der Stadt, wie eine Wölfin auf der Suche nach fleischlichen Abenteuern. Mit sieben Lenzen schob man Truman ab zu zwei schrulligen Tanten aufs Land, nach Alabama. Hier begann er zu atmen, zu leben. "Ich war sexuell reif geworden und vergnügte mich mit den älteren Jungen des Städtchens." Mit acht - genial - wußte Truman, daß er schwul war. Er wunderte sich nur, daß viele andere es nicht oder noch nicht sein wollten. Weil man den sprechfaulen Jungen für geistig gestört hielt, mußte er sich einem Test für die Sonderschule unterziehen. Er bestand diese seltsame Prüfung exzellent. "Plötzlich

"Ich bin kein Heiliger,
ich bin Alkoholiker,
bin rauschgiftsüchtig,
bin homosexuell und ein Genie."

Truman Capote

Capote mit Marilyn Monroe

hatte ich es schwarz auf weiß, ich war ein wissenschaftlich approbiertes Genie."

Bereits mit 12 spielte er Baby Schimmerlos in der Provinz. Er belieferte seine Heimatzeitung mit Klatsch aus Nachbars Garten. Aufruhr. Weil seine Schulnoten den besorgten Tanten nicht gefallen konnten, ging er vor den Spiegel, putzte sich heraus und verführte seinen Lehrer. Keck, das Doppelkinn hochgereckt, berichtete er Jahre später: "Es ist einfach nicht vorstellbar, mit wem ich es damals alles getrieben habe." Ein Mädchen, das ihn liebte (die spätere Schriftstellerin Harper Lee), konnte ihn nicht ins Gras kriegen. Der, den er darin regelmäßig aufs Kreuz legte, hatte sich plötzlich in seine kapriziöse Stiefmutter vergafft. Das komplizierte Liebesleben des Knaben Truman.

Um seine Pubertät endgültig zu bewältigen, begann er langsam, aber wirksam zu schreiben. Sein erster Roman "Andere Stimmen, andere Räume" erschien 1948. Er schildert darin die seelische Krise eines 13jährigen, dem die Erwachsenenwelt zum Alptraum gerät. Besonders gezeichnet die Figur seines sehr feminin wirkenden Vetters Randolph, eines Malers. Am Ende läßt der Held die Stimmen und Räume der Vergangenheit zurück und begibt sich zu Randolph ans Fenster. Der Spuk scheint vorbei. Die Kritik überschlug sich, Capote war mit einem Paukenschlag bekannt. Er reiste auch sofort nach England. An seiner Seite, der ebenfalls zu Ruhm gekommene Tennessee Williams. Umworben wurden die beiden von einem Bischof, dessen geile Blicke und strenge Alkoholfahne sie nicht mehr los zu werden drohten. Truman zum Kirchenmann, honig-süß lispelnd: "Wissen Sie, ich wollte schon immer einen Bischofsring haben." Nun ja, er bekam ihn (noch) nicht. Mit Gore Vidal, dem schwulen Romancier aus New York, zechte Truman nächtelang um die Wette. Bei

Capote mit Andy Warhol

Tennessee Williams brachen sie ein, um sich Schlaftabletten zu klauen. Vielleicht hatten sie auch nur Durst.

1951 erschien Truman Capotes "Die Grasharfe". Wieder setzte er sich mit seiner Jugend in Alabama auseinander. Aus dem literarischen Wunderkind, wie ihn die Presse nach seinem ersten Buch taufte, war ein moderner Märchenerzähler geworden. Tom Sawyer im lila Gewand. Sein Privatleben wurde hektisch. Noch mehr Streß, noch mehr Drive. Er leistete sich Luxus, badete mit seinen Jungs gerne lau. "Frühstück bei Tiffany" (1958) zeigt diese Welt, in der er sich ab jetzt selbst zu Hause fühlen wird. Playboys, Bohemiens, Müßiggänger. Sie alle treiben im Strom des leichten Lebens ihre Späßchen. Die Achtzehnjährige vom Lande, Holly Golightly (zu deutsch: "Nimm's leicht!"), ist irgendwo sogar er selbst. Audrey Hepburn machte dieses Mädchen, das so lustig an die Sally Bowles ("Cabaret") seines Duz-Freundes Christopher Isherwood erinnert, unter Blake Edwards Regie 1960 zum Filmerlebnis. Ein Klassiker des flotten Jargons.

Truman wurde zum Star. Nun ging er ein und aus bei den Großen der Film-Hautevolee. Bei jedem Fest war der kleine Südstaatler mit den bombastischen Hüten ein Ereignis. Marilyn Monroe schwenkte er auf Tanzböden (sein Alabamadorf hieß übrigens Monroeville), mit Montgomery Clift stieg er ins Bett. Erroll Flynn soll mit ihm ebenso aufgewacht sein wie Stricher, die er sich aus Lederbars ankarren ließ.

1965 sein journalistischer Geniestreich: "Kaltblütig", ein sensationeller Tatsachenroman. Er verfaßte die Lebensgeschichte zweier zum Tode verurteilter Mörder; sie hatten eine vierköpfige Familie ausgelöscht. Auf 6000 Seiten Notizen recherchierte Capote alle Fakten, befragte Zeugen - und die Täter selbst. Diese minutiöse Rekonstruktion, in der Zeitschrift "The New Yorker" vorabgedruckt, wurde zum reißenden Bestseller. Der Protokollant war in aller Munde. TV-Shows, Interviews rund um die Uhr. Er genoß diesen Rummel. Die High Society riß sich um ihn. Halbnackt tanzte er auf Parties, spöttelte, "daß", wie er meinte, "selbst ein Pavian dunkelrot geworden wäre".

Der Triumph machte ihn krank. Aus dem attraktiven Mann war eine Vettel geworden. Aufgedunsenes Gesicht, Alkoholbauch, taumelnder Gang. Er soff. Wenn es keine Gelegenheit dazu gab, erfand er eine. Nahm ihm jemand die Flasche weg, wurde er ausfallend. Aus Rache hat er einem dieser, "die es so blöd gut mit mir meinen", in das Weinglas gepißt. Valium wurde zu seinem ständigen Begleiter. Literarisch lieferte er zwar ständig Neues, aufregend war es nicht. Auch hier erging es ihm wie Tennessee Williams.

Dann schien er am Ende. In einer morgendlichen Fernsehshow drohte er sich umzubringen: "Glaubt mir, das ist ernst!" In einer anderen Sendung gestand er, daß er Lee Radziwill liebe, die Schwester von Jackie Kennedy. Man lachte ihn aus. Einige nahmen es ernst. Wie er es liebte: der Skandal. "Wenn die Hunde bellen" (1974), ein neues literarisches Werk. In der Liebe dagegen nichts Neues. Er lud sich ältere, verheiratete Herren in seine mondänen Domizile. "Dafür bin ich immer noch fit." Kaputt war er nicht wirklich. Nur leergeschrieben. Die letzten aufreibenden Champagner-Jahre hatte er zuviel geredet, immer nur erzählt. Er war informiert, sein Telefon glühte, kein Skandälchen kam seinen stets geputzten Ohren aus. Eine Salontucke von liebenswerter Schärfe war er geworden. Und bald lief er auch so herum. In dunklen Shorts, weißem Damenjackett, barfuß in italienischen Pumps, poppiger Sonnenbrille, ein Täschchen über dem Arm tuckerte er mit seinem Wagen durch New York. Die Polizei nahm ihn fest, glaubte, nur ein Betrunkener könne sich so verhalten. Er mußte vor Gericht. Auch dort trat er auf wie eine alternde Diva. Die Blitzlichter flirrten.

Abmagerungskuren, Entziehungskuren, Schönheitskuren, er vertat seine Zeit. Sein letzter Rundumschlag blieb beim Ausholen stecken. "Erhörte Gebete" hatte er seinen amourösen Roman um die Hollywood-Idole genannt. Er wurde nicht fertig. Trotzdem, man befürchtete mit der Veröffentlichung einen Skandal. Aber - wer

Capote als Jüngling (oben) und zusammen mit Lee Radziwill

nahm ihn noch ernst, was konnte der Trunkenbold noch bewegen?! Als der amüsante Roman nach seinem Tod 1984 einige Zeit später erschien, hatte sich die Aufregung gelegt. Obwohl - seine genüßlichen Wahrheiten, unter dem Pseudonym des Edelstrichers P.W. Jones verkauft, sind heiß. So mancher prominente Leser hat sich daran die Zunge verbrannt. Truman Capote mag es aus dem Jenseits genüßlich verfolgen. Ein guter Beobachter war er stets. Ja, es scheint, als wären seine Augen und Ohren seine göttlichsten Instrumente gewesen. Er hat damit seziert wie ein nobelpreisverdächtiger Chirurg.

Richard Chamberlain
Freibeuter oder Freiwild?

Die Yellow-Presse kann's nicht lassen. Woche für Woche verkuppelt man ihn mit einer anderen Hollywood-Grazie oder -Göre. Für die bringt es Publicity, vielleicht sogar Rollen, ihm ist es ausgesprochen lästig. Wann sieht man endlich ein, daß er "Casanova" nur als Schauspieler ist, nicht im Leben? Gewiß, seine erotische Ausstrahlung, sein burschikoser Esprit, sein kerniger Sexappeal haben ihn zu einem Bilderbuch-Mann aufsteigen lassen. Die gekonnte Mischung aus coolem Humphrey-Bogart-Charme und störrischem James-Dean-Drive mag erklären, warum man den 53jährigen noch immer für jugendliche 35 hält. All diese Attribute und Phänomene sind beim Publikum ungeheuer beliebt. Damit lassen sich Millionen von Lesemappen füllen, Tränendrüsen öffnen und griffige Legenden erzeugen.

Doch das ist nur die eine Seite von Richard Chamberlains Welt. Denn sein eigenes Leben paßt nicht in das Klischee, das man Kino- und Teleheroen verpaßt. Privat ist Chamberlain betont leise, scheu, keineswegs verwegen und schon gar kein Frauenheld. Er haßt langweilige Salonparties und Amourenprahlerei. Eher schon ist er ein stiller Genießer. Er liebt seine Bilder und Bücher, die er sich in musischer Akribie zusammengetragen hat. Er ist ein eingefleischter Vegetarier, verabscheut Alkohol, raucht nicht, treibt ausgiebig Sport. Er ist verletzlich und übertrieben eitel. Freunde können sich hundertprozentig auf ihn verlassen. Enge Freunde hat er nicht viele, aber die echten werden fast hausmütterlich von ihm verwöhnt. Er gehört nicht zu den Zukunftspessimisten. Und Weltuntergangspropheten sind ihm ein Greuel. Indes, Angst hat er doch. Das Schreckensgespenst AIDS, durch das er seinen besten Freund verlor, ist so ein Punkt, an dem er sich verwundbar fühlt. Aber nicht zuletzt dadurch ist er aufgewacht und hat seine Angst von einem anderen Trauma entkrampft: entdeckt zu werden als ein Mann mit anderen Neigungen, die sich ein Weltstar angeblich nicht leisten kann. Offen gibt er zu: "Nur eines nicht, ich will um Himmelswillen kein zweiter Rock Hudson werden!"

Am 31. März 1935 kam Richard Chamberlain als Sohn eines mittelständischen Fabrikanten in Los Angeles zur Welt. Das kon-

"Ich hatte schon früher ein ausgesprochen gestörtes Verhältnis zu mir selbst. Langsam lerne ich, mich zu akzeptieren."

Richard Chamberlain

servative Elternhaus pflegte ein Hobby, die Kunst. Früh fand er so Zugang zu Bildhauerei, Malerei und Literatur. Seine Mutter, eine gebildete, resolute Dame mit viel Zeit, widmete sich dem wissensdurstigen Sprößling mit Engelsgeduld. Es entstand eine tiefe Zuneigung, die die übliche Sohn-Mutter- und Mutter-Sohn-Beziehung weit überstieg. "Meine Eltern haben mich zu guten Manieren und formellem Benehmen erzogen. Dabei wäre ich gern spontaner und offener." Seine Kindheit in den trostlosen 30er und 40er Jahren verlief trotzdem glücklich. Schule, harmlose Jugendfreundschaften, alberne Cliquen und der geordnete American way of life wurden ihm schließlich zu monoton. Er wollte etwas erleben.

Als blutjunger Bursche nahm er 1953 noch am Koreakrieg teil. Freunden vertraute er später an, die harte Männerwelt, das Einstehen des einen für den anderen, habe ihn auf das Höchste fasziniert und zu diesem Entschluß geführt. Doch die Kämpfe, die Schlammschlachten, der Gestank, das Fieber, die Verwundeten und die Toten brachten den zum Sergeanten beförderten US-Boy ins Grübeln. Statt Kameradschaft erlebte er Kameraderie, statt eines echten Freundes fand er Unverständnis und Kraftprotzerei, "wer die nächste Frau aufreißen darf". Es wurde ihm bewußt, hier gehört er nicht her. Er kapselte sich ab, als er wieder in Los Angeles war. Auf dem College fand er die richtigen Jungs. James-Dean-Besessene wie er, zogen sie von Kino zu Kino. Das Theater schlug ihn in seinen Bann. Das Ende seines Kunstgeschichtsstudiums konnte er kaum abwarten, um endlich auf die Bühne überzuwechseln.

Auf der Schauspielschule hielt man ihn für äußerst begabt. Nach guter, alter amerikanischer Tradition und im Einklang mit seinen Eltern finanzierte er sich dieses Studium selbst. Er arbeitete als schnittiger Chauffeur und freundlicher Verkäufer im Supermarkt. "Company of Angels" hieß seine Theater-Formation, die er mit engen Freunden in Los Angeles innerhalb kurzer Zeit etablieren konnte. Dem strahlenden, stets modisch gekleideten Tausendsassa standen nun alle Türen offen. Die "Engelstruppe" avancierte vom Geheimtip zu einer der renommiertesten Bühnen im kulturverwöhnten L.A. Agenten und Manager traten auf den Plan. Der ehrgei-

Chamberlain als Prinz in "Cinderellas silberner Schuh"
(rechts Gemma Craven als Cinderella)

zige, sich aber nie vordrängende Richard Chamberlain hatte es mit 29, spät genug, geschafft: Er erhielt eine Bombenrolle beim Fernsehen. Seine ersten, eigenen Autogrammkarten wurden gedruckt. Sie zeigen einen geförten jungen Doktor im weißen Kittel, mit Arztkoffer, Abhörgerät und einem Lächeln über beide Ohren, als habe man ihn für eine Zahnpastareklame engagiert. Seine Titelrolle des "Dr. Kildare" wurde vor allem bei den US-Frauen ein donnernder Hit. Fast fünf Jahre lief die Serie mit ständig steigenden Einschaltquoten. Als liebenswerter Halbgott in Weiß drückte man ihm gleich zu Beginn seiner späten Karriere das unentrinnbare Klischee auf. Ausgehungert vom Warten, fühlte er sich anfangs darin noch sehr wohl. Doch durch Berge von Autogrammpost, Klatschspalten und ständig wachsendem Freiheitsverlust, erkannte er die Rückseite der Medaille "Erfolg".

Auch L.A.'s Gay-Szene, der er nie sonderlich zugetan war, die er aber doch gut genug kannte, war für ihn jetzt tabu. Richard Chamberlain baute sich einen Schutzschild auf, ein Freund wimmelte alle Angebote der Verehrerinnen rigoros ab. Dem Mitdreißiger kam ein Tapetenwechsel in den Sinn. 1970 zog er vom

Chamberlain als "Tschaikowsky"...

warmen Kalifornien ins kalte Großbritannien um. An der Themse hoffte er, auch privat wieder freier atmen zu können. Beruflich hieß sein Ziel natürlich die "Royal Shakespeare Company", der Traum eines jeden englischsprachigen Schauspielers. Doch je näher die Premiere seines "Hamlet" rückte, desto größer wurden die Zweifel, ob er diesen Schritt ins Ungewisse nicht noch einmal bitter bereuen würde. Die unterkühlte englische Presse hatte, wie man ihm zutrug, schon die Federn gespitzt, um den "lackierten Fernseh-Affen aus Übersee" und seinen Übertritt von der Seifenoper zum Welttheater gehörig in der Luft zu zerreißen. Er spielte, der Abschlußvorhang fiel, das Publikum tobte. Selbst die kritischen Zeitungen ergingen sich in Lobgesängen. Für einen Kritiker war Chamberlains Auftritt "ein Jahrhundertereignis". Sein Hamlet hatte dem Amerikaner die heute bestaunte Weltkarriere gebahnt.

...als "Shogun"...

Grundlage dieses Londoner Erfolgs war auch eine private Wende in seinem Leben. Gleich nach seiner Ankunft auf der Insel lernte er am Theater einen fast gleichaltrigen Schauspieler kennen: John Allison. 1,90 Meter groß, schlank, kräftig, breitschultrig, ein Bär von einem Mann. Beide wurden unzertrennliche Freunde. Als Richard Chamberlain nun aus den USA traumhafte Film- und Fernsehangeboterlains Auftritt "ein Jahrhundertereignis". Sein Hamlet hatte dem Amerikaner die heute bestaunte Weltkarriere gebahnt.

...und als "Der Graf von Monte Christo

Grundlage dieses Londoner Erfolgs war auch eine private Wende in seinem Leben. Gleich nach seiner Ankunft auf der Insel lernte er am Theater einen fast gleichaltrigen Schauspieler kennen: John Allison. 1,90 Meter groß, schlank, kräftig, breitschultrig, ein Bär von einem Mann. Beide wurden unzertrennliche Freunde. Als Richard Chamberlain nun aus den USA traumhafte Film- und Fernsehangebote erhielt, nahm er John mit über den großen Teich. Mit Wehmut verließ dieser die geliebte Shakespeare-Bühne, aber die Freundschaft zu Richard ging vor. In Los Angeles fanden sie ein passendes Haus. Doch John kam durch die grandiosen Erfolge, die Reisen, Drehtage und Pressetermine seines Freundes zwangsläufig zu kurz. Als Hausmann mit den Dalmatinerhunden nur auf seine Rückkehr zu warten, reichte ihm nicht aus. Mit Richards Unterstützung und Erfahrung gründete er das "All-Board-Theatre" in L.A. Er suchte sich eine befriedigende Aufgabe. Nur, das noch junge Glück Chamberlain / Allison litt unsäglich.

Richard Chamberlain kam immer seltener heim. Er schlüpfte von einer Kostümrolle in die nächste. Ein Kindheitstraum wurde lebendig. Schon immer hatte er sich gerne verkleidet, zog er sich wallende Gewänder und bunte Masken über. Jetzt wurde er sogar fürstlich dafür belohnt. Doch bevor er als verwegener "Graf von Monte Christo" oder feuriger Aschenputtel-Prinz in "Cinderella" brillierte, hatte ihn Ken Russell für eine ihm eher passende Aufgabe verpflichtet. Chamberlain spielte Tschaikowsky. Dieser schwule Komponist mußte um seine Freiheiten kämpfen. Zur Heirat gedrängt, verlor er seinen Gönner. Der Cholera-Tod bedeutete das Ende. Vorsichtig, wie Russell auch die schwule Legende "Nijinsky" inszenierte, ließ er Chamberlain als Homophi-

Chamberlain als Kardinal Ralph de Bricassart in "Dornenvögel"

len agieren. Auch wenn der Film heute fast vergessen scheint, dem Akteur ist er einer der liebsten.

Ein Gagenkarussell brachte der Star Ende der 70er Jahre in Fahrt. Für "Colorado-Saga" wurde er mit 1,8 Millionen Dollar entlohnt, "Shogun" brachte ihm 6,3 Millionen, für die "Dornenvögel" schließlich zahlte man ihm 10 Millionen Dollar. Die Branche wurde neidisch. Aber die Investitionen in den unwiderstehlichen Helden hatten sich gelohnt. Durch den Verkauf der Serien in alle Welt strömten die Produktionskosten mehrfach wieder herein. In den USA gelang ihm ein besonderer Rekord: 135 Millionen Zuschauer sahen "Shogun", ein bis heute unerreichter Serienrekord. Und was in den Staaten einmal gefällt, führt zu einem Boom oder Kult. Zahllose japanische Restaurants wurden neu eröffnet, Dutzende von Yoga-Schulen machten auf. Bitterer japanischer Reiswein geriet zur Konkurrenz des heimischen Bourbon. Chamberlain selbst wurde japanophil: Seine 20-Zimmer-Villa stopfte er voll mit Vasen, Samuraischwertern, Gobelins und fragilen Holztischchen. Er stellte sich sogar eine japanische Köchin ein.

Die Freundschaft zu John Allison blieb im Erfolgstaumel der 80er Jahre auf der Strecke. Der Theaterchef,

Chamberlain in "Quatermain"

der sich einen Vollbart wachsen ließ, ging eigene Wege. Trotzdem sah man sie weiterhin zusammen in Restaurants oder auf Tennisplätzen. John Allison bekam die Trennung nicht. Gierig stürzte er sich in die Szene von L.A. Eine feste Bindung wollte er nicht mehr. Im Spätherbst 1985 kam für Richard Chamberlain dann der Schock: John Allison war im Alter von 47 Jahren an AIDS gestorben. Er hatte sich zwar zuletzt noch rührend um seinen langjährigen Lebensgefährten gekümmert, Freunden gegenüber zeigte er sich aber auch verstimmt, weil John ihm erst drei Monate vor seinem Tod anvertraute, woran er eigentlich litt. John Allison, ein stets gutgelaunter Typ, machte den Freunden den Abschied besonders schwer, obwohl er ihnen in einem Brief vorschlug, wie er sich die Trennung vorstellte: "Ich möchte keine Trauerfeier, ein Fest wäre mir lieber. Alle, die daran teilnehmen, sollen weiß gekleidet sein und mit viel Champagner von mir Abschied nehmen."

Richard Chamberlain überwand den Tod seines Freundes nur schwer. Er zeigte sich apathisch. Sein zurückgezogenes Leben grenzte er noch mehr ein. Wütend las er in amerikanischen Postillen, wie man ihn mit dem wenige Monate vor John an AIDS verstorbenen Rock Hudson und dessen Schicksal in Verbindung brachte. Er ging in die Offensive. Ließ er es monatelang zu, wie die Weltpresse ernsthaft um eine Heirat mit Linda Evans spekulierte, mit der er doch lediglich in Freundschaft zum Essen ging, blockte er nun radikal ab. In Dutzenden von Interviews stellte er klar, daß diese Heirat wie jede andere auch völlig auszuschließen ist. Ja, er ließ sich sogar auf philosophische Betrachtungen zu Männerfreundschaften ein. Die Männer preist er wegen ihrer "Feinfühligkeit und Intuition", wobei er gleichzeitig moniert, "daß solche Männer immer weniger werden". Wohl aus Erfahrung sagt er: "Die jüngeren Männer haben nicht mehr gelernt, diese Eigenheit zu schätzen."

Hielt er seinen Freund Michael, ein blonder Beau mit besten Manieren, von Auftritten auf dem öffentlichen Präsentierteller fern, allenfalls dezent im Hintergrund, nimmt er ihn heute überall mit. Auch auf seiner Europatournee im Frühjahr 1986 war er hautnah dabei. In den Studios, Garderoben, im Restaurant, im Hotel, im Fond des Wagens. Selbst Klatschreporterinnen, die die Homosexualität des "eisernen Junggesellen" - wie die gängige Umschreibung dafür in der Regenbogenpresse lautet - bislang mit keiner Silbe erwähnten, sondern für Lieschen Müller eifrig an seinem Image als Frauenheld strickten, klappten angesichts dieser Demonstration vor ihren Augen ihre Stenoblöcke zu. Fragen nach Richard Chamberlains Traumfrau erübrigten sich. Die weibliche Reporterschar, die in seinen ozeanblauen Augen zu ertrinken schien, hatte es begriffen. Man lächelte gequält, irgendwie waren die Damen enttäuscht. Auch das ein Grund, warum diese Salonschnüfflerinnen seine falsche Vita verbreiten. Man schlachtet doch nicht das unschuldige Lamm, von dem man sich noch Wolle verspricht.

"Casanova", ein schrecklich aufgeplusterter amerikanischer Serientraum, hier auf Video zu haben, bot ein neues Plateau, um Chamberlain doch noch zum Weiberhelden zu machen. "116 Frauen", so tönten die Blätter, "liebt er in diesem Film" - na und? Dafür keine einzige in seinem wirklichen Leben. Dieser europäische Lustmolch ist nicht er, dieser laszive Libidohengst ist auf Zelluloid kopierte Geschichte. Der Kalifornier mag "Quatermain" ähnlich erscheinen, ein Schatzsucher, ein Abenteurer, doch ein Schürzenjäger mit der Potenz eines Karnickels ist er nicht. Einem verteufelt gutaussehenden Mann, dem man zutraut, daß er es vom unwiderstehlichen Luxuspater zum Kurienkardinal bringt - wie in den "Dornenvögeln" geschehen -, meint man offenbar auch zum Gockel Giacomo schreiben zu können. Trotz Dauerversuch, es wird nicht gelingen.

Peter Chatel
Der vornehme Avantgardist

Gustaf Gründgens war sein Vorbild. Als er ihn mit 14 Jahren als Mephisto auf der Bühne erlebte, stand für ihn fest, auch er würde Schauspieler werden. Konsequent verfolgte er seine rastlose Karriere. Gefragt in Italien und Frankreich, hierzulande zu einem der engsten Mitarbeiter Rainer Werner Fassbinders geworden, schuf er sich ein Repertoire, das breiter und facettenreicher hätte nicht sein können. Er konnte den zierlichen Dandy ebenso spielen wie den eiskalten Killer. In seinen jungen Bühnen- und Kinojahren galt er als Narziß, ein Schönling in Samt und Seide, später erkannte man in ihm den herben Provokateur, den Grenzgänger zwischen Vision und Leben. Er selbst lebte exzessiv - oder sollte man sagen bewußt? Popularität und Schwulsein waren für Peter Chatel keine unvereinbaren Gegensätze, er hat sich vor niemandem damit versteckt. Erst als man 1985 munkelte, er habe sich mit AIDS infiziert, kapselte er sich in einer Art kindlichen Scham von seinen früheren Freunden ab. Das Kapitel Rock Hudson war ihm, der um seine Ausweglosigkeit wußte, zum unbewältigbaren Inhalt der letzten Lebensmonate geworden. Verzweifelt, schutzlos starb er im August 1986 an seiner Krankheit.

Peter Schlätel, wie er bürgerlich hieß, war ein Junge zum Verlieben. Die feurigen Augen, von seiner griechischen Mutter geerbt, erfaßten sehr schnell, daß er wegen seiner klassischen Schönheit stets im Mittelpunkt stand. Am 7. Dezember 1943 wurde er - sein Vater war Deutscher - in Bad Segeberg geboren. Auf dem Lande bei Hannover wuchs er in den ersten Nachkriegsjahren auf. Hunger leiden mußte die Familie wie andere in den ausgebombten Städten nicht, aber unbeschwert wurde die Jugend erst, als man 1952 nach Hamburg übersiedelte. Hier florierte neben der Wirtschaft auch wieder das Theater. Die Welt, aus der

"Fassbinder erregte sich: 'Die Chatelsche heult ja nie ... Wieso weinst du nicht?' Und ich hab' ihm geantwortet: 'Ich schau dir zu wie einem Simmel-Film, da kann ich nicht weinen.' Das war im Grunde damals der Moment, wo es zwischen ihm und mir ganz toll wurde, als das einmal ausgesprochen war."

Peter Chatel

Peter bald nicht mehr herauszureißen war. Fasziniert von Gustaf Gründgens, schaffte er es stets aufs Neue, in die Vorstellungen gelassen zu werden. Zweihundertmal im Jahr zog es den Schüler ins Theater. Die Magie aus Wort, Gesten, Beifall und Licht berauschten ihn wie eine Droge. Schließlich gestattete es ihm Gründgens, seine fesselnden Proben beobachten zu dürfen. Und er stellte ihm die Position eines Regie-Assistenten in Aussicht. Gründgens starb 1963 und mit ihm eine Legende; für den 20jährigen indes brach eine Welt zusammen. Dennoch, bei Prof. Eduard Marks absolvierte er seine Schauspielschule und ging 1967 nach Heidelberg, wo er in Ortons Halb-Schwulen-Komödie "Seid nett zu Mr. Sloane" erfolgreich debütierte.

Aufhorchen ließ Peter Chatel jedoch ein paar Jahre später durch Rollen beim Film und durch seine berühmten Partner. Rom war Ende der 60er Jahre sein Domizil geworden, hier gehörte er bald zum intimen Kreis der Cinnecitá-Mafia. Joseph Losey holte ihn 1971 für seinen Film "Die Ermordung Trotzkis" nach Paris. Chatel spielte Trotzkis Sekretär Otto. An seiner Seite Richard Burton, Romy Schneider und Alain Delon. Längst waren Luchino Visconti, Bernardo Bertolucci und Roberto Rosselini auf den noblen deutschen Avantgardisten aufmerksam geworden. Filmangebote gab es zuhauf. Da drangen Carabinieri in seine Wohnung und nahmen ihn fest. 100 Gramm Haschisch wurden bei dieser Rauschgift-Razzia 1971 in seinen Wäscheschränken gefunden. Wie er immer wieder beteuerte, "eine

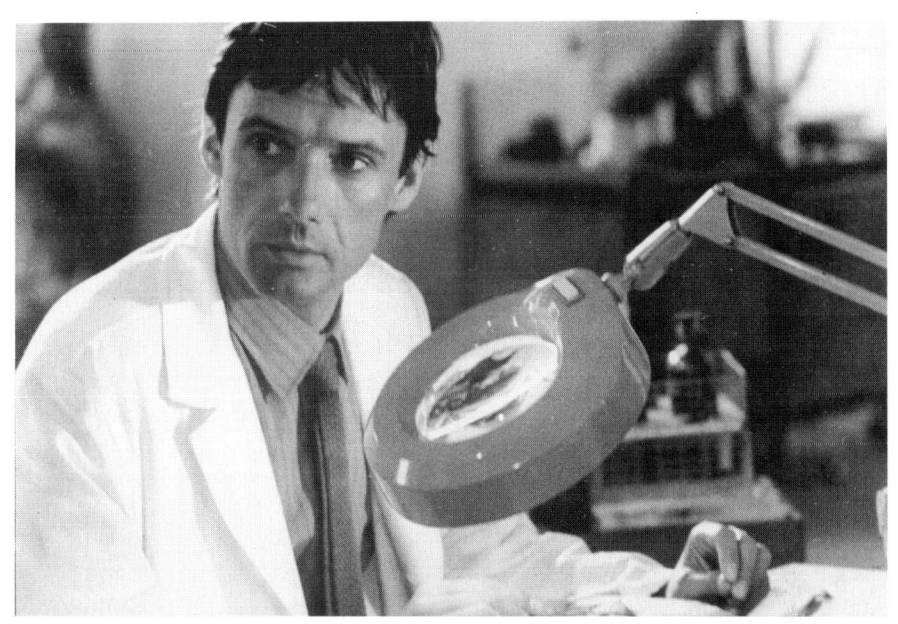

Chatel in dem italienischen Fernsehfilm "Die Skulptur des Griechen"...

...und als Reporter in Bockmayer's Film "Jane bleibt Jane"

Verschwörung". Chatel mußte zehn Monate hinter Gitter. Nur der Fürsprache prominenter Regisseure - siehe oben - und deutscher Intellektueller wie Heinrich Böll und Peter von Zahn hatte er es zu verdanken, daß man ihm auf dem Gnadenweg die volle Haftstrafe von zwei Jahren erließ. Aber, er wurde ausgewiesen, mußte Italien sofort verlassen. Noch in Rom hatte er Rainer

Werner Fassbinder davon überzeugt, ihn für Theater- und Filmrollen zu engagieren. Schon früher war Chatel ein "antitheater"-Fan, war an den Macher jedoch erst jetzt durch eigene Erfolge herangekommen. Fassbinder schrieb ihm nach seinem "römischen Malheur" eigens eine Rolle für seine TV-Serie "Acht Stunden sind kein Tag", und er durfte in "Händler der vier Jahreszeiten" mitwirken.

Dem nahtlosen beruflichen Anschluß in Deutschland folgte erneut ein privater Schicksalsschlag. Chatel verunglückte mit dem Auto. "Mein ganzes Gesicht war verschoben. Und es gab so schreckliche Fotos davon in den Zeitungen. Rainer schickte mir ein Telegramm: 'Mach dir keine Sorgen, wir schreiben dir eine Frankenstein-Serie.' Die einzige Reaktion von allen Leuten, die toll war." Eine aufreibende, zehnjährige Haß-Liebe hatte begonnen. Je "intimer" (Chatels Ausdruck) er mit Fassbinder wurde, umso mehr spürte er auch, daß ihn dieser nur ausnutzen wollte. "In Bochum war das ja alles noch sehr lustvoll. Da waren die ganzen Intrigen, auch wenn sie destruktiv waren, ganz lustvoll." In Bochum hatte Chatel neben Hanna Schygulla 1973 in Heinrich Manns "Bibi" gespielt. 1975/76 gingen sie zusammen an das Theater am Turm (TAT) in Frankfurt. Dort hat Chatel u.a. "Leonce und Lena" sowie "Schmeichler" inszeniert. Die Bühne, als Mitbestimmungsmodell allen bundesdeutschen Theatern zum Vorbild erkoren, stand allein unter der Fuchtel Fassbinders. Chatel: "Er sprang mit uns um, wie er wollte." Als er die Lust verlor, zwang er auch seine Schauspieler zu kündigen. Chatel, Gottfried John und andere hätten das Theater weiterführen können, doch Fassbinder hat diese Pläne hinter ihrem Rücken durchkreuzt.

Aufsehen erregte Chatel außer durch Theaterquerelen auch im Fernsehen. Im damaligen Straßenfeger "Der Kommissar" spielte er einen Rauschgiftsüchtigen so sensationell glaubhaft und wurde von Angeboten über-

Peter Chatel in "Looping", links Rolf Bührmann

schüttet. Film und Fernsehen waren ihm lieber, denn er mochte die langen Bühnenrollen nicht lernen. Chatel zu Kurt Raab für dessen Buch "Die Sehnsucht des Rainer Werner Fassbinder": "Du weißt, daß ich keinen Text lernen kann, deswegen wollte ich auch nicht spielen." Fassbinder mochte auf "die Chatelsche", wie er ihn nannte, nicht mehr verzichten. Er bot ihm an, in seiner "Tango"-Film für 10.000 Mark im Monat zu arbeiten. "Du brauchst nichts zu tun, du mußt nur da sein." Chatel kopfschüttelnd: "Wozu soll ich denn da sein?" Fassbinder: "So als Stimulans." Chatel: "Als Stimulans ist zu wenig. Jedermann ist käuflich, aber als Stimulans für jemand anderen, das ist zu wenig."

Als sich Chatel nach Paris absetzen wollte, wo er mittlerweile in der Rue de Londres eine eigene Wohnung bezog, um Theater zu inszenieren, versuchte ihn Fassbinder mit allen Mitteln davon abzuhalten. Chatel: "Rainer fing so eine Verführung an, damit ich nicht nach Paris fuhr. Das gipfelte darin, daß er mir meine Brille abnahm und zertrampelte, weil er dachte, daß ich dann den Weg zum Flughafen nicht finde." In Paris inszenierte Chatel Fichtes "Der Ledermann" und Shermanns "Bent". Außerdem drehte er bei Daniel Schmid, Walter Bockmayer und Edgardo Cosarinsky unabhängig von Fassbinder Filme. Wieder traf er ihn in Cannes und in New York. Chatel: "Da gab es plötzlich zwei Stunden im Hotel, wo es so intensiv und intim war wie vor zehn Jahren." Fassbinder fühlte sich bereits ständig allein, ließ nicht zu, daß einer das Zimmer verließ. Chatel: "Weggehen von ihm durftest du auch nicht. Der einzige Grund, den er akzeptierte, war, wenn du ficken gingst." Anders als Fassbinder glaubte, war Chatel nicht seinetwegen nach New York gereist, sondern um seinen Freund, der aus dem Krankenhaus entlassen wurde, abzuholen. Als Fassbinder am 10. Juni 1982 in München tot aufgefunden wurde, und sich die Nachricht von seinem Tod in Windeseile in alle Welt verbreitete, war Chatel gerade mit seinem Auto auf dem Weg von Paris nach Portofino. "Alles kreiste in meinem Kopf um Rainer - gegen meinen Willen."

Chatels letzter großer Film sollte 1983 in Italien entstehen: "Die Skulptur des Griechen". Er spielt darin einen jungen Restaurator aus Neapel, vom luxuriösen Lebensstil fasziniert, der mit genialen Fälschungen über skrupellose Händler nach Amerika verkauft. Als ein Skelett aus dem ersten Jahrhundert vor Christus gefunden wird, wittert er erneut seine Chance. Ein gefährliches Spiel beginnt. Nach dieser Aufgabe, die ihn noch einmal voll zu fordern wußte, stellte er an seinem Körper Schwächeanzeichen fest. Er wagte nicht an das Schreckliche zu denken. In ein Krankenhaus zu gehen, lehnte er seinem Freund gegenüber immer wieder ab:

"Für mich gibt es kaum Hilfe. Ich will nur in Ruhe gelassen werden." Seine Agentin in München beauftragte er, ihm wieder Rollen zu verschaffen. Er fuhr nach Jugoslawien in Urlaub, um neue Kräfte zu sammeln. Doch als er nach Hamburg zurückkehrte, hatte sich sein Zustand nicht gebessert. Er gab sich auf. Nur seiner Mutter erlaubte er, ihn noch zu besuchen. In ihren Armen schlief er im August 1986 für immer ein. Als offizielle Todesursache nannte man nicht AIDS, sondern "Kreislaufversagen nach chronischer Darminfektion". Sein letzter Wunsch? Der konnte ihm noch erfüllt werden. Pläne, in Berlin, Wien und München Theater zu spielen, in Amerika zu filmen, in Paris wieder Regie zu führen - sein langes Leiden ließ sie nicht mehr zu.

Montgomery Clift
Der Schöne litt unter dem Makel

Die gelungenste Hommage an Monty drehte Wieland Speck, der deutsche Schwulenfilmer mit der New-Wave-Ästhetik. "David, Montgomery und ich" heißt sein kleiner Film, 1980 in San Francisco entstanden. Es geht um Einsamkeit. Einsamkeit, die uns alle zerfrißt. Und Stars sind Freunde der Einsamkeit. Auch Montgomery Clift. Gerade er. Der Umschwärmte, Angebetete, der makellos Schöne litt grausam darunter. Sein Schwulsein machte ihn ein Leben lang einsam. Arthur Miller, der ihn in- und auswendig kannte: "Er war, was diesen Punkt betrifft, außerordentlich empfindlich. Hätte Monty diese Sensibilität gegenüber gesellschaftlichen Konventionen nicht besessen, oder wäre die soziale Situation weniger bedrängend für ihn gewesen, wäre in seinem Leben wohl manches anders verlaufen. Dieser Schuldkomplex, den er da mit sich herumtrug, machte ihm sehr zu schaffen." Monty litt.

Am 17. Oktober 1920 wurde er in Omaha, Nebraska, geboren. Ein bildhübsches Kind. Das Gesicht eines Engels, die Figur eines griechischen Jünglings. Und für jede Ausdruckskraft wandlungsfähig, begabt.

"Ohne das Ganze hätte ich verflucht nochmal ruhiger schlafen können."

Montgomery Clift

Ab seinem dreizehnten Lebensjahr stand er berufsmäßig auf Bühnen, Rollen wurden in ruhelosen Nächten oft sein eigenes Ich. Sensibel wie ein Reh, zerbrechlich wie ein Glas, grüblerisch wie ein Dichter. Schon als Jugendlicher war er mit sich meistens uneins, spürte er, daß er als Außenseiter leben wird. Sex erschien ihm am Anfang als etwas furchtbar Verbotenes, zumindest so, wie er ihn betrieb. Aber er wollte ja Männer neben sich haben, keine Mädchen, die ihm nachliefen, die ihn anriefen, die ihn erröten ließen.

Mit 20 Jahren galt Monty als Ausnahmetalent. Mit 25 war er, so das Urteil von Tennessee Williams, "der vielversprechendste junge Schauspieler am Broadway" in New York. In Williams' Uraufführung "You Touched Me!" (Du hast mich berührt) spielte er 1946. Sein Aufstieg vollzog sich kometenhaft, so wie es nach ihm nur Marlon Brando gelang. Beide haßten sich abgrundtief. Und Williams vermutet zurecht, daß "Brandos Karriere, wie ich fürchte, nicht unschuldig an dem schrecklichen, sich über lange Jahre hinziehenden ruinösen Verfall

Montgomery Clift in dem legendären Western "Red River" zusammen mit John Wayne

des lieben Monty ist". Doch jetzt, Ende der 40er gelang es dem betörenden Monty mit seinem verruchten Verführerlächeln, die Filmwelt, Hollywood, zu erobern. Elia Kazan, später selbst Legende, brachte ihm den letzten Schliff bei. Er lehrte ihn, seine zu spielenden Charaktere zu entschlüsseln, radikal zu erforschen, eins mit ihnen zu werden. Diese Beherrschung der Rollen gelang keinem so mühelos perfekt wie Montgomery Clift.

1948 der Welterfolg "Red River". Howard Hawks besetzte Monty als Matthew Garth, einen schnittigen Cowboy, der von dem Trecker Dunson (John Wayne) wie ein Sohn aufgenommen und geliebt wird. Dunson, bald Herr über 10.000 Rinder, erlebt, wie sein Adoptivsohn rebelliert, als die Herde in einem sinnlosen Unternehmen nach Missouri getrieben werden soll. Unrasiert, etwas scheu, wirkte er wie ein sympathisches Greenhorn, das sich gegen diesen Bären John Wayne aber in Szene zu setzen verstand. Elizabeth Taylor an seiner begehrten Seite, spielte er 1951 in George Stevens "Ein Platz an der Sonne". Von Josef von Sternberg 1931 unter dem Titel "Eine amerikanische Tragödie" schon einmal verfilmt, konnte der Streifen um eine karrieresüchtigen "Mörder", der die Tat nie beging, aber begehen wollte und durch seine eigenen Indizien verurteilt wird, trotzdem Aufsehen erregen. Und, Liz und Monty wurden während der Dreharbeiten Freunde. 1959 filmten sie wieder zusammen, diesmal "Plötzlich im letzten Sommer", das zerstörerische Orpheus-Drama von Tennessee Williams. Monty spielte Sebastian, den jungen Dichter, der sogar seine Mutter (Katherine Hepburn) und später seine Cousine (Liz Taylor) als Lockvogel für seine Knaben und jungen Männer benutzt. Sebastian lebt sich aus. Doch eines

Tages wird er von einer Horde Halbwüchsiger, darunter seine verführten Opfer, zerfleischt. Wie Raubvögel zerhacken und verspeisen sie seine Leiche.

Monty hatte Angst, mit dieser schwulen Rolle sein schwules Geheimnis preisgegeben zu haben. Doch die meisten wußten es immer noch nicht. Die ganzen 50er Jahre hindurch verstellte er sich schreckhaft penibel, um dieser Enthüllung zu entkommen. "Ich beichte", 1953 unter Alfred Hitchcock gedreht, wurde für Monty nicht zum Bekenntnis. Auch O.E. Hasse, Montys Partner, hielt sich bedeckt. Monty war zwar schon fest befreundet, doch die Verschleierung dieser Tatsache kostete ihn Nerven und wohl auch Geld.

"Verdammt in alle Ewigkeit", von Fred Zinnemann ebenfalls 1953 gedreht, wurde Montys Triumph. Er spielte den Soldaten Prewitt, der mit seiner Einheit am Überfall auf Pearl Harbour beteiligt ist. Dort gerät er zum Außenseiter, weil er sich weigert, in die Boxstaffel seiner Kompanie einzutreten. Früher hatte er einen Gegner blind geschlagen. Daher erträgt er lieber ungerührt alle Schikanen. Er wird zum Mörder, zum Deserteur. Als er am Tag des Angriffs zurückkehren will, wird er erschossen. Während der Dreharbeiten soll Burt Lancaster versucht haben, Monty geschickt zu verführen, wie Montys Freund Jack Larson zu berichten weiß. "Zoll um Zoll" habe er ihn, auch und gerade in der Körpermitte fixiert, und ihm werbende Blicke zugeworfen.

Verführen wollten ihn auch die alten Damen Talluhlah Bandhead, Dorothy Parker und Estelle Winwood. Monty, der Schönste unter den Hollywood-Schönen, lag, so hat es Edelstricher P.W. Jones alias Truman Capote berichtet, apathisch-betrunken in den Armen von Dorothy Parker, die ihm unentwegt übers weiche Haar strich. "Er ist so schön", murmelte sie. "So sensitiv. So fein geformt. Der schönste Mann, den ich je gesehen habe. Wie jammerschade, daß er ein Schwanzlutscher ist." Dann sagte sie, großäugig, ganz süßes, naives Mädchen: "Oh, oh, meine Güte. Hab' ich was Verkehrtes gesagt? Ich meine, er ist doch ein Schwanzlutscher, oder nicht, Tallulah?" Miss Bankhead sagte: "Nun, D-d-darling, das weiß ich wir-rklich nicht. Meinen Schwanz hat er noch nie gelutscht."

Monty wurde 1960 von John Huston für den Cowboy-Film "Misfits - Nicht gesellschaftsfähig" engagiert. An seiner Seite Marilyn Monroe, Clark Gable und Eli Wallach. Rodeo, Mustangjagd, Männerkämpfe. Dazwischen ein fast bemitleidenswerter Monty, der einen unglücklichen, vagabundierenden Pferdetreiber spielt. John Huston, das Hollywood-Monument, haßte Schwule. Hätte er gewußt, daß sein männlicher Monty einer dieser "Arschficker" ist, er hätte ihn nie und nimmer für seinen "Freud"-Film (1963) besetzt. Welche Unmöglichkeit: ein Schwuler als Vater der Psychoanalyse! Oder: Gäbe es

Montgomery Clift in "Verdammt in alle Ewigkeit"

eine bessere Besetzung? Huston entdeckte Monty mit einem Freund im Doppelbett, mitten im Geschehen, bei stürmischer Liebe. Er war schockiert: "Haben Sie das gewußt? Das ist doch eklig." Monty selbst heulte, wenn er an den Film über diesen Wiener Arzt dachte. "Zehn Jahre meines Lebens hat mich dieser Streifen gekostet."

Er war, mit 40, ein seelisches Wrack. Mehrmals in der Woche torkelte er zu seinem eigenen Psychiater, dem schwulen Prominentenarzt Dr. William Silverberg. Der nannte Monty "meinen Prinzen". Doch der Star, den die Frauen immer noch abgöttisch verehrten, er verirrte sich nächtelang am Strand von Fire Island. Vollgepumpt mit Drogen, mit Alkohol. "Stricher übelster Provenienz", so Montys Biograph Robert LaGuardia, holte er sich ins Hotel. Die, die etwas auf sich hielten, gingen erst gar nicht mehr mit. Monty schien am Ende. Wer sollte ihn auch retten? Freunde, besser: Bettpartner, ließen ihn genauso links liegen wie die Bosse in den Filmproduktionen. Monty war für sie tot.

Nur eine brachte Hilfe: Liz Taylor. Sie, die 1985 auch Rock Hudsons wertvollste Stütze wurde, die Gott und die Welt zusammentrommelte, um anderen AIDS-Betroffenen zu helfen, versuchte auch Monty wieder in die Bahn zu bringen. Nach seinem schrecklichen Autounfall redete sie tagelang auf ihn ein, nicht zu verzweifeln, sondern weiterzumachen. Es schien, als könnte daraus etwas werden. Monty sollte die Rolle des schwulen Major Penderton in John Hustons "Spiegelbild im goldenen Auge" übernehmen. Doch er war für die Dreharbeiten zu schwach. Ausgerechnet Marlon Brando, dessen schauspielerische Arbeit er als "Scheiße" qualifizierte, wurde dann engagiert. Monty hätte mit dieser schwulen Rolle das wagen können, was Rock Hudson kurz vor seinem Tod - wenn auch nur zwangsweise - gelang: ein schwules Hollywood Coming out.

Am 24. Dezember 1966 war Monty tot. Echte und aufgesetzte Trauer. Liz Taylor hörte die Nachricht in Europa, wo sie mit Richard Burton Shakespeares "Der Widerspenstigen Zähmung" drehte. Sie war niedergeschmettert. Der Drehplan ließ es nicht zu, daß sie nach L.A. flog, um ihn mit zu beerdigen. Tapfer kämpfte sie dagegen an. Doch am Tage der Beerdigung brach sie während einer Szene im Weinkrampf zusammen. Auch Franco Zeffirelli, der Regisseur, empfand Montys Tod als Qual. Denn, er war einmal sein Vorbild gewesen: "Montgomery Clift! Gutaussehend, voll verhaltener Leidenschaft, mit einer Spur naiver Verderbtheit. Natürlich ahmten wir seinen Stil nach, wie alle jungen Schauspieler ... Ich war entzückt, als nach einer Vorstellung ein Mädchen auf mich zukam und mich zum 'neuen' Montgomery Clift kürte." Zeffirelli war froh, daß er nun, fünfzehn Jahre später, nicht mit ihm tauschen mußte.

Clift in "Nicht gesellschaftsfähig"...

...und als Freud in dem gleichnamigen Film

Jean Cocteau
Der Menschensammler

Er war stolz auf seine Hände. Seine schmalen, langgezogenen, feingeschliffenen, ereignisreichen Hände. Sie waren seine besten Freunde. Mit ihnen brachte er all das zu Papier, was sein Genius ihnen diktierte. Mit ihnen malte und zeichnete er, was seiner virtuosen Phantasie entsprang. Mit ihnen fing er seine berühmten Bekannten und seine begehrenswerten Liebhaber ein. Mit ihnen applaudierte er seinen eigenen Stücken. Mit ihnen klopfte er sich selbst auf die Schulter. Cocteau kokettierte mit seinen Händen wie Frauen mit ihren Beinen. Seine Hände reichten überall hin. Keine Tür, an die er pochte, blieb ihm verschlossen. Fast ein halbes Jahrhundert war er das Zentrum der französischen Kultur, war er Impresario und Protagonist in einem.

Die Weltausstellung 1889 brachte Paris nicht nur den Eiffelturm, sondern auch Jean Maurice Eugène Clément Cocteau. Am 5. Juli dieses Wunderjahres wurde er im kleinen Maisons-Laffitte bei Paris geboren. Sein Vater war Grundstücksmakler, der jedoch nur arbeitete, um der Kunst frönen zu können. Als Jean zehn Jahre alt war, starb er. Der fragile, bildhübsche Knabe wurde von seiner Mutter und seinen Tanten erzogen. Man putzte ihn heraus wie einen Prinzen, Couturiers steckten ihn in maßgeschneiderte Röckchen. In der Schule war er bald Mittelpunkt allen Interesses. Er schrieb Verse auf seine Lehrer und untermalte sie mit bissigen Karikaturen. Mit 13 erlebte er die erste Liebe. Sein angebeteter Dargelos jedoch, dem er später in "Die Kinder der Nacht" (1929) wegen seiner begeisternden Schönheit ein Denkmal zu setzen versuchte, blieb unnahbar. Seine Pubertät beschrieb er fast wie einen Lausbubenstreich. Im Zeichenunterricht hatten sich er und seine Kameraden unter den Pulten erregende Onanierpraktiken ausgedacht: "Manchmal rief ein besonders zynischer Lehrer einen Schüler auf, der kurz vor dem Erguß stand. Der Schüler wurde feuerrot, bemühte sich, einigermaßen gerade zu stehen, und murmelte vor sich hin, was ihm gerade einfiel, wobei er versuchte, sein Lehrbuch in ein Feigenblatt zu verwandeln."

"Deine Liebe entlockt mir Schreie
Wie Feuer und Blut.
Ich schenke dir meine geschriebenen Worte
Und alle meine erlittenen Leiden."

Jean Cocteau an Jean Marais

Jean Cocteau besuchte mehrere Gymnasien, von denen er immer wieder wegen "Zuchtlosigkeit" verwiesen wurde. Mit 15 hat man ihn auf ein Privatgymnasium geschickt. Statt sich seinen unschuldigen Mitschülern zu nähern, wagte er nun das Verhältnis zu einer Frau. Doch der Revuestar Mistinguett, ein damals berühmtes Frauenzimmer, doppelt so alt wie er, blieb eine Amorette. Spätestens nachdem er eine gierige Nachwuchsschauspielerin verführt hatte, war ihm klar, daß er nur mit Knaben und Kerlen sein Glück würde finden können. Nach einem Ausreißversuch, der ihn in das Hurenmilieu von Marseille geschwemmt hatte, lernte er in Paris den erfolgreichen Mimen Edouard de Max kennen. Bald gehörte der leutselige Jean zu dessen männlichem Harem. Auf einem Maskenball trat er als schwuler Kaiser Heliogabal auf, mit nacktem Hintern.

De Max und sein erster Gedichtband ("Die Lampe des Aladin") führten Cocteau mit 18 Jahren mitten in die eleganten Lebenskünstler-Salons der Hauptstadt der Liebe. "Clown der Snobs" wurde er bald genannt. Marcel Proust, Pablo Picasso, André Gide, Igor Strawinky, Vaclaw Nijinsky, Sergej Diaghilew und andere Kulturmonumente der damaligen Zeit gehörten zu seinen Freunden. Eine besonders intime Beziehung pflegte er zu dem Flieger Roland Garros. Der hatte 1913 als erster das Mittelmeer im Nonstop-Flug überquert. 1917 erlag Garros in einem deutschen Krankenhaus seinen Kriegsverletzungen. Cocteau überstand den Weltkrieg ohne Blessuren. Er hatte ein "Freiwilliges Samariter-Corps" gegründet, das sich allerdings nicht an die vordersten Linien der Front heranwagen mußte.

Cocteaus goldene 20er Jahre begannen mit der Premiere seines Stücks "Die Hochzeit auf dem Eiffelturm" (1920). Ein Theaterskandal. Doch der Surrealist wurde auch wegen seiner selbst willen zum "Meister" der experimentellen Literatur. Dieser Ruf trieb alle jungen Schöngeister des Landes an die Pforten seiner Wohnung in der Rue d'Anjou Nr. 10. André Gide liefen die Kulturknaben davon, Cocteau konnte sie sich aussuchen: "Meine Beziehung zu Gide bestand aus einem dauernden Hin und Her von Versöhnungen, Auseinandersetzungen, offenen Briefen, Verstimmungen, deren Ursachen sehr wohl in jener Schar jugendlicher Mythomanen liegen mochten, die zwischen uns hin- und herpendelten und sich damit vergnügten, alles durcheinander zu bringen."

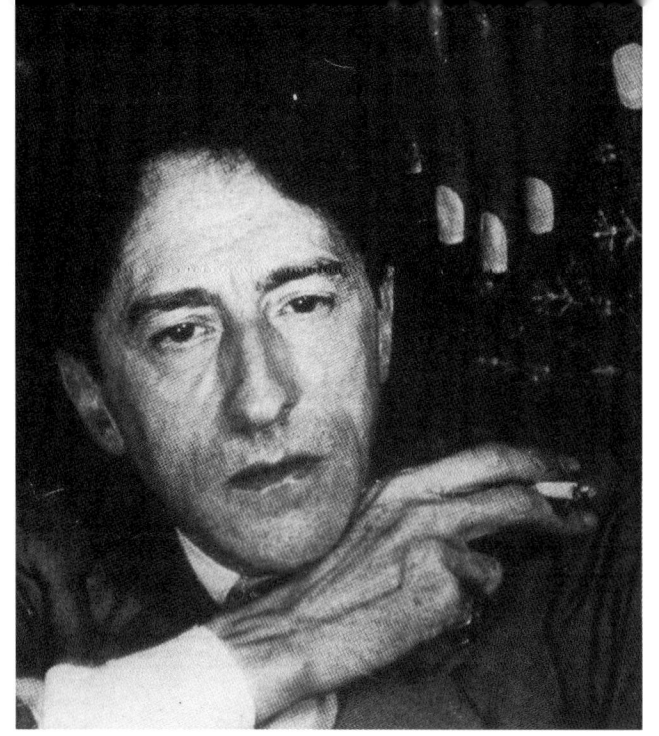

Einer dieser adonishaften Mythomanen war Raymond Radiguet. Er war gerade 15 Jahre alt, als sich Cocteau seiner annahm und ihn zur Muse erkor. "Die Pelikane" und "Der Teufel im Leib" (wurde 1950 mit Gérard Philippe verfilmt), 1921 bis 1923 entstanden, sorgten für Aufregung. Radiguet weissagte sich selbst den Tod. Auf einer spiritistischen Sitzung, die der neugierige Cocteau veranstaltete, teilte er der Runde mit, daß einer der Anwesenden bald vom Engel des Todes heimgesucht werde. Acht Monate später, ganze 20 Jahre alt, starb der begabte Jüngling an Typhus. Dieses überraschende Ende seines Geliebten erschütterte Cocteau zutiefst. Er war verzweifelt. Nicht einmal am Begräbnis konnte er teilnehmen, er fühlte sich zu schwach. André Gide sah in dem verstorbenen Radiguet nur einen "jener kraftlosen, halbwüchsigen Lustknaben", Cocteau trauerte um einen echten Freund: "Nur ein Diamant hatte die Härte, bis zu seinem Herzen vorzustoßen."

Zur Ablenkung all des Schrecklichen stürzte sich Cocteau in Arbeit. Im gleichen Jahr erschien einer seiner größten Romane: "Der große Sprung" (1923). Und da er ohne jugendliche Geliebte nicht schreiben konnte, gesellte er sich bald den anmutigen Maurice Sachs zur Seite. Und Jean Desbordes, einen 20jährigen sinnlichen Beau, mit dem er fünf Jahre lang zusammenlebte. Cocteau wollte leben. Er zog durch die Pariser Nachtlokale, auf der Suche nach Inspirationen. Einer seiner engen Nachtfreunde wurde Barbette, ein Amerikaner, der tagsüber wie ein britischer Gentleman wirkte, sich am Abend jedoch in einen blonden Sex-Vamp verwandelte und Trapezkünste vollführte. Um die brisante Stimmung von innen und außen her genießen zu können, bediente sich Cocteau des Opiums. Ab 1924 war er im medizinischen Sinne süchtig. Er machte zahlreiche Entziehungskuren, doch überall, wo er sich aufhielt, so wird berichtet, umhüllte ihn eine "süßliche Wolke von Opiumduft".

Seine Werke litten darunter nicht. Die Dramen "Orpheus" (1927) und "Höllenmaschine" (1934) wurden ebenso erfolgreich wie sein erster großer Film "Das Blut eines Dichters" (1930), das heute als Hauptwerk des Surrealismus gilt. 1936 reiste er mit seinem Liebhaber, dem Schriftsteller Marcel Khill, in 80 Tagen um die Welt. 1937 setzte er die Sportwelt mit einer pikanten Affäre in Staunen. Er nahm den farbigen Boxer Al Brown unter seine agilen Hände, bezahlte dem heruntergekommenen Kraftprotz dessen Schulden und verschaffte ihm nach einer beispiellosen Werbekampagne das erhoffte Comeback. Die Beziehung zerbrach, als ein junger, 24jähriger Gott in sein Leben trat, eine nordische Grazie, die personifizierte Sehnsucht all seiner Träume: Jean Marais (siehe auch dort).

"Es ist etwas Entsetzliches passiert. Ich habe mich in Sie verliebt", teilte Cocteau seinem verblüfften neuen Freund am Telefon mit. Marais, der noch glaubte, Frauen könnten ihm vielleicht doch mehr bedeuten als Männer, ließ sein eigenes Leben im Stich und floh zu diesem Menschensammler Cocteau. Aus einem Chargenspieler wurde der Star. Cocteau setzte alles daran, den verführerischen Helden zu einer Kultfigur zu erschaffen. Es gelang. Schon der erste Film "Die Ritter der Tafelrunde" (1937) begründete seinen Erfolg. Und die

Theaterstücke "Ödipus", "Die schrecklichen Eltern", "Die Schreibmaschine" oder "Renaud und Armide". Ihr größter künstlerischer Triumph gelang beiden mit dem Film "Orphee" (1950).

Privat, sagen wir sexuell, trennten sich ihre Wege zwischen 1947 und Anfang der 50er Jahre. Doch Cocteau und Marais blieben sich ein Leben lang verbunden. Sie unternahmen gemeinsame Reisen, teilten Freude und Schmerz ungebrochen weiterhin miteinander. Auf ihrer Tour durch den mittleren Osten verliebte sich Marais in einen amerikanischen Tänzer, mit dem er eine zehnjährige Liaison eingehen sollte. Cocteau holte den jungen, bildhübschen Edouard Dermithe an seine Seite. 1960 trat der brillante Avantgardist noch einmal mit einem Film an die Rampe des Lichts: Er zeigte "Das Testament des Orpheus", sein eigenes Vermächtnis. Längst war Cocteau zum Mythos geworden, durch seine Aufnahme in die Académie Francaise vor allen Zweiflern beglaubigt. Er gehörte zu den "Unsterblichen" - zu Lebzeiten. Im April 1963 erlitt er einen Herzanfall. Nach leiser Genesung zog er im Juli in das Landhaus von Jean Marais im Süden Frankreichs, um sich zu erholen. Als Cocteau, vom Sauerstoffapparat befreit, im Herbst in sein eigenes Haus nach Milly übersiedelte, begannen dumpfe Vorahnungen: "Die Ärzte haben mich dem Tod entrissen. Aber das Leben haben sie mir nicht zurückgegeben!" Am 11. Oktober 1963 erlag er einem Lungenödem. Um wenige Stunden hatte er den Tod seiner Freundin Edith Piaf überlebt, noch einen Nachruf auf die Jahrhundert-Chansonette für den Rundfunk gesprochen.

Cocteau, im Hintergrund Edouard Dermithe

Dann schloß er, vergeblich nach Luft ringend, für immer die Augen. Jean Marais schrieb in sein Tagebuch: "Jean, ich liebe dich. In 'Testament des Orpheus' hast du gesagt: 'Tut so, als weinet ihr, meine Freunde, denn der Dichter tut nur so, als wäre er tot.' Jean, ich weine nicht. Ich werde schlafen und dich dabei ansehen und sterben, denn von nun an werde ich nur so tun, als lebte ich."

The Communards
Schwule Rebellen

The Communards: Jimmy Somerville and Richard Coles wählten sich ihren Namen nach einer Gruppe französischer Dissidenten des 19. Jahrhunderts, die, so Richard, "unter den Augen ihrer Gegner ihr eigenes Leben in die Hand nahmen. Wir wollen dieser Idee Ausdruck verleihen." Heute sind beide Stars auch privat ein Paar. Man merkt, daß sie sich blind verstehen. Jimmy: "Richard und ich liegen auch politisch auf gleicher Wellenlänge. Da habe ich eine viel größere Übereinstimmung als mit Larry Steinbachek und Steve Bronski ... Ich fühle mich jetzt so glücklich, froh und frei und bin echt total verliebt."

Nach seiner Trennung von Bronski Beat (siehe dort) im April 1985 hat sich Jimmy Somerville weiter klar für schwule Selbstverwirklichung stark gemacht. Richard meint sogar, er habe sich von Bronski Beat gelöst, "weil er fühlte, daß Bronski Beat sich immer weiter weg vom Engagement für die Schwulen entfernte. Dieses Engagement, dieses Anliegen, war wichtiger für Jimmy, als gute Popsongs zu schreiben. Wir wollten in unseren Songs politische Fragen in einer direkteren Art und Weise ansprechen."

Jimmy Somerville (27) stammt aus Glasgow. Mit Steve Bronski ging er nach London, wo sie mit Larry Steinbachek ihre Gruppe Bronski Beat gründeten. Mit "Smalltown Boy" und "Why" hatten sie große Hits. Jimmy, mit einer Stimme wie ein Bergkristall, wurde zum Star. Er nutzte seinen Bekanntheitsgrad, um Vorurteile gegen Schwule abbauen zu helfen. Man befürchtete Schlimmes, als er 1985 verkündete, er habe genug davon, ein Popstar zu sein. Die Presse, auch die deutsche, versuchte ihn häufig unglaubwürdig zu machen. So wie beim "Hyde-Park-Skandal". Jimmy ging mit einem Freund in den Park und beobachtete zwei Männer, die offenbar Sex miteinander hatten. Jimmy und sein Freund machten es ihnen nach. Sie konnten nicht ahnen, daß sie auf einen seltsamen Trick der Londoner Polizei hereingefallen waren. Die beiden Lover waren Polizisten. Jimmy mußte "wegen öffentlicher Unzucht" 180 DM Strafe bezahlen und hatte die negativen Schlagzeilen. Er wetterte: "Das ist

"Wir sind eine schwule Band. Leider gibt es viel zu wenige davon, obwohl es sie gibt. Die müßten sich alle nur endlich bekennen!"

Jimmy Somerville

doch krank, daß Polizisten so tun, als hätten sie Sex miteinander, nur um uns zu erwischen."

Richard Coles (26) wurde in Northhamptonshire geboren. Er arbeitete als Studiomusiker, hatte eine klassische Musikausbildung absolviert und kannte Jimmy bereits seit 1982. Drei Jahre später trafen sie sich wieder. Als Jimmy bei Bronski Beat ausstieg, schien sein Einstieg bei Jimmy gerade richtig. Ihre erste Single "You Are My World" wurde ein Flop. Die Gruppe wäre sicher geplatzt, hätten sich die beiden frisch Verliebten nicht über die Pleite tiefer und enger verstanden. Jimmy nahm den Fehlstart zum Anlaß, zu unken, daß man wohl "ewig eine Kultband" bleiben würde. Doch das erste Album ("Communards"), im Jahre 1986 erschienen, brachte den Durchbruch, wurde sogar vergoldet. Drei Wochen lang führten The Communards die englische Hitparade an, mit einem Oldie, den sie selbst aus ihrer Coming-out-Zeit in Londons Schwulenbars kannten: "Don't Leave me This Way". Diese fetzige Nummer ermöglichte es ihnen, in Ruhe weiterzuarbeiten.

Ihre zweite LP "Red" ist frech und politisch in einem. Richard, der Jazz-Freak, konnte sich ebenso ausleben, wie Jimmy, der gern den Zeigefinger hebt. Mit ihren Tantiemen unterstützten sie die Gründung eines Londoner AIDS-Hospitals. Im Wembley Stadion gaben sie vor 13.000 Fans ein Benefizkonzert. Auch dieses Geld ging an die AIDS-Hilfe. Popmusik als soziale Komponente. Um die schwulen Botschaften besser verkaufen zu können, bedienen sich The Communards gerne Ohrwürmern aus vergangenen Zeiten. Eine Abba-Replik wird folgen. Jimmy Somerville weiß, wie man sich und seine Anliegen an den Mann bringt. Weil sich auch Gesichter abnutzen könnten, läßt er mittlerweile bis zu zehn Frauen und Männer auf der Bühne mitmachen. Ein Grund auch: "Viele männliche Musiker benehmen sich oft wie arrogante Helden, besonders die Gitarristen." (Richard) Probleme könnte es trotzdem geben. Richard meint: "Die Frauen werden genauso unterdrückt wie wir Schwule, sie leiden unter der Macht der Macho-Männer genauso wie wir." Wenn es nur so einfach wäre, alle Schuld am Unheil der Welt den Heteromännern zuzuschieben. Schwule Dissidenten dürfen sich als Rebellen nicht übernehmen.

James Dean
Ein Idol, das niemals altert

War James Dean, der personifizierte Outsider, der ewig junge Rebell, schwul oder nicht? Das ist die einzig noch interessante Frage. Hätte er das Alter von Rock Hudson erreicht, oder zumindest das von Montgomery Clift, wir würden es wissen. Doch auch so verdichtet sich ein fast glasklares Bild über jene Zeit der komplizierten 50er Jahre. Jimmy, der Halbstarke, der Draufgänger, der Verschlossene hatte seine Männer.

Seine Biographen stellen, je nach persönlicher Präferenz und der ihnen vom Verlag vorgegebenen Leser, recht unterschiedliche Deutungen an. Bill Bast, ein Freund, der mehrmals mit ihm Wohnungen und Zimmer teilte, und der natürlich ein Buch über ihn schrieb, verweist Jimmys Schwulsein ins Reich des Ungewissen. "Ich stellte mal eine Liste all der Leute auf, die behaupteten, mit James Dean zusammengelebt zu haben. Wenn sie alle die Wahrheit gesagt hätten, wäre Jimmy bei seinem Tod 147 Jahre alt gewesen." Doch Bill Bast erklärte über ihre gemeinsame Zeit in New York auch: "Ich hatte gelernt, Jimmy nicht auf persönliche Dinge anzusprechen." Biograph John Howlett vermutet, "eine besonders große Rolle scheint der Sex in seinem Leben nicht gespielt zu haben. Er gab natürlich, wie alle Jungen, gelegentlich an. Seine Mädchen bezeichnete er erst als Eroberungen, später als Muschis. Mit ziemlicher Sicherheit war er bisexuell, obschon niemand weiß, wie aktiv er als Hetero- oder als Homosexueller nun in Wirklichkeit war." Roy Schatt, Fotograf und Biograph, vor dessen Haus er einmal splitternackt auftauchte: "Jimmy schwul? Oder bisexuell? Nun, vielleicht. Seine exzentrische Art und die fortwährenden Versuche, aus der Norm auszubrechen, könnten ihn dazu verführt haben." Biograph David Dalton: "Jimmy hatte einige homosexuelle Zimmergenossen, und es wurde der Verdacht geäußert, daß er aufgrund dieser Beziehungen einige seiner ersten Rollen bekommen habe ... Jimmy liebte das Experiment ... Jimmy sammelte Erfahrungen, dazu gehörte alles. Seine Sexualität war untrennbar mit seiner Persönlichkeit verbunden." Der deutsche James-Dean-Autor und TV-Regisseur Horst Königstein: "Er war neugierig und sinnlich genug, alle Erfahrungen machen zu wollen, die Menschen im engen Umgang miteinander

"Siehst Du es denn nicht?
Ich bin Michelangelos David."
James Dean

machen können: zärtlich sein, anfassen, entdecken - ohne daß irgendeine gesellschaftliche Norm darüber entscheidet, was 'anständig' oder 'normal' sei."

Beulah Roth, die Frau von Sanford Roth, seines engen Freundes und Fotografen: "Von seinem Privatleben wußte ich fast nichts. Er war die verschlossenste Person, die ich je kennengelernt habe ... Sein Panzer war seine persönliche Welt." Von den Roths, in deren Haus er ein- und ausging, bei denen er auch am Vortage seines Todes war, wissen wir, welche Schriftsteller er am meisten mochte: Genet, Oscar Wilde, Sartre, Malaparte, Saint-Exupéry. Seine Biographen Ed Corley und Walter Ross kommen unabhängig von einander in ihren Büchern zu dem Schluß: Jimmy war schwul. Sie berichten von Parties mit Transvestiten, der Lederszene, und davon, daß man ihn eines Morgens mit einem anderen Mann im Bett überrascht habe.

Und Jimmy selbst? Was meinte er zu Spekulationen, er wäre schwul? Auf die konkrete Frage, ob er homosexuell sei, antwortete er süffisant grinsend: "Nun, ich gehe bestimmt nicht mit einer auf dem Rücken gebundenen Hand durchs Leben." 50er Jahre, Ängste, Karriere - reicht dieses Anti-Dementi da nicht aus?

Am 8. Februar 1931 wurde James Byron Dean in dem kleinen Städtchen Marion, nördlich von Indianapolis, geboren. Sein Vater war Zahntechniker. Als Jimmy vier war, siedelte seine Familie nach Santa Monica (Kalifornien) um. Er war ein sensibles, ja poetisches Kind. Seine Großmutter beschrieb ihn so: "Er ist eine Mischung aus chinesischer Porzellanpuppe und reifem Apfel, fast zu zierlich für einen Jungen." 1940 das Grausame für Jimmy: Seine Mutter starb, noch nicht einmal 30 Jahre alt, an Brustkrebs. Ein Leben lang hat er unter diesem Verlust gelitten. Er begann sogar, Schuldgefühle zu entwickeln, dafür, warum man ihm so früh die Mutter geraubt hatte. T.T. Thomas in seiner fiktiven Biographie "I, James Dean": "Ich, Jimmy Dean, wußte nie, wer oder was ich bin ... Ich war das Sinnbild der Hoffnungen und Träume meiner Mutter. Nachdem

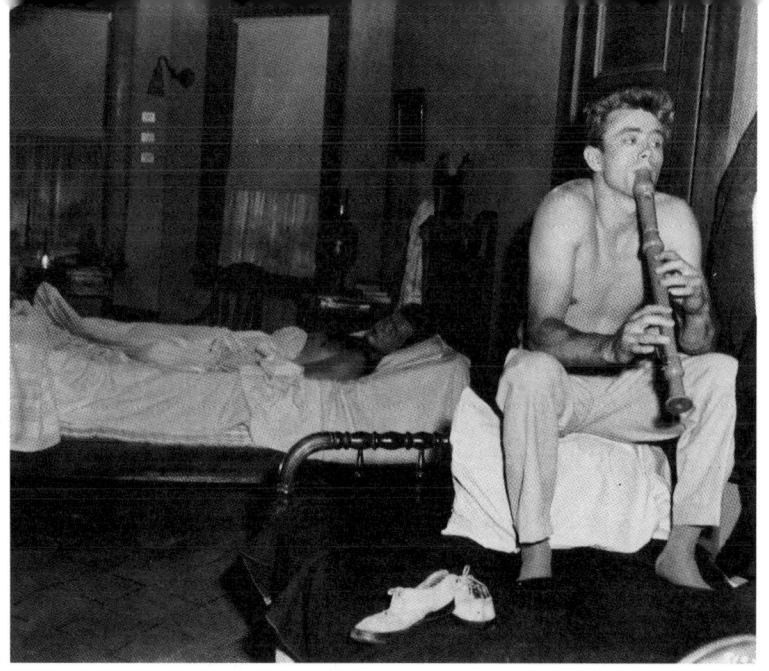

"Jimmy" privat

im Laufe der Jahre ihre eigenen Hoffnungen verblaßt waren, projizierte sie ihre Träume in mich hinein. Ich hatte nie die Chance, ich selber zu sein."

Auch der Vater kümmerte sich nun um den neunjährigen Jungen nicht weiter, er ging seine eigenen Wege. Jimmy kam zurück nach Fairmount, dem Ort seiner Kindheit. Auf der Winslow-Farm seines Onkels war nun sein Zuhause. Jimmy gefiel dieses harte Landleben. Er lernte Melken, mußte das Vieh füttern, den Schweinestall ausmisten. Nach einem Jahr konnte er Traktor fahren. Er lernte schwimmen. Seine Lehrer beschrieben ihn als launenhaft und störrisch. Einmal brach er im Rechenunterricht in Tränen aus. Als man ihn fragte, warum er weine, meinte er: "Ich vermisse meine Mutter." James De Weerd, ein kauziger Pastor, wurde zu seinem besten Freund. Ihm brachte er eines Tages eine Tonfigur, zehn Zentimeter groß: "Das bin ich. Ich nenne es 'Mein Selbst'." De Weerd brachte Jimmy das Autofahren bei und lehrte ihn den Glauben an die Unsterblichkeit der Seele. Nachdem er 1949 die High School abgeschlossen hatte und anfing, am Santa Monica City College Jura und Sport zu studieren, schickte ihm Pastor De Weerd fast täglich einen sehr persönlichen Brief, mit einem Spruch zum Auswendiglernen.

Die Abschlußklasse fuhr 1949 nach Washington - und dann der Abschlußball. Jimmy spielte die Trommel. Die Klassenkameradin Barbara Garner: "Ich glaube nicht, daß er ein Mädchen dabei hatte. O ja, die Mädchen mochten ihn, aber er war nicht sehr interessiert." Ein Problem für ihn, seine Brillen. Allein in den Sportstunden seiner Schulzeit zertrümmerte er 15 Paar von ihnen.

1949 ging er nach Kalifornien. Für kurze Zeit lebte er bei seinem Vater, doch die Beziehung war gespannt, fast fremd. 1950 der Beginn seines Studiums an der UCLA, der Universität von Kalifornien in Los Angeles. In diesem Herbst begann für ihn ein neues Leben. Im Theater der Fakultät durfte er in "Macbeth" den Malcolm spielen, er war selig. 1951 sein erster Fernsehauftritt, ein einminütiger Werbespot für Pepsi-Cola. "Hill Number One", eine kleine TV-Rolle, brachte ihm den ersten Fanclub. Doch Jimmy wurde in seiner Studentenverbindung noch nicht für ganz voll genommen. Eine Mutprobe, die seine Kommilitonen von ihm verlangten, kostete ihm fast das Leben. Er mußte in einen Swimmingpool tauchen und sich über die Entwässerungsöffnung legen. Dann schalteten sie den Wasserabfluß ein, und Jimmy kam nicht mehr hoch. Man zog ihn heraus, mußte ihn mühsam mit Mund-zu-Mund-Beatmung wiederbeleben.

Des Heimlebens überdrüssig, sprach er einen netten Typ an, ob er nicht mit ihm ein Appartement nehmen wolle. Der Typ war Bill Bast. Er fand das Zusammenleben mit Jimmy anregend, aber ziemlich nervenaufreibend: "Er konnte seinen Charme wie auf Kommando abstellen, blieb nicht lange am gleichen Platz oder mit dem gleichen Freund zusammen." Ein Freund, ein sehr enger Freund, wurde Ted Avery, ein Platzanweiser, mit dem er längere Zeit zusammenlebte. Und auch Jimmy verdiente sich sein Geld nun in diesem Job.

Nach kleinen Rollen in Film- und Fernsehproduktionen zog der Farmerjunge ins pulsierende New York, 1951. "Die ersten zwei Wochen war ich so verwirrt, daß ich mich nur ein paar Häuserblocks weiter von meinem Hotel entfernte. Ich ging täglich in drei Filme, um meiner Einsamkeit zu entfliehen, verbrauchte meine paar Dollar, die ich in der Tasche hatte, fürs Kino ..." Das Delirium der Stadt weckte jedoch auch seine Neugier. Er wechselte die Appartements und YMCA-Zimmer fast monatlich. Er besaß Jeans, einen Regenmantel und einen braunen Anzug, den er fast nie trug. Er begeisterte sich für Truman Capote und dessen Dekadenz. Auf Umwegen war er an die Geheimnummer seines Idols Montgomery Clift gekommen. Ihn rief er anonym unzählige Male an, nur um seine erotische Stimme zu hören. Ein Freund berichtet, Jimmy habe dabei sogar onaniert. Er trieb sich in der härtesten S/M-Szene herum, liebte die harten Burschen.

Er selbst war vom Militärdienst befreit worden, weil er Homosexualität für sich auf dem Fragebogen nicht ausschließen mochte. Zur Klatschkolumnistin Hedda Hopper meinte er später spöttisch auf die Frage, warum er die Befreiung von der Army geschafft habe: "Ich hab' den Stabsarzt geküßt!" Auf dem New Yorker Time Square verdiente sich Jimmy eine zeitlang seine Miete als Stricher. Doch es kränkte ihn, wenn einer dieser Freier auf ihn herabsah. Jimmy lebte bei Fernsehdirektoren, die nachweislich schwul waren, und ließ sich von ihnen aushalten. Roger Brackett verwöhnte ihn genauso wie Jim Sheldon. Dann telegrafierte er Bill Bast, ihn aus seiner Lage zu retten. Sie nahmen zusammen ein Zimmer, hatten aber nicht einmal soviel Geld, um auch nur ein Handtuch kaufen zu können. Sie pumpten sich Matratzen, Geschirr, ein paar Laken von Jimmys New Yorker Bekannten.

Jimmy wurde aus 150 Bewerbern als einziger auf das Actor Studio aufgenommen und praktizierte dort die Strasberg-Methode. Das heißt, er grub nach seinen Wurzeln. "Unbarmherzig nahm er so unzählige kleine Zerstörungen an sich vor." (David Dalton) Im Beruf lief es nun besser, fast monatlich hatte er einen kleinen Fernsehauftritt. Er lernte Mädchen kennen, meistens platonische Beziehungen. Viele pumpte er auch nur an und schrieb ihnen dafür überschwengliche Briefe. Bill Gunn überlieferte aus dieser Zeit eine "Orgie". Jimmy hatte ihn angerufen und gefragt: "Was macht ihr?" Bill: "Wir feiern eine Orgie." - Jimmy: "Ich komme vorbei." Bill schildert: "Er hängte ein, und wir beschlossen so zu tun, als ob wir wirklich eine Orgie feiern ... Wir hatten gedämpftes Licht, lagen herum und versuchten so auszusehen, als ob wir etwas taten, was wir noch nie getan hatten. Er schaute uns an, schloß die Tür, öffnete die

Hose, nahm sein Ding heraus, schüttelte es und sagte: Na, denn mal los!"

Mit großer Freude erfuhr Jimmy 1954, daß er die Rolle des schwulen arabischen Boys in "The Immoralist" am Broadway spielen sollte. Die Vorlage dafür stammte von André Gides Roman, den er kannte und liebte. Jimmy spielte diesen schwulen Ganoven glaubhaft, ja überwältigend. Er gewann damit mehrere Preise. Und Elia Kazan vermittelte ihm daraufhin, nur daraufhin, einen Sieben-Jahresvertrag mit Warner Bros. Natürlich spekulierten nun die Journalisten, ob dieser Junge auch selbst schwul sei. Viele hatten ihn in den Darkrooms der Ledermänner gesehen. Kenneth Anger schrieb in seinem Buch "Hollywood Babylon" von James Dean als "einem menschlichen Aschenbecher". Wenn er "stoned" war, sei er unhaltbar gewesen. Er berichtete, daß sich Jimmy "gerne die Brust freimachte und seine geliebten Schinder bat, ihm die Zigaretten darauf auszudrücken". Jimmys Verehrerinnen schrien auf: Diese göttliche haarlose Brust!

Jimmy fuhr mit Elia Kazan nach Kalifornien. Zum ersten Mal saß er in einem Flugzeug. Im März 1954 kamen sie in Hollywood an. "Jimmy war eine Nachteule", berichtete Bill Bast, der ihn begleitete. Jimmy durchkämmte das neue Revier. Und er traf die traumhaft-hübsche Italienerin Pier Angeli, laut dem deutschen Dean-Biographen Wolfgang Fuchs (ein schlechter Märchenerzähler) "seine unglückliche Liebe". Und was ist zwischen den beiden wirklich passiert? Pier Angeli: "Manchmal gingen wir schweigend am Strand entlang, teilten uns unsere Liebe auf diese Weise mit ... (später) Nachts träumte ich von Jimmy, wünschte mir, Jimmy würde statt meines Ehemannes neben mir liegen." Die Unerhörte starb 1971 an einer Überdosis Schlaftabletten. Aber, nächtelange Spaziergänge waren für sie das einzige, was sie von Jimmy bekam. War das der Frauenheld, der Draufgänger, der sich nicht traute, ein williges Mädchen ins Bett oder auf die Dünen zu kriegen?

Jimmys Erfolg: seine drei unvergessenen Filme. Ja, nur drei Filme, wirklich große Filme, hat er gedreht und ist mit ihnen auch als Schauspieler zum Heroen geworden. "Jenseits von Eden", "... denn sie wissen nicht, was sie tun" und "Giganten". Zwischen den Dreharbeiten fand er Zeit, sich von Dennis Stock, einem jungen Fotografen, den er sehr schätzte, in allen Posen seiner Kindheit und Jugend ablichten zu lassen. Ahnte er, daß er seine Heimaterde nie mehr würde wiedersehen können? Die schönste Filmszene hinterließ er in Ray Clays "... denn sie wissen nicht, was sie tun". Seinem schwulen Freund Plato (Sal Mineo), der ihm versicherte, "du bist mein Vater", legt er, nachdem er erschossen wurde, seine Jacke über. Jimmys Blick ist verräterisch. Der Rebell scheint zu weinen und flüstert: "Es war ihm immer kalt."

Auch er selbst fror. Sein schnelles Ende: Für 6000 Dollar kaufte er sich einen neuen Porsche Spyder, einen Zweisitzer, mit einer Geschwindigkeit von mehr als 150 Meilen pro Stunde. Auf dem Weg nach Salina brauste er in die feuerrote Morgensonne. Ein Ford kam ihm entgegen, er raste in den Straßengraben. Genickbruch. 5.45 Uhr, 30. September 1955. James Dean war tot. Die Heldenverehrung begann. Eine, wie sie die Welt vorher und bis heute nicht stürmischer und phänomenaler erlebte. Nicht einmal Marilyn Monroe, mit 38 Jahren gestorben, wurde vom Eismeer bis zum Eismeer so innig vergöttert. Jimmy, das Idol, verließ die Welt mit 24. James Dean bleibt ewig der frische, betörende und geheimnisvolle Junge. Er wird nie mehr altern. Und, war er nun schwul oder nicht? Sollte es uns tatsächlich interessieren? Jimmy selbst würde sagen, in seiner persönlichen Philosophie, die er wie so vieles aus seinem Lieblingsbuch "Der kleine Prinz" von Saint-Exupéry bezog: "Das Wesentliche ist für die Augen nicht sichtbar."

Divine
Vulgär, aber liebenswert

Divine, in guten Showzeiten 400 Pfund Lebengewicht, war ein Mann. Ein schwuler Mann. Und er war stolz darauf: "Ich bin ein Kerl, viele wollen das nicht begreifen. Fummel und Perücken sind nur meine Arbeitsklamotten. Dieses dicke Weib bin ich nur auf der Bühne." Divine ("Göttliche") mochte Männer. Weil er dick war und eine Glatze hatte, bakam er so viele davon ab wie andere mit diesen Merkmalen. Divine stellte auch Ansprüche an ihre Freunde und Sexpartner: "Einen Schnäuzer darf er nicht haben. Der stört mich beim Küssen und Blasen." Als Divine dem Journalisten Thorsten D. Bülow dieses offene Interview gab, stand er auf dem Höhepunkt seiner Karriere. Als Sänger(in) mit den schrillen Tönen, den vogelnestartigen Frisuren, den verschroben-eleganten Klamotten war Divine ein Markenartikel geworden. Ein dressiertes Produkt, hinter dem viele den schwulen Mann nicht mehr sahen. Nicht mehr sehen konnten. Miss Piggy des Rock war als vulgäres Weib so überzeugend, daß man Maskulines auch mit der Lupe des guten Willens nicht hätte aufspüren können.

Divine mußte ob seiner bombastischen Maskerade eine Scharade bleiben. Irgendwann zwischen 1945 und 1948 kam er als Harris Glenn Milstead in Baltimore, in der Nähe von Washington, zur Welt. "Als Kind ging es mir immer gut. Ich war ein verdorbenes amerikanisches Kind, wie wir das dort nennen." In einem Elternhaus der gehobenen Mittelschicht wuchs der sorglose Junge ohne Geschwister auf. Mit 15 interessierte er sich zum ersten Mal dafür, wozu man ein Geschlechtsteil besitzt, vorher stand er mehr auf Schokolade. "Eigentlich hatte ich ja auch noch mein Puppenhaus und die Teddybären, aber dann fing es mit den normalen Experimenten an. Ich masturbierte mit meinem besten Freund immer gemeinsam, oder ich machte es mit meinem Cousin nach der Devise: wer kommt zuerst."

Mit 16 Jahren kauften ihm seine Eltern das erste eigene Auto. Und als er kurze Zeit später die Highschool (Gymnasium) abgeschlossen hatte,

"Es ist wie es ist! Schwul oder hetero. Gleichgültig, wo du ihn reintust, solange man ihn überhaupt irgendwo reinsteckt. Hauptsache, dem Menschen geht es dabei gut."

Divine

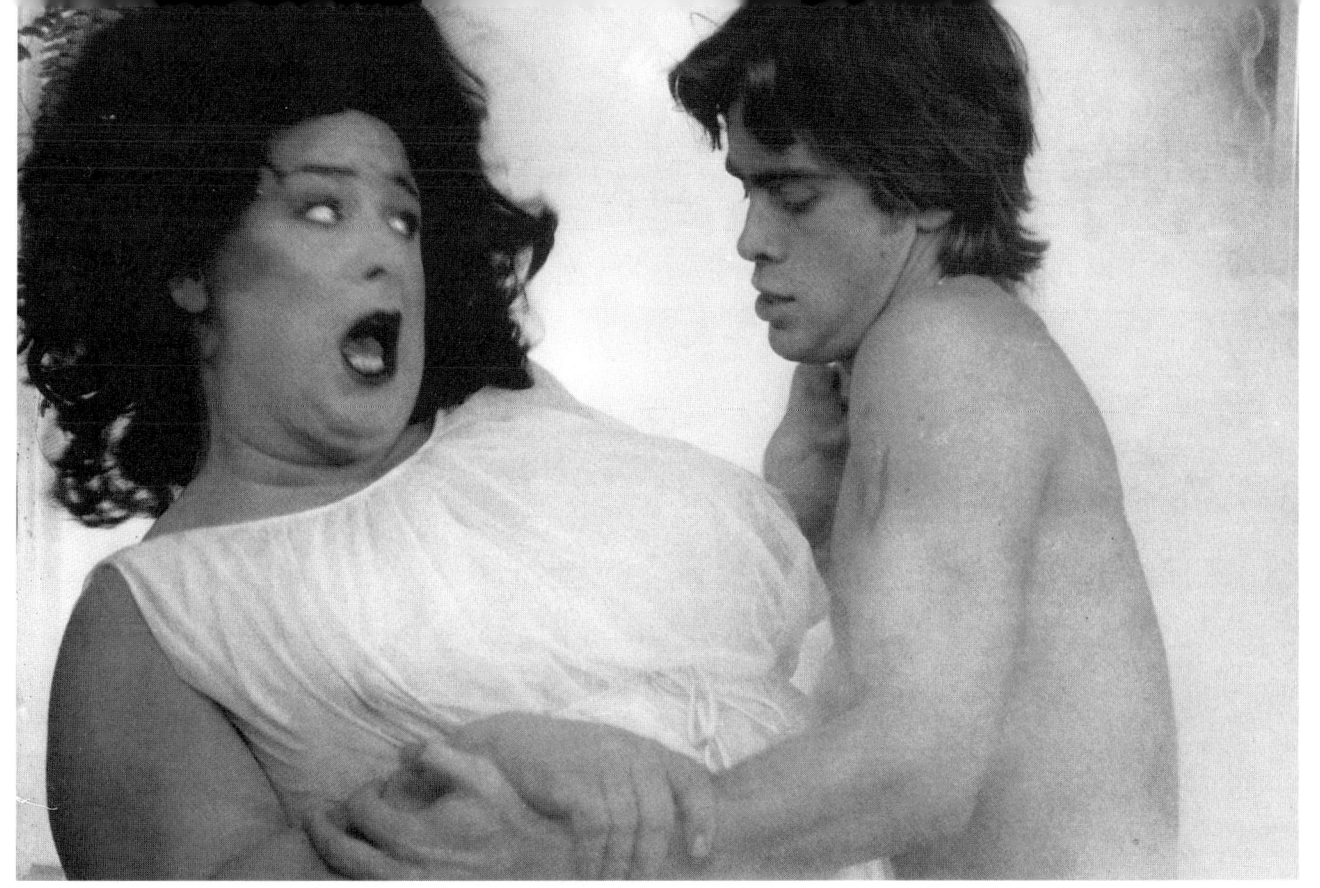

Divine mit Tab Hunter in John Waters' Polyester

bekam er sein eigenes Telefon - "und die eigene Kreditkarte". Unmittelbar nach der Friseurschule mieteten ihm die Eltern einen eigenen Salon. Doch dieses Getue um Haare machte ihn alles andere als glücklich. Er zog nach Provincetown und arbeitete dort in einem Feinkostladen. Keine Frage, er war selbst sein bester Kunde. Italienische Pasta, Schweizer Schokolade, kalifornische Buttercreme - die Pfunde wucherten. Bald konnte er sich ein eigenes Delikatessengeschäft leisten. Als Name schrieb er drüber: "Divine Trash" ("Göttlicher Müll"). Die Erfüllung war dieses Schlemmerland ebenfalls nicht. "Dort saß ich wieder den ganzen Tag nur rum."

Völlig überraschend hörte der "göttliche Kaufmann", daß die Filme von John Waters, die er Anfang der 60er Jahre in amateurhaften Super 8 mit ihm gedreht hatte, in San Francisco nun ganz groß herauskamen. John Waters und er waren Nachbarn gewesen, miteinander aufgewachsen. Eines Tages hatte Waters, der angehende Student der Filmakademie in Maryland, die Idee, mit Divine Fummelfilme zu drehen. Diese lustigen Schnipsel fanden Beifall bei den Studenten der verschiedenen Filmhochschulen. Divine war als Jackie Jennedy zu sehen, "ausgerechnet als dieses amerikanische Heiligtum". Komplimente flogen ihm zu. "Bald galt ich als die schönste Frau der USA." Und nun holte Waters seinen heimlichen Star aus der zuckersüßen Provinz ins heiße Schwulenzentrum San Francisco. Divine: "Ich blieb nicht lange, dort war es mir einfach zu schwul, wenn man das so sagen kann."

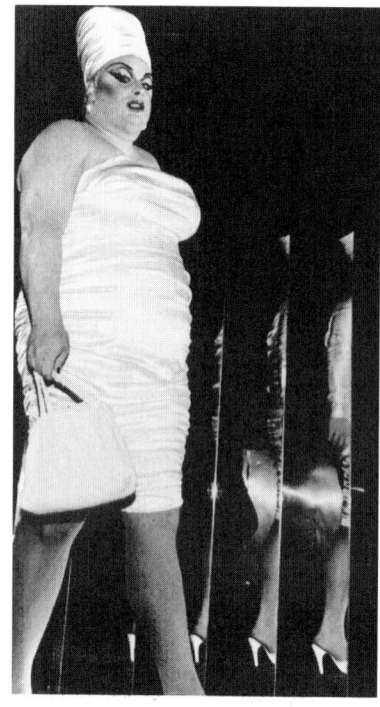

In "Pink Flamingos" ließ sich Divine als "verdorbenstes lebende Wesen" (der Regisseur) besetzen. John Waters hatte für den 1971/72 gedrehten Streifen die Devise ausgegeben, er wolle ein ekelerregendes Meisterwerk schaffen. Mit ganzen 12.000 Dollar kurbelte er eine Ansammlung von Perversitäten herunter. An die Spitze dieses säuischen Wettstreits plazierte er Divine. Diese Dicke mußte Hundekot fressen, sie hielt ihre eigene Mutter im Laufstall und betrieb Handel mit Neugeborenen. Ein Schließmuskel furzte in die wacklige Kamera. Divine wirkt, betrachtet man sich diesen Film heute, wie der Faustschlag aufs Auge jeder Ästhetik. Fand er das interessant? Divine: "Ja. Die Leute sind doch geil auf das Abnorme. Es war damals für John und mich auch eine künstlerische Sache ... Wer hat nicht schon mal in anderer Form Scheiße gegessen?" Divine machte dieser Film klar, daß seine Fettheit nichts ist, wofür man sich schämen müßte. "Ich stieg irgendwann mal in ein Flugzeug in voller Montur, mit riesengroßen Brüsten aus Vogelfutter. Na und? Die Leute starrten mich nur an."

1981 kam "Polyester" in die Kinos. John Waters hatte um seinen Kultstar Divine ein neues Schmuddel-Erlebnis entworfen. "Mein Anliegen war, den größten Schundfilm in der Geschichte zu machen", powerte er seinen Anspruch auf Schmähungen und Blähungen hoch. Um die gewollten Geschmacklosigkeiten in vollem Ungenuß ertragen zu können, reichte man dem Kinobesucher Leuchtkarten, durch deren Rubbeln sich eine Stinkbombenatmosphäre auszubreiten begann. Divine war ein Monsterweib geworden, unbesehen nahm man ihr die fetten Giftnudeln ab.

Der Outsider war in. Was lag näher, als mit dem dröhnenden Organ auch eine Platte zu versuchen? "Shoot Your Shot" wurde sofort ein Hit. In aller Welt ließ er sich für TV-Shows und Disconights engagieren. Die Jungs flippten aus. Der Applaus galt wem? - das möchte man wissen. Den 300 Pfund? Der Bühnenfetzerei? Dem mondänen Halbweltflair? Der wuchtigen Stimme? Dem Mitleid mit diesem Showkloß? Volltreffer sind Volltreffer, da fragt man nicht nach dem Dahinter.

"I'm So Beautiful" sang Divine 1985 und hatte Lacher und Klatscher auf seiner Seite. War das die Antwort auf das, was die Anhänger bei ihm suchten? Skurril sind viele, aber so maßgeschneidert verquer, da muß man lange überlegen. Aus dem Unikum für ein paar Wilde war eine Kultfigur fürs Popalbum geworden. Bobby Orlando, der Schneider so vieler Hits, war Divines glücklicher Macher. Selbstironie, Glittercharme, Urgewalt - Elemente in Divines Show und die Garanten des Erfolges.

Nach den Platten wurden wieder Filme gedreht. In Hollywood trat Divine als mexikanische Hure auf und gab als Gangsterbraut ihre Unschuld zum Besten. Und wieder meldete sich sein Erfinder John Waters. "Hairspray" heißt der Film, in dem Divine als Frau und Mann operiert. Welche Ironie: Es schloß sich der Kreis, der Kreis des einfachen Lebens. Als Friseur hatte Waters Divine zum ersten Mal zum Filmen bewogen, für "Hairspray" spielte er zum letzten Mal. Bevor die Geschichte um die schönsten Frisuren der Welt, hochtoupiert, aufgedreht, mit Rüschenblusen und Röhrenhosen der 60er Jahre verziert, bei uns ins Kino kam, schloß Divine, der göttliche Star, am 7. März 1988 für immer die Augen. Woran er starb? Die Ärzte: "Am Übergewicht". Gewichtig kann nur die Erinnerung bleiben. Und die Gewißheit, daß es so einen schwulen Mann in der Showwelt sehr lange nicht mehr geben wird.

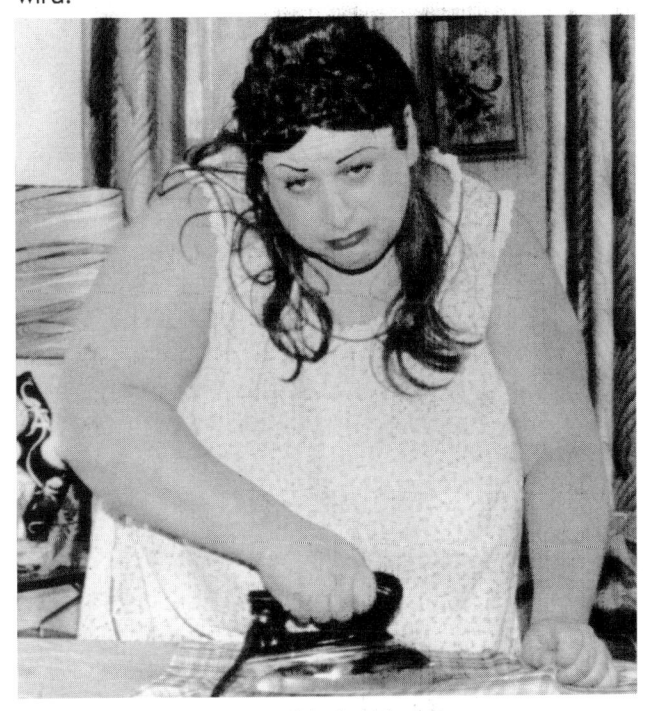

Divine in "Hairspray"

Christoph Eichhorn
Sensibler Komödiant

"Lebewohl, Hans Castorp, des Lebens treuherziges Sorgenkind! Deine Geschichte ist aus." So endet Thomas Manns Roman "Der Zauberberg" mit Seite 994. Doch für Christoph Eichhorn ist diese Rolle, die er 1981 für ein sechsstündiges Mammutprojekt verkörperte, auch heute lebendig. An seinem Berliner Telefon meldet er sich nicht mit Eichhorn, sondern als Castorp. So, als hieße er Castorp, ganz selbstverständlich. Dieser Hamburger Patriziersohn aus Thomas Manns Welt des Humanen und Morbiden scheint mit seiner Seele verschmolzen. Die 100-Tage-Rolle hat ihm Kraft, Nerven, ja beinahe das Leben gekostet. "Augenblicke kamen, wo dir aus Tod und Körperunzucht ahnungsvoll und regierungsweise ein Traum von Liebe erwuchs. Wird auch aus diesem Weltfest des Todes, auch aus der schlimmen Fieberbrunst, die rings den regnerischen Abendhimmel entzündet, einmal die Liebe steigen?" Finis operis.

Christoph Eichhorn wurde am 8. September 1957 in Kassel geboren. Sein Vater, Werner Eichhorn, ist Theaterschauspieler, seine Mutter Peter Zadeks routinierteste Souffleuse. Schon als Kind, in Frankfurt und dann in Bochum, stand auch er auf der Bühne. Erst als Statist, dann in Märchen, dann für immer. Mit vier fing er an, Spaß am Verkleiden zu finden. Doch er schlüpfte nicht in Prinzen, Prinzessinnen oder andere schöne Helden, er war lieber der Frosch, die Kröte, die Schildkröte. Sein Vater bastelte ihm einen Schildkrötenpanzer, und der kleine Christoph war für keinen mehr ansprechbar. Als Schildkröte eroberte er sich eine den Erwachsenen nicht zugängliche Welt. Als sein Vater in einem Weihnachtsmärchen den Zauberer mimte, bestand er darauf, daß er auch zu Hause zaubern müsse. Christoph war tief enttäuscht, als sich sein Vater nicht erweichen ließ.

Nach der 10. Klasse verließ er das Gymnasium. In Bochum, wohin es seine Eltern wegen des neuen Theatergefühls um und mit Peter Zadek gezogen hatte, lebte er praktisch in der Theaterkantine. "Hier spielte sich unser Familienleben ab, hier war unser Wohnzimmer." Sie hatten zwar, mit Zadek zusammen, ein nettes Haus gemietet, doch Theaterleute

"Natürlich spiele ich gerne schrille Außenseiterrollen. Komödien. Bei Herrn Ringelmann ("Derrick", "Der Alte") bin ich doch immer nur der Gestörte aus gutem Hause."

Christoph Eichhorn

zieht es nur zum Schlafen in die eigenen vier Wände. Mit 15 drehte Christoph seinen ersten Film: "Zärtlichkeit der Wölfe" (1972). Die Fassbinder-Crew hatte den hübschen, etwas feminin wirkenden Jungen als ein Opfer für Kurt Raabs blutige Haarmann-Orgie verpflichtet. Ein verführter Jüngling. Doch ausgerechnet bei diesem Blutbad hat Christoph Blut geleckt, was seinen Beruf angeht. Seine erste Hauptrolle beim Theater gab ihm Praunheim-Freund Werner Schroeter in Ponsards "Lucretia". Bis 1977 spielte er äußerst erfolgreich in Bochum. Rosa von Praunheim führte Regie bei "Menschen im Hotel". Wie gesagt, Bochum, die trostlose Stadt im Pott, war kulturell zum Mekka geworden. Wollte man theatermäßig und theatralisch mitreden, man mußte nach Bochum pilgern.

Mit 20 ging Christoph, handwerklich geformt, ein Jahr lang nach Freiburg. Und er ließ sich ein halbes Jahr bei Christine Kaufmann, die er aus Bochum kannte, in München nieder. Doch in der Hauptstadt der deutschen Film- und Fernsehbranche engagierte man ihn für ganze drei Drehtage. Er siedelte über nach Berlin. "Und kaum war ich da, kamen aus München laufend Angebote." Eines mochte er gar nicht glauben. Hans W. Geißendörfer wollte ihn sich für die Rolle des Hans Castorp näher betrachten. Christoph flog an die Isar. Noch am gleichen Abend schwor ihm der Regisseur: "Wenn ich dich nicht kriege, mache ich auch den Film nicht." Christoph staunte, dachte: "Typisch!" Das Projekt, ein Wahnsinnsprojekt wie alle Literaturverfilmungen, wurde von Monat zu Monat verschoben. Ein Grund: Die Produktion wollte Christoph Eichhorn partout nicht haben. Der Produzent: "Den, nie, nur über meine Leiche!"

Am "Zauberberg" hatten sich schon andere die Finger verbrannt. In den 30er Jahren war der erste Anlauf für ein Zelluloid-Abenteuer gescheitert. Bernhard Wicki wollte, sagte ab. Peter Zadek überlegte, schmiß hin. Luchino Visconti, der "Der Tod in Venedig", Thomas Manns "ernsteres Gegenstück" schon zum Weltruhm gefilmt hatte, fand keinen geeigneten Hans Castorp. Sein Helmut Berger, den er der Produktion aufdrücken wollte, war - bei aller graziösen Wandelbarkeit - einfach zu alt. Und nun war Hans W. Geißendörfer

Christoph Eichhorn, 1976...

...und als Edel-Transi in "Kiez - Aufstieg und Fall eines Luden" (1983)

ausgezogen, den unbekannten Christoph Eichhorn zu einer von Thomas Manns Lieblingsfiguren zu machen. Der reiche Patriziersohn in spe saß auf Kohlen. In Berlin hatte er einen kleinen Part, zum Steppen, in einer Zadek-Revue in Aussicht, er mußte schon proben. Und er hatte kein Geld mehr. "Ich war völlig abgebrannt." Endlich, die Schwierigkeiten waren beendet, die Dreharbeiten konnten beginnen. Christoph spielte diesen Castorp salopp, melancholisch, stets genau so, wie man ihn als Romanfigur kennt. Auch wenn die meisten Kritiker das Projekt, zumindest, als es in Kurzform im Kino lief, unverfroren zerrissen. Trotz internationalem Erfolg, Christoph hoffte vergeblich auf weitere Rollen. Ein ganzes Jahr lang versuchte niemand, ihn zu engagieren. "Ich wollte schon aus dem Fenster springen, war total deprimiert. Wirklich, ich glaubte mich am Ende."

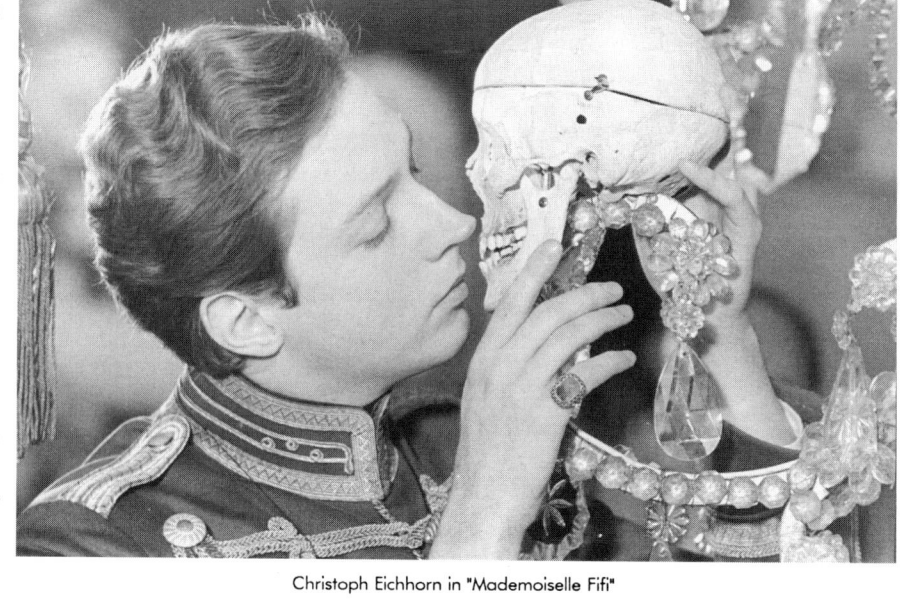

Christoph Eichhorn in "Mademoiselle Fifi"

Dann kam ihm die Idee, sich selbst seine Rollen zu schreiben. Mit Hilfe des Regisseur-Paares Walter Bockmayer und Rolf Bührmann aus Köln drehte er "Chance", seinen eigenen Film. Auch die sieben Rollen verkörperte er selbst. Höhepunkt dieses 14-Minuten-Breitwand-Vergnügens ist die Schlußszene, in der Christoph Eichhorn Christoph Eichhorn küßt. Narzißtischer, realistischer geht's nicht. Die Folge: Sein One-Man/Woman-Werk erhielt das Prädikat "besonders wertvoll". Und in Los Angeles zirkulierte dieses Tape in mehreren Agenturen. Sicher, aus Zufall, weil "Der Zauberberg" irgendwo auf dem Übersee-Postweg hängen geblieben war. Aber nun hatte er auf einen Schlag zwei Agenten, die ihn als Regisseur vertreten wollten. Er aber wollte doch nur Rollen bekommen.

Die kamen langsam, aber gewaltig. Heute zählt Christoph Eichhorn zu den meistbeschäftigten deutschen Schauspielern seines Alters. Das liegt zum einen an seiner Wandlungsfähigkeit, zum anderen an seinem prägnanten Aussehen. Nie hat er sich gescheut, auch

Christoph Eichhorn als Vinzenz und Ralph Morgenstern als Tante Luckard in "Geierwally"

in seltsamen Rollen zu glänzen. In Bockmayer/Bührmanns "Kiez - Aufstieg und Fall eines Luden" (1983) war er der chice Transi, in deren "Geierwally" tölpelte er bärig als Alpentrottel Vinzenz. Seine Titelrolle als "Charley's Tante" an der Freien Volksbühne Berlin

Eichhorn (links) in "Wanderer zwischen beiden Welten"

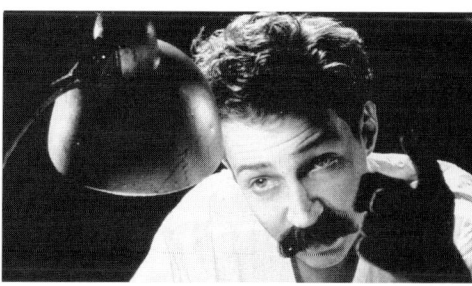

Eichhorn in "The Chance"

dagegen war ein Reinfall. Kurt Hübners Inszenierung lag völlig daneben. "Das war das Tiefste, was ich je gemacht habe. Auch nur, um meine Miete zahlen zu können. Zum Schluß haben wir nur noch vor Altenheimen gespielt."

Für seinen Freund Wieland Speck trat er als Travestiestar in dessen hochgelobtem Schwulenfilm "Westler" auf. Mit Speck reiste er 1986 auch ins Gay-Paradies San Francisco, um den Film (er bekam den ersten Preis!) dort auf dem Schwulenfilm-Festival zu präsentieren. Specks Reiseerinnerungen: "Wir fahren in die schwule Hauptstadt ein durch eine kilometerlang opulent beflaggte Market Street. Beflaggt auf Stadtkosten, unter Schirmherrschaft der Oberbürgermeisterin Diane Feinstein, mit der legendären Regenbogenfahne zu Ehren der Schwulen Freiheitswoche. Mit deren wichtigste Ereignisse sind das Festival und die abschließende Parade. Kein schlechter Start, denken wir - ich reise mit Christoph Eichhorn - und erleben unsere sexuelle Präferenz öffentlich geehrt - ein völlig neues Gefühl! Und dazu absolut historisch!"

Christoph Eichhorn lebt seit sechs Jahren zumindest im Winter in Los Angeles. Dann steht seine 250-Quadratmeter-Riesenwohnung, eine Fabriketage für 490 Mark (!) Miete, in Berlin leer, dann wirbelt er nach neuen Ufern. "Ein Bonbon im Jahr (gemeint: eine Hauptrolle) genügt mir, dann will ich reisen." Drei Monate reist er durch Australien und Asien. Dann holt ihn seine Agentin Carla Rehm für Dreharbeiten ins klimakalte Deutschland zurück. 1988 dreht er für die TV-Serie "Wüstenfieber" in Israel - oder für einen japanischen Film in Ost-Berlin. Ja, Christoph Eichhorn ist in. Er kann sich auch Glanzrollen bei den immer weniger werdenden Fernsehspielaufgaben sichern. Herrlich: "Mademoiselle Fifi". Die - als jüngster Offizier 1870/71 so genannt - war so ganz dieser manchmal fast zerbrechlich wirkende Jungstar. Ein "Bonbon" auch seine Soldatenrolle in "Wanderer zwischen beiden Welten - Requiem für Leutnant Wurche", hochhomoerotisch den Kriegserlebnissen Walter Flex' nachempfunden. Hier spielte er so direkt wie Hans Castorp. In jeder Rolle, die Gesten, die funkelnden Augen, das zarte Gesicht, der feingliedrige Körper, es scheint, Christoph Eichhorns Natur selbst ist literarisch.

Rainer Werner Fassbinder
Der begnadete Intrigant

Die "New York Times" brachte es auf den Punkt: "Fassbinder ist der faszinierendste Regisseur in Europa." Doch die Herren Kritiker in den Staaten sahen nur seine Filme, seine melodramatischen, aufwühlenden Filme. Was er für ein Mensch war, das konnten sie nicht einmal erahnen. Sein Münchner Umfeld erlebte ihn täglich. Hier galt er als schwuler Wirtshausschläger, als Schmuddelrokker, als Intrigant. Gleich folgte auch die Sicht auf seine Filme, man schimpfte ihn Dilettant. Fassbinder ist es wie keinem Regisseur nach dem Kriege gelungen, sich und seine Arbeit, vor allem aber sich selbst, zum Mittelpunkt des kulturellen Interesses zu machen. Wie ein furchtloser Dompteur dirigierte er seine Raubkatzen und Schafe. Oft nur mit Gesten - und wenn es sein mußte, mit der Peitsche. An seinem Eichentisch hielt er Hof. Hier erfand er Geschichten, besetzte er Filme, schloß er Verträge. Hier verschlang er seine geliebten Königsberger Klopse, ließ er Hummer und Stör eier auffahren, hier ernährte er sich von Schnaps, Kokain und Tabletten.

"Als mein Körper begriff, daß er sterblich war, war das der entscheidende Moment in meinem Leben ... Ich werde Schluß machen, wenn meine Ängste einmal größer werden als meine Sehnsucht nach etwas Schönem."

Rainer Werner Fassbinder

Diesen Platz verließ er nur, um zum Kühlschrank zu gehen, Filme zu drehen und für die Toilette. Er suchte ein Leben lang Halt. Und obwohl ständig Menschen um ihn waren, solche, die ihn liebten und Vasallen, er, das schutzbedürftige Kind, war einsam.

Rainer Werner Fassbinder wurde am 31. Mai 1945 in Bad Wörrishofen geboren. Sein Vater war Arzt, mit lyrischer Ader. Sein Lieblingsdichter: Rainer Maria Rilke. Seine Mutter war Dolmetscherin, eine gebildete Frau. Der Knabe, bleich, mit fahlem Gesicht, war als Stammhalter herzlichst willkommen. Doch bald ging das bürgerliche Familienglück jäh in die Brüche. Der Vater riß aus, nach Köln, die Mutter zog es nach München. Im Schlepptau Rainer, sechs Jahre alt. Die Großmutter bekam das lästige Kind in Obhut. Man erkannte, dieser Rabauke ist nicht zu erziehen. Großzügig ließ man ihn an die lange Leine. Er wirbelte und streunte durch Münchens Hinterhöfe, jene unbeleuchteten Gassen und Straßen, die in seinen Filmen ("Händler der vier Jahreszeiten", "Katzelmacher") so deprimierend vorgeführt werden. Später kam er auf die Rudolf-Steiner-Schule. Doch die Gymnasien, auch in Augsburg, verließ er schnell. Nie erwarb er sich je einen schulischen Abschluß.

Daß er schwul war, wußte er längst. Verborgene Zärtlichkeiten in Kellern und Garagen. Seiner Mutter, die wieder geheiratet hatte, deren Wohnung er nun jedoch nur in Abwesenheit seines Stiefvaters Wolf Eder betreten durfte, präsentierte er eines Tages einen Griechen als seinen Liebhaber. Sie echauffierte sich nicht, daß er schwul war, sondern, daß er ihr einen Ausländer anschleppte. Seinem Vater stellte er einen Malergesellen als seinen Intimpartner vor. Auch er mäkelte nur, warum es denn keiner mit Gymnasium sei. Mit 15 verließ er München und ging nach Köln. Sein Vater hatte dort einige abrißreife Mietshäuser erworben, in denen vornehmlich Gastarbeiter wohnten. Rainer trieb die Mieten ein. Und er hurte durch Kölns Stricherlokale. In seiner Begleitung "Dodo", ein bezaubernder Junge, geschminkt als Frau - Udo Kier. Schon damals trug er seine speckige Lederjacke und verbeulte Jeans. Dorthinein stopfte er sich ein paar Socken, um seine Männlichkeit größer, ja bedrohlicher wirken zu lassen. Der Kölner Pirsch müde, strandete er wieder in München. Sein lebenslanges Revier.

1965 drehte er seinen ersten Kurzfilm "Der Stadtstreicher". Er nahm Schauspielunterricht. Doch nur ganze zwei Monate dauerte seine Geduld, die Anweisungen und Sprechübungen zu ertragen. Immerhin, hier lernte er Hanna Schygulla kennen, seinen späteren Star. Er kam zum "Action-Theater", wo man ihn in einer ersten kleinen Rolle als Bote über die Bühne schreiten ließ. Er war 22. Wichtigste Begegnung wurde ihm hier das Aufeinandertreffen mit Kurt Raab. Der schreibt in dem wohl aufschlußreichsten und ehrlichsten Fassbinder-Buch "Die Sehnsucht des Rainer Werner Fassbinder" (1982):

"Schon da entstand so etwas wie ein platonisches Liebesverhältnis. Rainer ging von nun an spätabends mit mir in all die umliegenden Bars und Kneipen, denen man homosexuellen Besucherstrom nachsagte und die ich alleine nie betreten hätte. Wir umarmten, küßten uns und knutschten zeitweise recht heftig miteinander." Bis 1977 waren beide unzertrennlich. Raab stattete nicht nur Fassbinders Filme aus, er war dafür auch in seinem Privatleben zuständig. Am eifersüchtigsten reagierte Irm Hermann, auch eine seiner von ihm erschaffenen Leinwand-Frauen. Als sie ihren Rainer mit Raab schmusen sah, kreischte sie wie eine Furie und schmiß ihre Pumps durch die Luft. Fassbinders Antwort: "Fick dich doch selbst ins Knie."

"Liebe ist kälter als der Tod": Sein erster Film hatte auf der Berlinale 1969 Premiere. 40 weitere sollten bis 1982 folgen. Schon diese Leistung ist ein Geniestreich. Seine Arbeitswut, seine Besessenheit, unaufhörlich Filme zu drehen, war letztlich der Versuch, beim Nachdenken über sich und die Welt nicht alleine sein zu müssen. Er, der so gerne ein Proletarier gewesen wäre, was sich schon in seiner Kleidung ausdrückte, raste mit einem Raketentempo durch das Seelenleben der Deutschen. Der deutschen Spießer, der deutschen Intellektuellen, der deutschen Unterdrückten. Er stand wie ein Dompteur in der Mitte der Arena.

Für "Götter der Pest" engagierte Fassbinder Günther Kaufmann, "meinen bayerischen Neger". Kaufmann, ein gutaussehender, damals 23jähriger Mischling, wurde zu seinem Geliebten. Er holte ihn für "Rio dos Mortes" (1970) und für die Titelrolle zu "Whity" (1970).

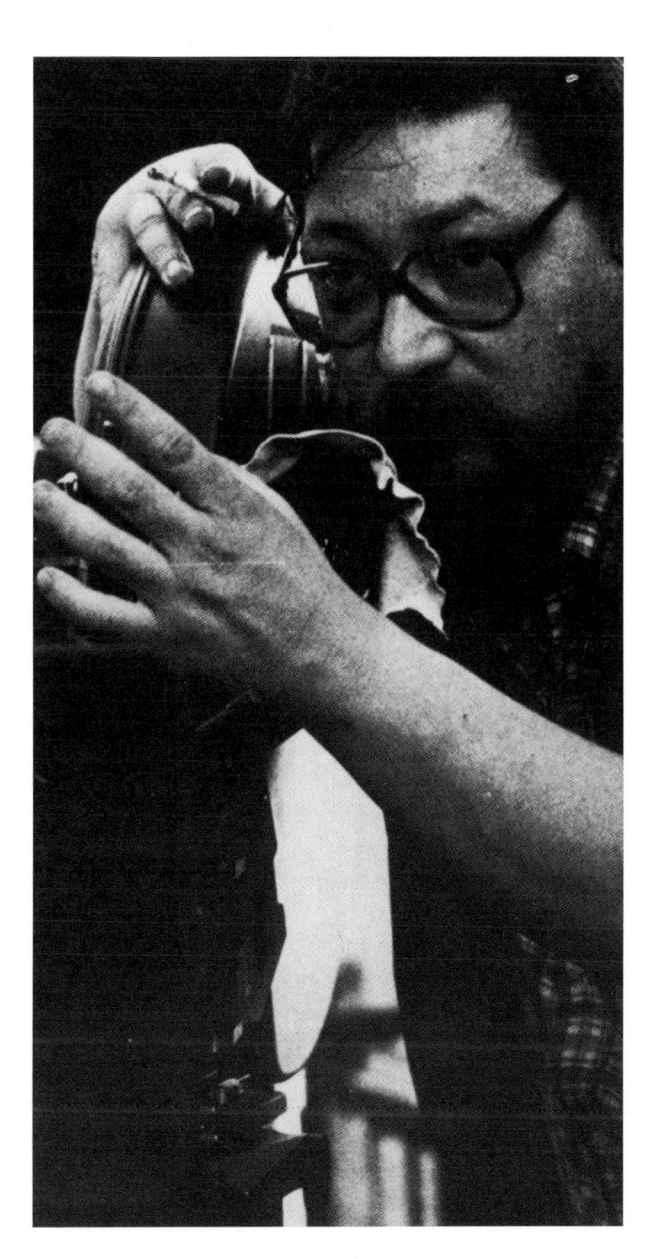

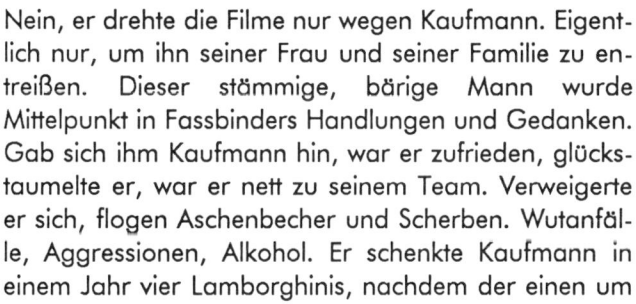

Nein, er drehte die Filme nur wegen Kaufmann. Eigentlich nur, um ihn seiner Frau und seiner Familie zu entreißen. Dieser stämmige, bärige Mann wurde Mittelpunkt in Fassbinders Handlungen und Gedanken. Gab sich ihm Kaufmann hin, war er zufrieden, glückstaumelte er, war er nett zu seinem Team. Verweigerte er sich, flogen Aschenbecher und Scherben. Wutanfälle, Aggressionen, Alkohol. Er schenkte Kaufmann in einem Jahr vier Lamborghinis, nachdem der einen um den anderen zu Schrott gefahren hatte oder gewinnträchtig verkaufte. Es kam zum Krach, Kaufmann hatte ihn nach einer Berliner Streitnacht verlassen. Fassbinder jettete sofort nach Paris, wie immer, wenn er sich elend fühlte. Er durchstreifte dort tagelang, wochenlang Saunen, holte sich das, was ihm Kaufmann nicht mehr gab.

In einer Pariser Sauna traf er El Hedi Ben Mohammed Salem, einen sehnigen, virilen Berber, Mitte der nur den Strich als Einnahmequelle kannte, schleppte er ihn mit nach München. Eine Wahnsinnsliebe begann. Fassbinder ließ Salems Söhne, zwei hübsche Burschen, nach München einfliegen. Ja, er holte sie persönlich mit Salem in einem Sahara-Dorf ab. Von seiner Frau mußte sich Salem trennen. Die Familie war jetzt er. Doch Fassbinder wurde seines bulligen Arabers, des Bären mit der tränenden Seele, bald überdrüssig. Die minderjährigen Söhne durften ihm schon kurze Zeit später nicht mehr unter die Augen treten. Salem litt unter der zunehmenden Distanz zu seinem Geliebten. Der ließ sich verleugnen. Wohin ihm Salem auch folgte, er hatte keine Minute mehr für ihn Zeit. Salem ertrank sich in Alkohol und Drogen. In Paris, dort, wo ihn Fassbinder aufgelesen hatte, starb er 1982. Er hat sich in einem Gefängnis erhängt. Fassbinders späte, stille Referenz: Er wies die Produktion an, seinem Film "Querelle" eine bündige Widmung für "meinen Freund Salem" voranzustellen.

Nahezu unbeschwert-lustig verlief dagegen seine Beziehung zu Ingrid Caven, die sich einmal, von 1970 bis 1972, Frau Fassbinder nennen durfte. Aus einer Cognaclaune heraus hatte er beschlossen, sie zu heiraten, vor allem, um ihre Widersacherinnen Hanna Schygulla und Irm Hermann zu ärgern. Die Hochzeit verlief chaotisch. Die Braut, die bürgerlich Ingrid Schmidt heißt und die Schwester der bekannten Opernsängerin Trudeliese Schmidt ist, war total betrunken und grölte vor dem Standesbeamten: "Es geht alles vorüber, es geht alles vorbei, im nächsten Dezember gibt's wieder ein Ei." Die Hochzeitsnacht blieb sie wie die Frauen anderer berühmter Schwuler (siehe Rudolph Valentino oder Vaclaw Nijinsky) allein. Fassbinder schlief mit seinem Trauzeugen, Günther Kaufmann.

20. Juli 1974: Ein geschichtliches Datum, weil sich hier der Tag des Stauffenberg-Attentates auf den Diktator Hitler zum 30. Mal jährte. Auch für Fassbinder wurde dieser Tag zu einem, zu seinem Geschichtstag. Er lernte den Metzger und Aushilfsschankkellner Armin Meier kennen. Seinen "James Dean der Schlachthöfe" traf er in dem urigen Münchner Schwulenwirtshaus "Die Eiche". Auf Raabs Geburtstagsfeier in der Kneipendurchfahrt passierte es. Am nächsten Morgen berichtete er stolz: "Das war unsere erste Liebesnacht." Er erlebte mit diesem so unverbildet und ungebildet wirkenden Armin (er konnte weder lesen noch schreiben!) die wohl schönste Zeit seines Lebens. Die Arbeit in Frankfurt, wo Fassbinder zum Chef des Theaters am Turm (TAT) gewählt worden war, interessierte ihn nur noch halbherzig. Wichtig war die Liebe zu seinem bayerischen James Dean. Um seine Glückseligkeit zu demonstrieren, mußte Kurt Raab zuschauen, wie sich die beiden liebten. "Nichts war schöner für sie, als mich so an ihrer Liebe teilhaben zu lassen."

Mit dem Zeugen ihres Glücks jetteten sie in die USA, wo ihnen die Schwulenwelt begeisterte Empfänge bereitete. "In Amerika wurden wir von schön herausgeputzten, nietenglänzenden Kerlen im Dutzend in Empfang genommen, die uns auf Schritt und Tritt begleiteten." Sie durchschweiften die härtesten S/M-Bars ("Faustfick war Fassbinder und mir etwas Neues", so Raab), ergötzten sich an Leder- und Dildo-Orgien. Als Fassbinder schlief, zog es Kurt Raab und Armin Meier allein in die Saunen, um es mit Puertorikanern und Jamaikanern zu treiben. Bei jedem seiner zahllos folgenden US-Trips tauchte Fassbinder ein in diese für ihn so unkomplizierte Macho-Welt. Als man ihn in New York erkannte, stritt er ab, der "berühmte deutsche Filmemacher" zu sein: "Der würde sich hier doch nicht herumtreiben!"

"Ich will doch nur, daß ihr mich liebt" wurde 1976 einer seiner persönlichen Filme. Seinem Lieblingsspiel, mit dem er seine Mitmenschen zur Weißglut treiben konnte, setzte er im gleichen Jahr ein Denkmal: "Chinesisches Roulette". Sexuell wurde Fistfucking sein Lieblingssport. Kurt Raab: "Du wirst mir zeigen, welche Perfektion du in dieser Sexualtechnik schon entwickelt hast, wie du es schaffst, mit einer schnellen Bewegung der sich leicht öffnenden Faust den Aftermuskel zu überlisten und mit einem Ruck in das Gedärm vorzudringen. Der Blumenpeter ist dir jetzt ein ständig bereitstehender Sklave. So manchen, der sich ahnungslos mit dir in die Badewanne gesetzt hat, überraschst du auch mit diesem Trick." Fassbinder umschrieb diese Leidenschaft so: "Ich habe es gemacht wie ein Fischlein."

Sexualität: Seine Filme leben davon, die großen und die kleinen, die Frauenfilme "Lola", "Lilli Marleen", der Männerfilm "Querelle". Wieder soll Kurt Raab, der ihn am besten und längsten kannte, zitiert werden: "Er liebte die Männer, deren Leidenschaft es war, leidenschaftslos sich hinzugeben, ohne viel Getue, Samenrotzer, keine Gefühlsschmarotzer." In seinem letzten Film "Querelle" hat er die Kraftprotze, an denen er sich nicht sattsehen, sattfühlen konnte, alle auf einmal besetzt: Franco Nero, Brad Davis, Burkhard Driest, Günther Kaufmann, Hanno Pöschl. In keinem Film ist sein Idealbild vom Mann in so geballter Ladung vertreten. Ein Kerl-Kessel, der brodeln mußte - wie dieser Vorhof zur Hölle im Film, in Genets Träumen und Traumas.

Sex selbst wurde für ihn zur Randerscheinung. Peter Chatel und Dieter Schidor berichteten, er habe sich "höchstens mal einen blasen lassen", vor anderen, um zu zeigen, daß er's noch kann, aber sonst sei er lieber durch Sexkinos gestreift und habe Voyeur gespielt. Fassbinder wirkte müde. Chatel: "Dadurch, daß er dauernd in so einem Rausch war von Valium und Mandrax und dann wieder Kokain und Alkohol, merkte er das natürlich nicht." Er wurde lethargisch. Hatte er sich in den 70er Jahren während der Dreharbeiten zehn Bacardi-Cola zum Frühstück hineingezogen, schien es jetzt, Anfang der 80er, nur noch Weißbier zu

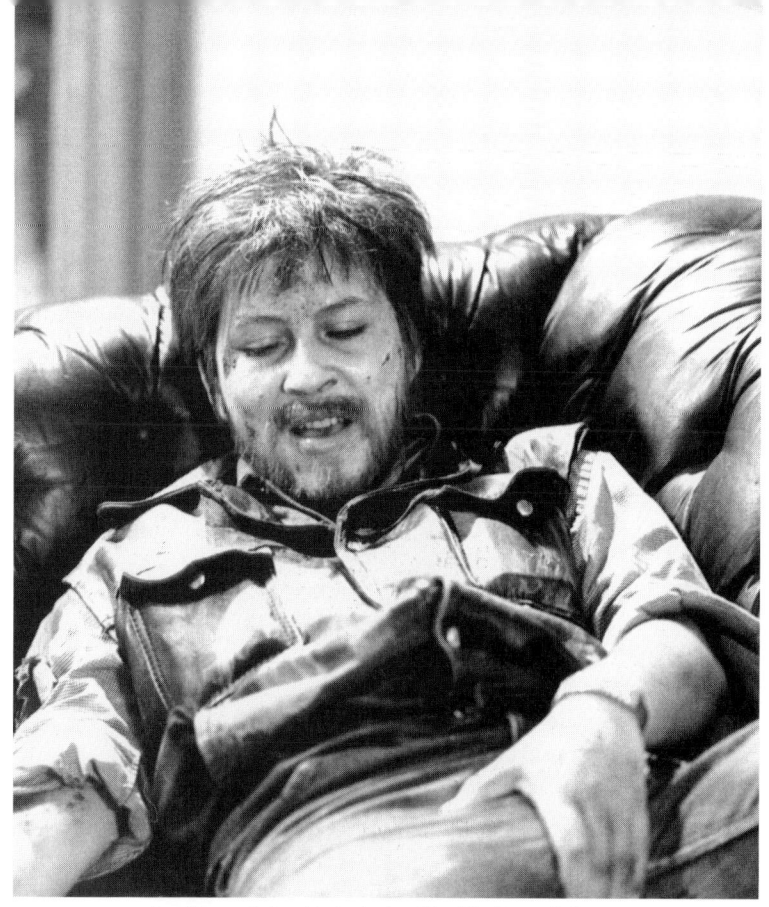

Eva Mattes als Fassbinder in dem Film "Ein Mann wie Eva"

sein. Aber, sein Körper war krank. (Chatel: "Es war ja ungeheuerlich, was durch den Körper durchging.") Er belastete ihn physisch und psychisch bis zur äußersten Grenze. Nie in seinem ganzen Filmleben hat er einen Drehtag verbummelt, das Pensum nicht eingehalten. Im Gegenteil, meist war er früher fertig. Ein Perfektionist hinter der Kamera. Sein Leben dagegen verlief ungeregelt, ohne Drehbuch. Hier wurde nur improvisiert. Ein leiser, schleichender Selbstmord.

"Das halboffene karierte Hemd über dem fetten Bauch hängend, die Zigarette in der einen Hand, den Daumen der anderen Hand in den Gürtel gehakt, die zerrissenen Jeans in die martialischen Stiefel gestopft, die Augen in dem nachlässig rasierten Gesicht mürrisch und hektisch." Das war Fassbinder, wie ihn sein wichtigster Förderer Peter Märthesheimer (WDR) beschreibt, nach außen. Nach innen war er ein um Liebe bettelndes Kind, ein einsamer, hilfloser Streuner. Am 10. Juni 1982 verstarb er in seiner Münchner Wohnung, auf seiner Matratze, den verglühten Glimmstengel im Mund. Er war allein. Der Tod ist kälter als die Liebe.

Hubert Fichte
Der Ausgeschlossene in unserer Mitte

Geschichte der Empfindlichkeit" sollte sein 17-bändiger Roman heissen, den er seinen Freunden und Feinden voller Enthusiasmus angekündigt hatte. Der Tod holte ihn ein. Und so konnte 1987 posthum nur der ersteTeil, "Hotel Garni", erscheinen. Jäcki, seine schwule Kultfigur, in der er sich selbst befreite, knebelte und wieder befreite, darf weiterleben. Hubert Fichte ist der erfolgreichste deutsche Autor nach dem Krieg, dessen Literatur im Bekenntnis zum Schwulsein ihre eigentliche Berechtigung findet.

Am 21. Mai 1935 wurde er als uneheliches Kind einer Souffleuse in Perleburg geboren. Die Nazis stuften ihn wegen seines jüdischen Vaters als Halbjuden ein. In Hamburg wuchs er auf. Doch als man die Stadt an der Elbe bombardierte, wurde das protestantische Kind in das katholische Oberbayern evakuiert - ausgelagert. Waisenhaus. Der Fremde, der Ausgestoßene, begann, sich des "zusätzlichen Makels", seiner Homosexualität, bewußt zu werden. Wie sehr er im Heim litt, verdeutlicht sein erster Roman "Das Waisenhaus",1965 erschienen und mit dem Hermann-Hesse-Preis aus-

gezeichnet. Der erste Satz dieses Romans lautet: "Detlef steht abseits von den anderen auf dem Balkon." Er wartet auf seine Mutter, daß sie ihn herausholt aus dieser für ihn bedrückenden Umgebung. Die Zeit des Wartens wird endlos. "Jedes Zucken der Wimpern dauert einen Tag lang, eine Woche lang, einen Monat lang."

Mit 16 Jahren, zurück in Hamburg, verließ er die Oberschule und versuchte sich erfolglos als Schauspieler auf den mühsam zusammengezimmerten Theaterbrettern der Stadt. Ein Fiasko. Er trampte in die französische Provence und lebte dort zwei Jahre lang als Bauernknecht und Schafhirte. Wieder in Deutschland, wollte er Landwirt werden, doch plötzlich hatte er als Schriftsteller Erfolg. 1963, dem Jahr, in dem er zum ersten Mal an einer Tagung der Gruppe 47 teilnahm, erschien sein Erzählband "Der Aufbruch nach Turku". Ein rastloses Dichterleben begann. Er wurde Stipendiat der Villa Massimo. Und vergaß bei seinem literarischen Eifer nicht zu leben. Hamburgs Szene, seine schwulen Freunde, Liebhaber und Enttäuschungen fesselten ihn wie eine fleischige Spinne. "Die Palette" (1968) wurde vielleicht zu seinem

"Ich habe viel gewartet, viel bekommen. Ich bin aber verdammt oft an mir selbst gescheitert."

Hubert Fichte

Hubert Fichte erhält den Hermann-Hesse-Preis

empfindsamsten und ehrlichsten Roman. In der Figur seines Jäcki sitzt er drei Jahre lang in diesem Hamburger Außenseiterlokal, um über Menschen zu berichten, die man anderswo noch nicht ernst nimmt. Diese Szenekneipe hat Ähnlichkeiten mit Genets Hafenbar "Feria" in "Querelle" und ist doch mehr Fichtes Wohnzimmer. Hier erlebt er - real oder per Wichsparolen auf den Toiletten - alle sexuellen schwulen Rituale, Orgien, Räusche, Rauschgift, Syphilis, Gewalt. Exzesse wechseln sich ab mit Ausblicken aufs Meer. Ein typischer Höhepunkt: Eine Gammlermutter bekommt in dieser Schwulenkneipe "Die Palette" ihr Kind.

1970 sein Buch "Detlefs Imitationen". Hier vereint er sich in Detlef und Jäcki als Doppelperson. Dem schwulen Alltag setzte er 1974 im Roman "Versuch über die Pubertät" ein neues glaubhaftes Zeugnis. Sein Erkenntnisprozeß schreckte viele auf, wer aber konnte ihm widersprechen? Er kannte die Subkultur nicht von Stippvisiten, er war pars pro toto. Fichte stellte dem Interview mit einem alternden Schwulen die eigenen Ängste und Hoffnungen seiner Jugendzeit gegenüber; afroamerikanische Kenntnisse, auf vielen Reisen erworben, ließ er mit den Ritualen der gierigen Lederszene korrespondieren.

Seine Bücher "Xango" (1976) und "Petersilie (1980) beruhten auf seinen Reiseerlebnissen, die er sich von 1971 bis 1975 in Bahia, Haiti und Trinidad neugierig ersammelt hatte. "Seit er in die Welt kam, war Hubert Fichte in ihr nicht heimisch: deshalb hat er sie bereist, durchforscht, erfahren", schrieb ein Freund von ihm nach seinem überraschenden Tode. Fichte konnte sich nicht mit einer schnell erfahrbaren deutschen Kulturwelt begnügen, er mußte hinaus. Mischreligionen, der Voodoo-Kult, exotische Menschen und Lebensformen zogen einen Außenseiter, einen Egozentriker wie ihn nahezu magisch an. Hier hoffte er, sein wahres Ich zu finden, dem "Echowort: die Lüge" zu entkommen.

Der Erfolg in Deutschland war stetig, auch an ihm hielt sich der Rastlose fest. 1976: "Mein Lesebuch"; 1978: "Wolli Indienfahrer" (basierend auf seinen "Interviews aus dem Palais d'Amour", 1972) und "Lohensteins Agrippina"; 1985: "Lazarus und die Waschmaschine". Fichte befand sich sein Leben lang im Aufbruch. In kargem Stil und auf mehreren Zeitebenen erzählt er in diesem Vorwärtstempo auch seine ungemein fesselnden und maßlos realen Geschichten. Er verabscheute die Lüge. Und dennoch lautete sein Lieblingsspruch: "Ich - die Lüge". Ein schwuler Erzähler war Fichte, der seine Lichtkegel an den Rand der Gesellschaft richtete, und doch zum Mittelpunkt seiner eigenen Minderheit gehörte. 50 Jahre alt, erlag er im März 1986 einem Krebsgeschwür. Er starb mitten unter uns in Hamburg.

Frankie goes to Hollywood
Fünf Hitzköpfe aus Liverpool

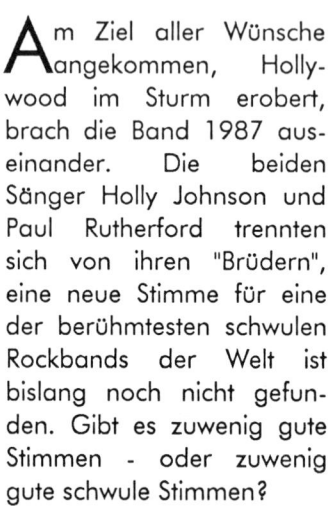

Am Ziel aller Wünsche angekommen, Hollywood im Sturm erobert, brach die Band 1987 auseinander. Die beiden Sänger Holly Johnson und Paul Rutherford trennten sich von ihren "Brüdern", eine neue Stimme für eine der berühmtesten schwulen Rockbands der Welt ist bislang noch nicht gefunden. Gibt es zuwenig gute Stimmen - oder zuwenig gute schwule Stimmen?

Fünf Hitzköpfe aus Liverpool, der Stadt, aus der die Beatles ihren Triumphzug um die Welt begannen, waren Frankie goes to Hollywood: Holly Johnson (geb. 9.2.1960) und Paul Rutherford (geb. 8.12.1959) als Sänger, Brian Nash (geb. 20.5.1963) als Gitarrist, Marc O'Toole (geb. 16.1.1964) als Bassist und Peter Gill (geb. 8.1.1964) als Schlagzeuger. "Eine schwule Verschwörerbande" nannten sie sich am Beginn ihrer Karriere. Nächtelang saßen sie zusammen, um den Sound zu finden, den ihnen die Plattenfirmen als erfolgversprechend abnehmen würden. 1982 hoben sie ihre Szeneband aus der Taufe. Holly Johnson, ein junger Rebell, der sich die Jungs aussuchen konnte, mit denen er nach Tanzfeten ins enge Appartement nach Hause zog, wurde zum Kopf des Unternehmens. Peter Gill und Marc O'Toole waren von Anfang an dabei.

1984 das Erdbeben: "Relax". Selten haben Discos so gebebt wie beim endlosen Abspielen dieser Scheibe. Die schwulen Lederpaläste rochen nach Schweiß und Fieber, nach Querelle, nach Cruising, die wendigen Kerle stampften und rotierten in Stiefeln, Ketten und Ekstase zu diesem Song. Frankie goes to Hollywood war das goldene Kalb, um das die Szene in Massensuggestion tanzte. Doch auch die "anderen", die mit dem Gefühlsleben der Liverpooler Gays nichts anfangen konnten, ließen sich von der brodelnden Atmosphäre packen. In der Dortmunder Westfalenhalle bekam keine Band des Jahres von Akne-Kids, Azubis und Chaps-Jüngern mehr Applaus. Schwule Insignien, heute so selbstverständlich von Michael Jackson getragen, hielten Einzug in den Flanellmief der Heterokneipen.

"Two Tribes", "Power Of Love", "Welcome To The Pleasure Dome" und "Rage

"Ich bin nun mal schwul und bekenne mich wie meine Kumpel ehrlich dazu. Was soll ich meinen treuesten Fans etwas vormachen?"

Holly Johnson

Hard" gerieten zu Rennern, schrieben Popgeschichte. Und immer wieder ließen die fünf Jungs ungefragt verlauten, "wir sind die schwule Band". Holly Johnson nutzte Pressekonferenzen, um seine Traumprinzen bis ins Detail zu beschreiben: "Jetzt lebe ich mit Wolfgang. Er sieht gut aus, ist dunkel, 183 cm groß, ein himmlischer Mann. Zur Zeit agiert er als mein persönlicher Manager."

Nach der LP "Welcome To The Pleasure Dome" bereiteten sich die fünf Wilden auf ihre LP "Liverpool" vor. Westlich der portugiesischen Küste gingen sie 1986 auf einer Yacht in Klausur. Nackt oder in Minisplis lagen sie in der glühenden Hitze und brüteten über neuen Songs. Während sie so glühend-heiße Musik ersannen, verbreitete ihre Plattenfirma bereits das Ergebnis, die Kampagne: "In subversiven Zirkeln in London, München und Amsterdam werden die letzten Vorbereitungen für das Geheimkommando 'Liverpool' abgeschlossen. Fünf Köpfe bedrohen die Welt - ein Bund, der unter dem Namen 'Frankie' in den Regierungszentralen der Mächtigen dieser Welt für Angst und Schrecken sorgt." Sie sahen sich gern als Aufrührer, als Troublemaker. Ihr Sound war volkstümlich anarchistisch. Sie wurden Helden, obwohl sie Anti-Heroen sein wollten. Der Bruch kam überraschend schnell. Doch jede erfolgreiche, komplizierte Band geht irgendwann in die Brüche. Wieso sollen da schwule Individualisten eine Ausnahme machen?

Jean Genet
Der heilige Stricher

Jean Genet lehnte eine Welt ab, die ihn ablehnte. Er trat, wie er getreten wurde. Er stahl, was man ihm gestohlen hatte. Mit einer Radikalität zur Selbstentblößung wie wohl kein zweiter Dichter des 20. Jahrhunderts hat er sein Leben als Dieb, Strichjunge, Verräter beschrieben. Im Grunde sind alle seine Romane Autobiographien. Selbst der Mord, den er in "Querelle" glorifiziert, ist für ihn eine erotische Variante des Lebens. Gleichgeschlechtliche Liebe setzt er mit göttlicher Liebe gleich. Und er bringt sie uns in bewußt pornographischen, direkten Worten näher, mit einer feierlichen, fast mystischen Aura.

"Ich wurde am 19. Dezember 1910 in Paris geboren. Als Zögling der öffentlichen Fürsorge war es mir unmöglich, meine Herkunft zu erfahren. Mit einundzwanzig Jahren erhielt ich eine Geburtsurkunde. Meine Mutter hieß Gabrielle Genet. Mein Vater war unbekannt." Seine Mutter war Prostituierte. Sie überließ ihn den Behörden. Nach zehn Jahren Waisenhaus wurde er von einer Bauernfamilie in Morvan, Südwestfrankreich, in Obhut genommen. Er mußte hart arbeiten; daß er unehelich war, hielt man ihm ständig vor. Als man ihn zu Unrecht eines Diebstahls beschuldigte, entschloß er sich, "das zu sein, was man von mir erwartete: ein Dieb".

Weil er keine Liebe bekam, widmete er sich früh der Knabenliebe. "Ich bin immer ein Päderast gewesen." Doch diese Liebe mußte sich im Geheimen abspielen, oder hinter dunklen Gefängnismauern, in schmutzigen Hinterhöfen. Immer wieder wurde "der Unerziehbare" in Erziehungsheime gesteckt, in eine Welt voller Brutalitäten. Mit 20 vagabundierte er durch Spanien, lebte er geraume Zeit im Armenviertel von Madrid, unter Bettlern, Zuhältern, Strichern. Er schloß sich Banden an. Die Armee hatte ihn als Kriminellen nicht genommen, die Fremdenlegion stieß ihn aus, weil er zwei farbigen Offizieren die Koffer geklaut hatte. Nach seiner Rückkehr nahm ihn die Miliz an der französischen Grenze fest. Zuchthaus. Zuhälterei, Prostitution, Opiumschmuggel, Geldfälscherei: Allein von 1937 bis 1943 weist sein Strafregister dreizehn Haftstrafen auf - sowie Ausweisungen aus fünf Ländern. In Italien, Österreich, Jugoslawien, Albanien, Polen, überall trieb er sich herum, suchte er ein

"Diebstahl, Verrat, Homosexualität, drei Tugenden, die ich als theologisch einsetze."

Jean Genet

ruhiges Fleckchen zum Leben. Auch in Nazi-Deutschland machte er kurz Station. Das Regime fand er widerwärtig, doch die Hitlerjungen gefielen ihm, "in ihren kurzen Hosen, mit nackten Waden". Seine Lobpreisungen auf deutsches Soldatenfleisch sollten ihm noch in den 60er Jahren Schmähungen der französischen Kritik eintragen.

Im Gefängnis von Fresnes entstand 1942 sein erster Roman "Notre-Dame-des-fleurs". Er ist seinem 1939 hingerichteten Freund Maurice Pilorge gewidmet, "dessen Tod mir noch immer das Leben vergällt". Pilorge ist wahrscheinlich das Modell für die Titelfigur, Notre-Dame, der einen Rentner ermordet und beraubt hat. Der Roman spielt im Strichjungen-Milieu des Montmartre und erzählt die Geschichte von Louis Culafroy, besser bekannt als Divine, die Tunte. Divine, beliebtester Stricher des Viertels, verliebt sich in Notre-Dame, "der physisch und geistig die Gestalt einer Blume hatte". Genet zeigt Divines Aufstieg, seelischen Verfall und ihren Tod in der Schwindsucht. Notre-Dames Gerichtsprozeß steigert er zu einer religiösen Zeremonie, auf deren Höhepunkt der Mörder mit dem Mariennamen der Muttergottes erscheint: "Ich bin die unbefleckte Empfängnis." Bereits dieses erste Werk zeigt Genets komplizierte Metaphorik, seine Derbheit und seine Sensibilität.

1943, diesmal im Gefängnis von Les Tourelles, schrieb er "Wunder der Rose". Drei alte Haftkameraden begegnen einander wieder im Zentralgefängnis. Selbsterlebtes. Genet rechtfertigt seine Ästhetik des Bösen: "Es ist nicht verwunderlich, daß man das elendigste Menschenleben mit besonders schönen Farben beschreibt." Seine kriminellen Helden leben wie er selbst in ständiger Fehde mit der Gesellschaft, sind Ausgestoßene, die die Normen nicht mehr anerkennen, unter denen man sie so gedemütigt hat. Genet wird zum Dichter. "Das Totenfest" (1947), "Die Zofen" (1948), "Unter Aufsicht" (1949), "Tagebuch eines Diebes" (1949), "Der Balkon" (1956), "Die Neger" (1958), "Wände überall" (1961), "Briefe an Roger Blin" (1966).

Sein wichtigstes Werk wurde "Querelle" (1953). Mord und Meer, für ihn und für den "Engel der Einsamkeit", Querelle, sind sie untrennbar miteinander verbunden. Der Matrose Querelle richtet alle zu Grunde: Leutnant Seblon, der ihn anbet und begehrt, Vic, den Matrosen, der ihm hilft, sein Opium an Land zu schaffen, Nono, von dem er sich zur Sühne ficken läßt, Gil, einen Maurer, der zum Mörder wird und zu seinem Gegenspieler. Rainer Werner Fassbinder hat Genets "Querelle" 1982 verfilmt. Auch er ging daran zugrunde. Die Radikalität des Stoffes, dieses bewußt provozierenden Aufschrei eines bewußt amoralischen Außenseiters, gilt unbestritten als literarischer Geniestreich.

1948 drohte dem schwulen Poeten endgültig die Verurteilung zu lebenslanger Haftarbeit. Nur eine Petition von Jean Cocteau und Jean-Paul Sartre, unterzeichnet auch von anderen prominenten französischen Schriftstellern, an den Präsidenten der Republik, Vincent Auriol, konnte ihn retten. Der Dieb schlich sich ein in die Literatur. Ein für ihn ungekanntes Gefühl: Er wurde verwöhnt. Sartre widmete ihm 1952 ein fast 600-seitiges Werk: "Der Heilige Genet, Komödiant und Märtyrer". Der schwule Dichter war eingezogen in alle bürgerlichen Theater. Nur sein Filmpoem "Un chant d'amour", 1950 beängstigend melancholisch gedreht, verstaubte in den Archiven. Genets Werk entstand in Unfreiheit, in Kerkern. In Freiheit brachte er fast gar nichts zu Papier. Er brauchte ja auch endlich Zeit zum Leben. Zurückgezogen nutzte er die 20 Jahre "Nichtstun", die ihm so viele Tantiemen aus den Gefängniserlebnissen einbrachten. Am 15. April 1986 verstarb er in Paris.

Boy Gobert
Geliebter Snob

Nun ist er Legende. Boy Gobert, der ewig junge Snob, begeisterte sein Publikum diesseits und jenseits anstoßender und anstößiger Theaterwirklichkeit mit herzlicher Schärfe, betulicher Eleganz und flottem Verführerlächeln. Elendsmilieu- und Zeigefinger-Theater waren ihm ein Greuel. Ebenso knisternde, unbequem-eckige Fragen des Feuilletons um seine Arbeit wie der Journaille um sein frauenloses Privatleben. "Hoch klingt der Radetzkymarsch" hieß 1958 ein typischer Film von ihm, in dem er sich als Prinz Carl von Heymendorf als Schürzenjäger feiern läßt, obwohl ihn doch Frauen in panische Angst versetzen. Boy Gobert war ein ritterlicher Schöngeist vom alten Schlag, nach innen und außen. Wer wollte da noch indiskret werden?

Am 5. Juni 1925 kam er als Sohn des Senators Ascan Klée Gobert und der ungarischen Gräfin von Haller-Hallerstein in Hamburg zur Welt. Er genoß die vornehmste Erziehung, widmete sich früh der Kunst. Nach dem Abitur nahm er Schauspielunterricht bei Helmuth Gmelin, in dessen berühmtem Theater im Zimmer er auch als Oswald in Ibsens "Gespenster" debütierte. Hamburg, Karlsruhe, Frankfurt, Stuttgart, Berlin, München, Zürich, Wien: Von 1946 bis 1956 hatte er bereits die wichtigsten Bühnen des deutschsprachigen Raums mit seinem begeisterungsfähigen Spiel vereinnahmt. Er spielte den Wüstling "Caligula" genauso wie die Shakespeare-Könige oder den Franz Moor in Schillers "Die Räuber". Nein, Boy Gobert war noch offen in dem, was an Charaktern am wirkungsvollsten aus seinem Playboy-Gesicht aufblitzen sollte.

Doch dann kam der Film, der schrecklich langweilige deutsche Nachkriegsfilm. Heute sehen sich Goberts doppelbödige Rollen nur noch als Karikaturen ihrer selbst. Er spielte eine Art junger Theo Lingen, tölpelhaft komisch, immer mit dem Möchtegern-Pfiff. Die knapp 40 Auftritte in diesen Zelluloid-Turbulenzen waren eigentlich nur Chargen, mehr nicht. Doch wenn Gobert seinen Pfauenhals streckte, seinen Kopf vornehm nach hinten warf und sein Stichwort auf die Tausendstelsekunde mit spitzer Stimme

"Der fröhliche Quatsch, den man auch mal gerne machen würde, oder etwas Ausgefallenes, das einen künstlerisch noch weiter bringt - das kommt zu kurz."

Boy Gobert

zum Besten gab, spielte er auch die Hauptdarsteller an die Wand. Ob in "Der Mustergatte" (1956), in "Paradies der Matrosen" (1959) oder in den Peter-Kraus-Filmen. Herrlich sein Auftritt als Prinz Orlofsky in der Kinofassung der "Fledermaus" (1962). In der Operette, im Theater, spielt die Rolle immer eine Frau. Das wußte der Schelm, als er sie fast tuntenhaft-witzig zu formen verstand.

Bis er zum Film zurückfand, vergingen genau 20 Jahre. Dazwischen seine eigentliche Kunst: das Theater. Sein Hamlet, Julius Cäsar, Richard III., Tartuffe, Anatol, Salieri, Cyrano de Bergerac oder Mephisto zeichneten sich durch feingliedriges Kalkül und sanfte Schläue aus, die geschulten Beobachtern auch einen Blick auf Boy Goberts Innenleben erlaubten. Denn, trotz Begeisterungsstürmen in Hamburg und in Berlin, seine Gefühle hielt er auch vor denen, die ihn anbeteten, verschlossen. Als Intendant des Hamburger Thalia-Theaters (1969 - 1980) und der Staatlichen Schauspielbühne Berlins (1980 - 1985) konnte er es sich offensichtlich nicht leisten, mit ungereimten Enthüllungen in die Schlagzeilen zu geraten. Auch hier war Gobert seinem Vorbild Gustaf Gründgens altmodisch ähnlich. Sein Privatleben schirmte er mit hanseatischer Wendigkeit ab. Fühlte er sich dennoch ertappt, wurde er beängstigend verlegen. Sein Kopf lief knallrot an, er schluckte nach Worten. Daß er Männer liebte - er ahnte, daß es andere wissen, aber er wollte nicht, daß sie so taten, als wüßten sie es wirklich. Boy Gobert hatte gelernt, daß man Neigungen in Rollen investiert, auslebt vielleicht, niemals aber Blicken anderer aussetzt, preisgibt.

Der Journalist Karsten Peters berichtete Anfang der 80er Jahre in einer einschlägigen Runde, er habe Boy Gobert in seinem Ringen nach Fassung erlebt, als er davon ausgehen konnte, er habe ihn "durchschaut". Peters, Kritiker, Autor, Ballettfachmann, ist schwul. Das weiß in jedem deutschen Theater jeder. Gobert bat ihn in sein Büro in Berlin. Unvorhergesehen stürmte ein junger Mann herein, den er nach langem Gemurmel als seinen Cousin vorstellen wollte. Peters war über die Situation amüsiert, dem bildhübschen Jungen sei noch das Preisschild aus dem Anzug gebaumelt. Gobert mußte vor Peters nichts und niemanden verstecken. Das wußte er. Und doch wirkte er während des gesamten folgenden Interviews unkonzentriert und zerfahren. Würde das Drumherum dieses Gesprächs vielleicht doch in die Gazetten gelangen? Man stelle sich vor, ein Mann, damals bereits eine Theaterinstitution, kriegt Angst wegen eines so lächerlich natürlichen Vorfalls.

Boy Gobert mit Marianne Koch in "Die Fledermaus"

Die Presse verwöhnte ihn nicht, das ist richtig. Aber immer stand seine Arbeit im Mittelpunkt ihres Interesses. Für sie gelang sein Balanceakt nicht, wortgewaltiges Theater zeitgemäß auf die Bühne zu bringen. Zu sehr taumelte er ihr im Mief längst vergangener Zeiten. Zielscheibe für die Kritik, liebten ihn die Theaterbesucher um so mehr. Und in der Tat, hier hatte sich sein Talent zu erweisen. Was hätte es genutzt, wie er in einem "Spiegel"-Interview 1983 monierte, wenn er das Theater brächte, das die Kritik von ihm fordert, die Ränge dann aber leer blieben. Was gelobt wurde, dort saßen oft nicht mehr als 200 Versprengte, was man schlecht fand, war - wie sein "Amadeus" - siebzigmal ausverkauft.

1982 holte ihn Wolf Gremm zurück zum Film. Ein eigenwilliges Vergnügen. Neben Rainer Werner Fassbinder (dessen letzte Rolle) spielte er in "Kamikaze 1989". Gobert war ein Konzernchef in diesem banalen Orwell-

Boy Gobert am Schillertheater: links als Wallenstein (1985), rechts als Jago in Othello (1982)

Drama, in dem Fassbinder in Tigerpelzen und Monroe-Fummeln wie ein Erstklässler tuckte. Gobert hat sich später dieses Katastrophen-Szenarios geniert. Aber, er hatte gezeigt, daß der seriöse Theater-Herr auch zur alternativen Szene des Films einen Draht finden kann. Und das - als Ereignis - blieb unter dem Strich übrig. Nicht minder unerquicklich die Rolle als solche in Peter Zadeks "Die wilden Fünfziger" (1983). Ein Film, dem Simmel die Weihen entzog, als er ihn wutentbrannt am Schneidetisch erlebte. Was "Hurra, wir leben noch" heißen sollte, verkam trotz deutschem Staraufgebot zur Alpengaudi finsterster Sorte. Als skrupelloser Wirtschaftskarrierist mittendrin: der smarte Boy Gobert. Er wagte sich nun, einen neuen Typus zu zeigen, einen, den man beim Hinschauen schon mal gerne verwünscht.

Am Ende seiner Filme, die er noch drehen konnte, stand denn für den Snob von Beruf standesgemäß die

Boy Gobert in "Der Menschenfreund"

Boy Gobert als Salieri in "Amadeus"

Boy Gobert mit Rainer Werner Fassbinder

Fernsehserie "Kir Royal" (1985). Gobert mimte einen intrigierenden Konsul namens Dürkheimer, der sich aber am Ende der Champagnerschlachten mit Baby Schimmerlos, dem Reporter, theatralisch erschießt. Nur sein Diener, stumm und glaubhaft von Kurt Raab verkörpert, hat noch Achtung vor ihm.

Boy Gobert mußte sein geliebtes Berlin 1985 verlassen, nachdem der Senat seinen Vertrag nicht verlängern wollte. Es zog ihn nach Wien. Hier besaß er in Salmannshof ein altes Winzerhaus, hier war er seit 1959 als Burgschauspieler auf Abruf "daheim". Doch seine neue Intendantenstelle beim Theater in der Josefstadt konnte er nicht mehr antreten. Er plante, engagierte, probte, aber das treue Wiener Publikum erlebte er nicht mehr. "Wer hat Angst vor Virginia Woolfe" stand auf dem Programm, er war diesem Intrigen-Stück schon ganz verfangen. Doch nach einem Weinabend in Grinzing, den er mit Ex-Bundeskanzler Bruno Kreisky verbrachte, sollte er den 30. Mai 1986 nicht mehr erleben. Nach dem Frühstück mit seinem 25jährigen Neffen wollte er noch einmal ins Bad, um sich "zu kämmen". Wenige Minuten später lag er tot auf dem Boden. Herzversagen.

So als wolle man Goberts übertriebene Vorsicht, was Männerfreundschaften betrifft, auch nach seinem Tode respektieren, verbreitete man, seine Haushälterin habe ihn gefunden. Nicht einmal, daß er mit seinem hübschen Neffen Hauke Klingepiel gefrühstückt hatte, ein völlig natürlicher Vorgang, sollte die Presse erfahren. Man könnte ja Schlußfolgerungen ziehen! Wie hatte er sich Karsten Peters gegenüber geniert? Bei solcher Angst muß man gelitten haben. Es scheint, Boy Gobert hat sich nicht nur theatralisch an Gustaf Gründgens orientiert.

Gustaf Gründgens
Der schwule Mephisto

Gustaf Gründgens ist und bleibt der Theatergott unserer Epoche. Er kam als Mephisto auf die Welt. Keiner vor ihm und keiner danach spielte Goethes Schlüsselfigur im wichtigsten deutschsprachigen Drama "Faust" so klar, glaubwürdig und mit so besessener Hingabe wie er. Schon 1919 auf der Kriegsschmiere hatte er die Rolle zum ersten Mal verkörpert. Sie begleitete ihn über die vielen Theaterstationen bis 1960, als nach seiner Hamburger Bühnen-Inszenierung der legendäre "Faust"-Film entstand. "Mephisto" - auf der Bühne. Aber auch "Mephisto" im Leben?

Klaus Mann hatte mit seinem gleichnamigen Schlüsselroman (1936), den er "keinen Schlüsselroman" nannte, versucht, vor aller Welt diesen Eindruck zu erwecken. War Gründgens der Teufel in Menschengestalt, der für seine Karriere die eigene Seele zu opfern bereit war? Heute läßt sich durch unzählige Zeitzeugen und Zeitdokumente beweisen, daß Gründgens, der Darsteller des Bösewichter, Intriganten und Verbrecher, sehr wohl ein Herz hatte und gerade in der Nazi-Zeit viele, viele Juden vor dem Verderben bewahrte.

Nein, G.G. war nicht jener H.H. (Hendrik Höfgen) in Klaus Manns Roman. Sein Ex-Schwager hatte aus der Distanz und wohl aus Rache ein allzu plumpes Bild jenes Superstars des großdeutschen Reichs gezeichnet, das sich erst nach dem Fiasko entschlüsseln ließ. G.G. war schwul. H.H. ist es nicht, er mußte sich von Negerinnen auspeitschen lassen, um zum Orgasmus kommen zu können. "Mephisto" ist der einzige Roman Klaus Manns, in dem Homosexualität keine Rolle spielt. Natürlich: Er konnte und wollte, weil sie ihm, der damit keine Schwierigkeiten hatte, heilig war, sie nicht einem auf den Leib schreiben, der, wie er glaubte, mit dem Faschismus gemeinsame Sache macht. Es wäre allzu grotesk gewesen, wenn ausgerechnet er Gründgens' Schwulsein denunziert hätte! Gründgens, so schreibt sein Biograph und enger Freund Curt Riess (in seinem Buch "Auch Du, Cäsar", 1981), sei mit seiner Homosexualität nie ins Reine gekommen: "Er haßte seine Veranlagung. Er wollte nicht homosexuell sein. Er hatte es verschiedene Male mit

*"Wenn ich frei bin, will ich zu den Exoten.
Keine Schminke mehr, keine Kulissen,
kein Esprit ...
Exoten - das ist die Hoffnung."*

Gustaf Gründgens

jungen Damen versucht, aber es war fast immer mißlungen."

Gustav (!) Gründgens' Ziel war es von Kind auf, ein Preuße wie Friedrich der Große zu werden. Da er das nicht schaffen konnte, gab es nur ein Ersatzziel: Schauspieler. Am 22. Dezember 1899 wurde er als Sohn eines kaufmännischen Angestellten in Düsseldorf geboren. In einem katholischen Knabeninternat in Mayen wurde er sich wohl seiner anderen Neigungen bewußt. Doch er kämpfte fast sein ganzes Leben dagegen an. 1917 absolvierte er dem Vater zuliebe eine kaufmännische Lehre. Doch nach drei Monaten war er erlöst. Freiwillig hatte er sich an die Front gemeldet und wurde nun nach Saarlautern zur Infanterie eingezogen. Nach einem kurzen Lazarettaufenthalt konnte er 1918 am Soldatentheater Saarbrücken als Schauspieler debütieren. "Ich pries mich an - das erste und das letzte Mal in meinem Leben - und behauptete, schauspielerische Erfahrungen zu haben." Auf seiner Soldatenschmiere veranstaltete er Tanzabende und kassierte danach mit einem Teller das Geld. Der Preuße Gründgens war nicht nur ein aufregender Darsteller, er war ein perfekter Organisator, der geborene Regisseur und Intendant.

Bei Louise Dumont nahm er 1919 Schauspielunterricht, um ein Jahr später auf der Provinzbühne von Halberstadt 26 verschiedene Rollen spielen zu können. Sein Debüt: Hebbels "Nibelungen". 1922 kam er nach Hamburg. Und bald war er an den dortigen Kammerspielen der Star. 20 Rollen pro Spielzeit, ein halbes Dutzend Inszenierungen. Die Arbeit auch als Therapie, seine schwulen Neigungen unter Kontrolle zu halten. Die Geschwister Mann liefen ihm über den Weg. Die Kinder des großen Thomas Mann. Mit Klaus, schwul wie er, verstand er sich auf Anhieb. Mit Erika, die sich als geistige Zwillingsschwester von Klaus empfand, fast genauso. Ihre Liebe galt dem Theater. 1925 sorgten sie mit dem Stück "Anja und Esther" für große Aufregung. Sie fanden es plötzlich chic, zu heiraten. Klaus Mann ehelichte 1927 Pamela Wedekind, Gustaf Gründgens hatte schon 1926 Erika Mann geheiratet. Oder besser, Erika hatte ihn geheiratet. Gründgens war ein teuflisch gutaussehender junger Mann, er trug blondes Haar,

Gründgens mit seiner Frau Marianne Hoppe in "Die Fliege"

hatte die besten Manieren. 1929: Aus mit dem Scheinglück - die Scheidung.

Max Reinhardt holte den Ausnahme-Mimen 1928 nach Berlin, wo ihn trotz der Hamburger Erfolge noch keiner kannte. Curt Riess, der ihm damals zum ersten Mal auf einer Cocktailparty begegnete, in seinem Buch "Meine berühmten Freunde" (1987): "In Berlin führte er ein hektisches Leben, um es milde auszudrücken. Er spielte, er filmte, er trat in Operetten auf, machte Kabarett, schrieb Chansons, um seine Schulden loszuwerden. Vergeblich. Denn seine Art zu leben - wenn man will, sein Lebenswandel - war sehr kostspielig, nicht zuletzt weil er ihn Erpressungen aussetzte. Diese Unsicherheit deprimierte ihn, denn er, der immer wie ein Playboy wirkte, stets elegant, damals noch mit blondem Haar und bildhübsch, Monokel im Auge, manchmal in beiden Augen, dessen Leben so 'unordentlich' war und das in jeder Beziehung, auch was das Intimste anging, war im Grunde einer, der eine typisch preußische Beamtenordnung schätzte, wie sich später herausstellen sollte."

1930 sein erster Film. Welch treffender Titel: "Ich glaub' nie mehr an eine Frau". Doch sechs Jahre später mußte er sich im Wissen um seine Homosexualität zur Tarnung eine neue Ehe aufbürden, er heiratete die liebreizende Schauspielerin Marianne Hoppe. Zuvor jedoch hieß es, Karriere machen. In Fritz Langs Film "M" (1930), der dem schwulen Peter Lorre dessen Welterfolg sicherte, trat er als Ganovenchef auf, sein Durchbruch als zynischer, aalglatter Intrigant und Erpresser. Lebemänner und Bösewichte wurden für den arbeitsbesessenen Gründgens zu Filmcharakteren. An den Preußischen Staatsbühnen wurde es 1932 "Mephisto". Hier spielte er selbst den Theatermythos Werner Krauß als "Faust" an die Wand.

Dann kam Hitler. Im Gefolge Göring. Der übernahm die Staatstheater und berief Gründgens (1934) zu seinem Sachwalter und Intendanten. Hat sich G.G. mit dem Regime solidarisiert? Man vermag sich heute, über 50 Jahre danach, nicht vorzustellen, daß ein Nazi-Intendant keine schmutzigen Hände bekam. Doch: Als Gründgens nach dem Krieg entnazifiziert wurde, gab es keinen, wohlgemerkt keinen einzigen Zeugen, der ihm auch nur im Ansatz Böses oder Verstrickung hätte nachsagen können oder wollen. Emmy Sonnemann, Görings Frau, früher selbst Schauspielerin, und Käthe Dorsch schirmten Gründgens gegen Nazi-Kritik ab. Den Gruß "Heil Hitler" gab es an seinem Theater nicht. Als Ernst Röhm, Stabschef der SA, unter anderem wegen seiner Homosexualität von Hitler persönlich zur Hinrichtung (Röhm-Putsch 1934) freigegeben wurde, fuhr Gründgens einen Tag später zu Göring und teilte ihm mit, daß auch er schwul sei. Göring nickte und bedeutete ihm, sich nicht darum zu kümmern. Durch die Ehe mit Marianne Hoppe (1936) wurden mögliche Angriffe aus der Partei eliminiert.

Gründgens fühlte sich sicher. Er half unzähligen jüdischen Schauspielern, den Henkern und Gaskammern zu entkommen. So konnten auch Darsteller wie Theo Lingen, Paul Bildt oder Otto Wernicke, laut Goebbels "jüdisch versippt", weiter auf Reichsbühnen erscheinen. Theo Lingen als einer von zig Zeugen nach dem Unheil in einer "eidesstattlichen Erklärung" am 4. Februar 1946: "Es mag unglaubhaft erscheinen, wenn ich zu behaupten wage, daß Gustaf Gründgens in der ganzen Zeit des Hitler-Regimes eine antifaschistische Gesinnung gehabt und ihr, wo er konnte, Ausdruck verliehen hat ... Ich erkläre an Eides statt, daß ich mit Gustaf Gründgens seit dem Jahre 1930 ... eng befreundet bin und mir der Künstler und Mensch GG das Vertrauen, das ich ihm entgegenbrachte, mit demselben Vertrauen und der gleichen Offenheit vergolten hat ... In diesem Zusammenhang möchte ich auch die Tatsache nicht unerwähnt lassen, daß nur durch seine persönliche Initiative und durch seine unablässige Fürsprache diejenigen Schauspieler am Staatstheater, deren Frauen jüdischer Abkunft sind oder die selber nicht 'rassisch einwandfrei' waren, bis Kriegsende weiter auftreten durften. Es sind dies: Paul Henckels, Otto Wernikke, Paul Bildt (letzterer hat mit seiner jüdischen Frau vom 30. Januar 1944 bis Kriegsende bei Gründgens in seinem Hause gewohnt, da Bildt ausgebombt war) und Erich Ziegel." Ähnliche Persilscheine stellten ihm Hermann Thimig oder Paul Wegener aus.

1945 war Gründgens von den Russen verhaftet worden. Er kam in ein Lager. Anfang 1946 ließ man ihn wieder frei. Hauptanteil daran hatte der Sänger und Schauspieler Ernst Busch, ein Kommunist, den Gründgens unter den Nazis vor dem Tod bewahrt hatte. Die Russen ließen ihn nur gehen, nachdem er sich verpflichtet hatte, im "Deutschen Theater", das nun in Ost-Berlin lag, zu spielen. Die Amerikaner waren erbost. Denn nach ihren Vorstellungen hätte Gründgens "gründlich entnazifiziert" werden müssen. Zu diesem Zweck wurde er später auch den Alliierten überstellt. Und damit befand er sich wieder im Westen.

Als Gründgens aus sowjetischer Haft entlassen war, feierte er am 3. Mai 1946 im "Deutschen Theater" seine Auferstehung. Er spielte die Titelrolle in Sternheims "Der Snob". Im Publikum saß auch Klaus Mann, der ihn seit Anfang 1930 gemieden hatte und ihn zehn Jahre zuvor mit seinem "Mephisto" zum Unmenschen erklärte. Die Ovationen des Publikums wußte Klaus Mann so zu deuten: "Der unverwüstliche Liebling von Vor-Nazi-, Nazi- und Nach-Nazi-Berlin." Gründgens glänzte im Behelfstheater vor jubelnden Massen noch als "König Ödipus" und als "Marquis von Keith".

Dann sein persönliches Drama. Die unerfüllte Ehe mit Marianne Hoppe, die nun ihre Dienste getan hatte, ging in die Brüche. Doch in welchem Spektakel. Als Gründgens in sowjetischer Gefangenschaft saß, begegnete die Hoppe einem Jugendfreund aus Frankfurt, der mittlerweile nach England emigriert war. Die Liebe: Sie wurde schwanger. Als Gründgens das erfuhr, tobte er und giftete, er werde seine Frau "wegen Ehebruchs mit einem alliierten Offizier" verklagen. Curt Riess, schon vor dem Krieg emigriert und nun als Berater von General Clay aus den USA zurückgekehrt, hatte die Aufgabe, Gründgens von der Unsinnigkeit seines Handels zu überzeugen. G.G. zu Riess: "Als ich im Lager saß, habe ich mich immer auf die Zukunft mit Marianne und den Kindern gefreut. Ich dachte, wir würden eine kleine Wohnung nehmen, und dann käme Weihnachten, und dann säßen wir alle, Marianne, ich und die Kinder unter dem Christbaum." Riess: "Ich traute meinen Ohren nicht. Und dann sagte ich: 'Soll ich der einzige Mensch sein, der nicht wissen darf ...?' Ich sagte das etwas drastischer. Ich machte mich darauf gefaßt, daß G.G. einen Riesenkrach machen würde. Aber ich hoffte, er würde lachen. Er lachte."

Nachdem Marianne Hoppe versprach, dem Kind - es war während ihrer Ehe gezeugt worden - nicht den Namen Gründgens zu geben und sich scheiden zu lassen, war für ihn der Fall seines "Vatertums" erledigt. Wieder konzentrierte er sich voll auf seine Arbeit. Düsseldorf (1947 bis 1955) und Hamburg (1955 - 1962) wurden seine Theaterstationen. Gründgens brillierte. Als "Mephisto" 1957 sogar in Moskau. Aber auch als Hamlet, als Wallenstein, als Philipp II, als Cäsar, als Prospero, als Heinrich IV. Abend für Abend erlebte der nun glatzköpfige Herr Triumphe. Er war nachtblind und mußte nach jedem Abgang von der Bühne an die Hand genommen werden. Die einzige Unsicherheit. Ansonsten führte er die Theater. Und die skeptischsten Kritiker bescheinigten ihm nie dagewesene Größe. Heute steht fest, Gründgens kreierte das beste Nachkriegstheater in Deutschland, vermutlich in Europa. Zu seiner Zeit galt er als der herausragendste Theaterdirektor der Welt.

1961 sein letzter Film: die amüsante Komödie "Das Glas Wasser". Davor, 1941, seine berauschendste Filmrolle "Friedemann Bach". Doch nun, 1962, schien er müde. Der preußische Manager plante einen geordneten Rückzug. Erstmal wollte er ein Jahr lang eine Weltreise machen, zu den Exoten. In seiner Begleitung sein junger Freund, der in aller Diskretion bei ihm lebte. Endlich hatte er einen Mann an seiner Seite, der ihn um seiner selbst willen liebte. Er sah nicht den "Mephisto" in ihm, sondern den fehlerhaften, alternden Menschen. Gründgens blühte sichtlich auf. Mit 63 der schwule Frühling! Er ließ sich seine Zähne richten, kleidete sich total neu ein - und ging zum Arzt. Der riet ihm ab, eine Tour durch diese Klimaschwankungen zu unternehmen. Er zu allen, die ihn warnten: "Ich weiß, daß Sie gegen diese Reise sind, aber einmal muß ich sie machen und weiß auch nicht, wo sie enden wird."

Er war glücklich und brach auf. Er wußte nicht, daß er an einer unheilbaren Krankheit litt, einer Art Entkalkung des Körpers. Sie führte zu einem Riß in der Magenwand. In Deutschland hätte ihm eine Operation helfen können. Die Schmerzen, die ihm dieser Riß zugefügt hatte, hatte er mit Schmerzmitteln vertrieben. Um ruhig schlafen zu können. All das Schreckliche passierte am 7. Oktober 1963 in Manila. "Laß mich ausschlafen", schrieb er auf einen Luftpostbrief-Umschlag des Manila-Hotels an seinen jungen Freund, der ihn leblos antraf. Es waren seine letzten Zeilen, seine letzten Worte. Im Schlaf, die Schmerzen erstickt, ging er auf die lange Reise. Trauer.

Gründgens in "Das Glas Wasser"

Gründgens als "Friedemann Bach"

O. E. Hasse
Ein geschliffener Diamant

In welche Menschenhäute ist dieser geniale O.E. Hasse nicht Zeit seines Lebens geschlüpft. Kaiser und Könige, russische Großfürsten und Minister, Weltmänner und Tramps, Botschafter und Bürger, Bösewichte und Generale, Admirale, Mörder und Edelmänner. Der Sohn eines Schmieds galt im Privatleben als empfindsam, als sanftmütig, auf Bühne und Leinwand war er das grobe Urgestein von einem teutonischen Mann. Seine breitschultrige Statur, seine stechenden Augen, seine eindringliche, modulationsfähige Stimme zwängten ihn beim Publikum in ein unentrinnbares Klischee. Er aber war nicht Draufgänger, sondern Einzelgänger.

Er liebte alles Schöne, vor allem klassische Musik, Verdi. Er huldigte den Männersportarten Fußball und Boxen, den Genüssen guter Küche, machte jeden Mittwoch seinen eigenen Schönheitstag, ging in die Sauna, zur Massage. Und die einzige Frau, mit der er in seinem Leben eine intime Dauerbeziehung pflegte, eine geradezu prickelnde Affäre, war eine Witwe. Ihr brach er hunderte Male begierig den Hals, der Champagner-Witwe von Veuve Cliquot. Ob in Berlin, im Hotel des Bains in Venedig, wo er auf Aschenbachs Spuren wandelte, bei seinem Lebensgefährten Max Wiener in der Schweiz, mit dieser Witwe spülte er so manchen Weltschmerz hinunter. Denn hinter dem Männlichkeitspanzer plagte ihn tiefe Verletzlichkeit. Er spielte, was verlangt wurde auf der Bühne, aber im Leben wollte er kein Versteckspiel um seine Homosexualität spielen müssen. "Der ewige Adam mit der Sehnsucht nach den Gefährlichkeiten", so wurde er von einem Kritiker nach der Premiere von Wilders "Wir sind noch einmal davongekommen" beschrieben, wagte erst in den letzten Jahren seines Lebens, auf Rücksichten zu verzichten. Und doch, es mag bezeichnend sein, daß gerade die Kapitel in seinen "Unvollendeten Memoiren" (1979) fehlen, in denen er sich mit seinen Freunden befassen wollte. So sind die "Fetzen aus meinem Leben" nur die Erinnerung an O.E. Hasse, den Star, nicht an den im Zwiespalt lebenden Menschen.

"Obersitzko, 1800 Seelen an der Warthe, Klo auf dem Hof, bei Petroleumlicht auf-

"Wenn ich mir einen Wunsch erfüllen dürfte - das wäre mein größter: In meinem nächsten Leben möchte ich Dirigent sein."

O.E. Hasse

gewachsen, wo man die Wölfe als Haustiere benutzte", so beginnt O.E. Hasse seine Lebenserinnerungen. Er wurde am 11. Juli 1903 in diesem Posener Städtchen geboren, im Hause mit der Schmiede, des Schmiedemeisters Hasse zwischen Amboß und Blasebalg. Otto Eduard wurde er getauft, nach den Vornamen der Brüder seines Vaters. O.E. taufte er sich erst 1939, um ein für allemal unverwechselbar zu sein. Das wollte er schon als Kind. "Oft war ich allein, und da habe ich vor dem Spiegel eine Autohypnose erfunden; ich versetzte mich durch mein Spiegelbild in Trance, indem ich ihm in die Augen sah, zu ihm sprach: 'Das bin nun ich' und es antworten ließ 'das bist nun du'. Immer wieder, bis ich in einen Dämmerzustand verfiel und glaubte, daß es Leben gewann und ich die Mystik meines Doppelgängertums spürte." Selbsterkenntnis war Hasse also ein zentrales Anliegen. Wie schwer mußte es ihm fallen, mit sich selbst im Klaren, den anderen über seine Gefühle Nebulöses anbieten zu müssen.

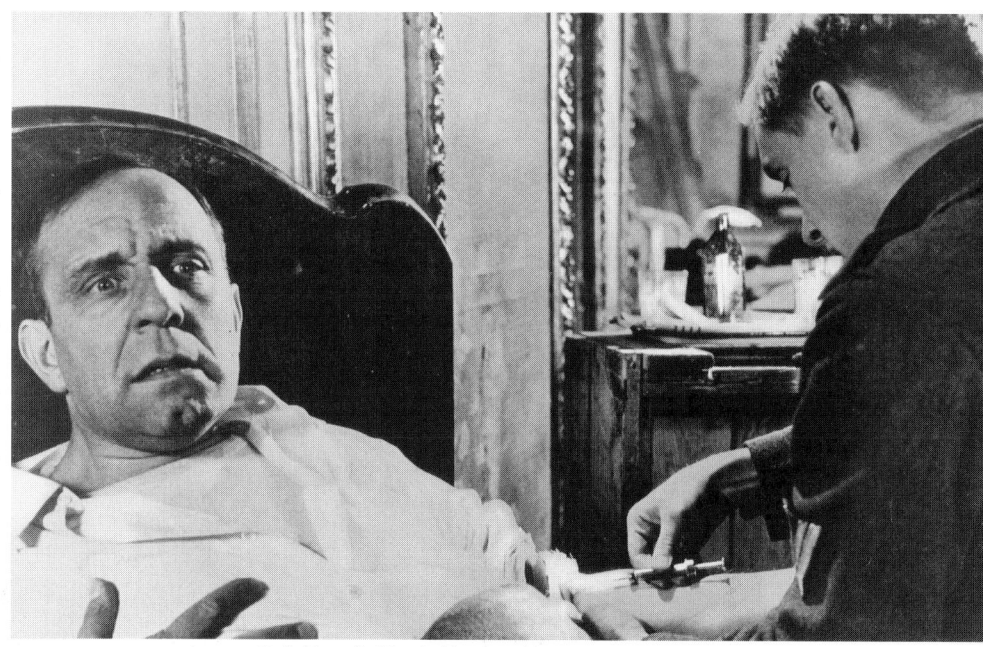

O. E. Hasse in "Entscheidung vor Morgengrauen"

Seine Liebe und Zuneigung während seiner Kindheit hatte sich, so gibt er zu, ausschließlich auf seine Mutter konzentriert. Mit seinem Vater, den er zeitlebens "Vätchen" nannte, wurde er erst vertraut, als seine Mutter 1934 verstarb. Das Schlimmste in seiner Jugend war es, von der geliebten und gebildeten Mama "Leberwürstchen" gerufen zu werden. Glückselig war er, wenn sie ihn "mein kleiner Savoyardenknabe" rief. Mit elf Jahren wurde er in die Realschule von Kolmar aufgenommen. 1918 konnte er nicht mehr in seine Schule zurück, die Revolution hatte begonnen. Er wechselte auf die Oberrealschule in Posen. Hier lernte er in einer Pension Bertha Drews kennen. Auch sie eine spätere Theaterlegende und durch ihre Männer Heinrich George und Götz George unvergessen. Mit ihr schrieb er ein Theaterstück. Nun war seine Leidenschaft für die Bühne geweckt.

Noch als Schüler schloß er sich in Posen einem deutschen Theaterverein an, bei dem er alle klassischen Rollen spielte. Seine richtige Bühnenreife holte er sich bei Max Reinhardt in Berlin. Sein erstes Engagement mit Folgen hatte er von 1926 bis 1929 bei Paul Barnay in Breslau. Von 1930 bis 1939 spielte er bei Otto Falckenberg an den Kammerspielen in München. Hier hat er auch den ihm widerwärtigen Aufstieg des Nationalsozialismus verfolgt. Er mußte sich ducken. Schwule steckte man bald ins KZ, selbst prominente Homosexuelle wie Wimbledon-Finalist Gottfried von Cramm wurden verhaftet und ins Zuchthaus verbannt. Hitler ist ihm dreimal begegnet, auf NS-Parties, zu denen man die Film- und Theaterstars des Reichs angekarrt hatte. Hasse stand noch in der zweiten Reihe.

1941 erhielt er die erste größere Filmrolle. Er spielte einen Gruppenarzt in dem Kriegsfilm "Stukas". Von 1940 bis 1945 war er eigentlich Soldat, aber immer wieder durfte er sich für den Film freistellen lassen. Von einem Granatsplitter wurde er über dem rechten Auge verletzt. "Ich werde es nie vergessen, dies Ineinander von Schrecken und Glück." Sein starkes Grübchen am Kinn, das man ihm beim Film oft mit Nasenkitt geglättet hat, indes stammte nicht, wie viele glaubten, von einer

Granate. Sein schönster Marschbefehl war der zum Film. Und der kam immer häufiger erst nach dem Krieg, in Hasses rastlosen Jahren.

Schnell wurde er zum ungekrönten König der Berliner Bühnen. Er setzte die Tradition eines Heinrich George und Emil Jannings fort und stieg auf, als einziger seiner Generation, zum Topstar des deutschen Nachkriegsfilms. Mit 50 ein Filmstar. Bis zum Lebensende war das für Hasse selbst unfaßbar. "Es begann mit einem Kuß": Dieser Film, 1950 in den USA gedreht, brachte ihm eine Begegnung mit dem göttlichen Montgomery Clift. Beide - beide Außenseiter - wurden Freunde. Beide spielten 1953 wieder zusammen in Alfred Hitchcocks "I Confess". Hasse mimte einen deutschen Emigranten, einen Bediensteten in einer katholischen Pfarrei. Bei einem Diebstahl erschlägt er einen Anwalt mit dem Briefbeschwerer. Völlig verstört sucht er einen jungen Pfarrer (Montgomery Clift) auf, um zu beichten. "Ich beichte" brachte ihm international großen Ruhm. Ebenso wie 1951 "Entscheidung vor Morgengrauen" unter der Regie von Anatole Litvak. Oder "Verraten" (1954) mit Clark Gable und Lana Turner. Seine filmische Glanzrolle verkörperte er als "Canaris" (1954). Diese ranghohe Admirals- und Gallionsfigur und späterer Gegner der Nazis geriet auch außerhalb Deutschlands zur Identifikationsfigur des aufrechten deutschen Offiziers. "Canaris" wurde Hasses Triumph.

O. E. Hasse in "I confess (Ich beichte)", u.a. mit Montgomery Clift

Nach dem Krieg drehte er 38 Filme. Viele davon in den USA, England und Frankreich. Besonders gemocht hat er die Rolle von Kaiser Wilhelm II. in dem französischen Streifen "Arsène Lupin, der Meisterdieb" (1957). Meisterhaft auch sein Auftritt als Dr. Schön in "Lulu" mit Nadja Tiller und Hildegard Knef (1962). Unter Costa-Gavras drehte er 1972 "Der unsichtbare Aufstand" und befreundete sich mit Yves Montand. Am Theater glänzte er als "Urfaust" und vor allem als Harras in Zuckmayers "Des Teufels General". Er spielte alle Rollen

O. E. Hasse als "Canaris"

unangefochten, siegreich. Kritik und Publikum tobten vor Begeisterung. Als Komödiant und Intrigant, als alter Herr und alter Zweifler: Er brachte stets seine Persönlichkeit als Leistung. "Alles in allem hat es geklappt, im Leben wie im Beruf. Gelangweilt habe ich mich nie."

Trotzdem, die 75 Jahre seines Lebens war er, wie Knut Knudsen in einem Bändchen schon 1960 meinte, ein einsamer Mann. Trotz zahlloser Bekanntschaften, aus denen selten Freundschaft wurde. Er war gesellig, liebte das Leben nach dem Theater, war ein Nachtmensch, trinkfest und gesprächig. Er lebte in einer Fünf-Zimmer-Wohnung im Grunewald. Um sich hatte er Haushälterinnen, die ihn "Meister" nennen durften. Sein Freund und Lebensgefährte hieß Max Wiener. Über 25 Jahre, ab Mitte der 50er Jahre, waren beide unzertrennlich. Wiener, im schwiezerischen Hombrechtikon zuhause, arrangierte für Hasse jede Annehmlichkeit, die der sich wünschte. Auf Geburtstagen ließ er ihm rauschende Feste ausrichten, mietete einen Zirkus für ihn an, sorgte er für die lustigmachenden "Witwen". Den Heiligabend verbrachten beide jedes Jahr alleine miteinander. Hasse las seine Lieblingsstellen der Bibel.

"Hätte meine Freundschaft zu Max Wiener nach einem Vierteljahrhundert überhaupt noch einer Bewährungsprobe bedurft", so schreibt Hasse in seinem Buch, so sei es im Sommer 1976 gewesen. Den starken Raucher plagte ein chronischer Bronchialkatarrh. Nun brach er in Düsseldorf auf der Bühne zusammen. Mit Blaulicht lieferte man ihn in ein Krankenhaus ein. Luftröhrenschnitt - die Lage schien ohne Hoffnung. Max Wiener verbrachte nächtelang an seinem Bett, er ließ seine Agentur in Zürich im Stich und litt mit seinem Freund O.E., "jetzt, da es um Leben und Tod ging". An einem Morgen wollte Wiener schon ins Sterbezimmer, doch O.E. saß aufrecht im Bett und hatte "Sodbrennen". Er flog seinen Freund in eine Spezialklinik nach Basel. Und er blieb bei ihm, bis er wieder nach Berlin zurückkehren konnte. "Seine letzten Jahre waren schwer", sprach H.H. Stuckenschmidt auf Hasses Beerdigung 1978 auf dem Waldfriedhof Dahlem, "trotz aller Liebe, mit der ihn der Schweizer Freund Max Wiener umhegte und fürstlich verwöhnte ... Aber sein Tod war leicht." Für das deutsche Theater und den internationalen Film war sein Tod ein unersetzbarer Verlust.

Rock Hudson
Kein Fels - Ein Denkmal

Die Aasgeier kreisten um den Felsen, der zu wanken drohte. Als ruchbar wurde, in dieser Brandung 1985, Hollywoods Frauenheld Rock Hudson leide an der "Lustseuche AIDS", spuckten die Rotationsmaschinen rund um den Globus immer neue Enthüllungen aus. Gefüttert von jenen Sensationsgeiern, für die nur bad news good news sind. Rock Hudson widerstand. Obwohl er in seiner Suite im Pariser Hotel Ritz zusammenbrach. Er war nach Paris geeilt, um das Präparat HPA-23, als Wundermittel gepriesen, an sich selbst testen zu lassen. Doch die Ärzte lehnten eine Behandlung ab. Zu schwach war seine körperliche Verfassung, zu spät das Wagnis. Auf einer Pressekonferenz am 25. Juli 1985 in Paris ließ Rock Hudson mitteilen, er leide an AIDS. Möglicherweise habe er sich 1984 bei den Dreharbeiten zu seinem letzten Film "Der Ambassador" in Israel infiziert. Später hieß es, wahrscheinlich ist, der Virus sei ihm durch eine verunreinigte Blutkonserve bei einer Bypass-Operation schon 1981 übertragen worden. US-Präsident Ronald Reagan rief seinen ehemaligen Schauspielerkollegen am 26. Juli in Paris an: "Wir wünschen dir alles Glück der Welt, du mußt wieder gesund werden! Wir beten für dich!" Wenige Tage später flog Hudson in einer gecharterten Boeing 747 zurück nach Kalifornien, um sich dort in einer Klinik weiterbehandeln zu lassen. Im August brachte man ihn heim nach Beverly Hills, in seine Villa. Am 19. September versammelten sich zahlreiche Stars, um auf einer Super-Gala Geld für die AIDS-Forschung zu sammeln. Mit dabei: Elizabeth Taylor, Liza Minnelli, Andy Warhol. Burt Lancaster verlas Rock Hudsons Botschaft: "Ich bin nicht glücklich darüber, daß ich krank bin. Ich bin nicht glücklich darüber, daß ich AIDS habe. Aber, wenn es anderen hilft, weiß ich wenigstens, daß mein Unglück ein bißchen etwas wert war."

Am 2. Oktober 1985 fand ihn sein Hauspersonal tot im Bett. Er war um neun Uhr ohne Schmerzen gestorben. Seine Asche wurde noch am selben Tag von

"Ich kann mich auf der Leinwand nicht ausstehen. Ich geniere mich jedesmal, wenn ich in den Vorführraum gehe. Ich kann nicht einmal ordentliche Liebesszenen spielen. Das einzige, was ich mache, ist das Make-up zu verschmieren."

Rock Hudson

ROCK HUDSON ALS PANIKMOTOR?

einem Hubschrauber über dem weiten Pazifik verstreut. Die Anteilnahme weltweit war riesig. Seine Krankheit, sein spätes Bekenntnis zur Homosexualität, zum Doppelleben, zur Lebenslüge, sein langsames Sterben - ob gewollt oder ungewollt, Rock Hudson war zu einem Hoffnungsträger für AIDS-Kranke und AIDS-Gefährdete, ja, für eine ganze Minderheit geworden. Ein Fels wurde zum Denkmal.

Eigentlich hieß er Roy, der amerikanische Traummann der 50er und 60er Jahre. Roy Harold Scherer. Am 17. November 1925 wurde er in Winnetka, nördlich von Chicago geboren. Sein Vater war deutsch-schweizerischer Abstammung, jetzt betrieb er eine Autowerkstatt. Weil die Geschäfte miserabel gingen, brannte er nach Los Angeles durch. Es folgte die Scheidung. Roy wuchs bei seinen Großeltern auf einem riesigen Bauernhof auf. 1935 heiratete seine Mutter noch einmal, den Marine-Sergeanten Wallace Fitzgerald. Roy wurde adoptiert und übernahm seinen Namen. Als Caddy auf dem Golfplatz oder als Zeitungsbursche mußte er zum Unterhalt der neuen Familie beitragen. Mit 14 Jahren maß er schon baumlange 1,83 Meter. Und er liebte es, sich nach der neuesten Mode zu kleiden. Ein stolzer Hahn in seiner Klasse. 1943 verließ er die High School, 1944 holte ihn die Marine. Er wurde auf die Philippinen verfrachtet, wo er dann als Flugzeugmechaniker Dienst tat. Daß er schwul war, ahnte er spätestens jetzt, beim Militär. Obwohl ihm allzu kräftige Typen nicht so gefielen. 1946 aus der Army entlassen, mußte er sich im Elektrogeschäft seines Vaters über Wasser halten. Er verkaufte Kühlschränke und Staubsauger. Die Aufnahmeprüfung für die Universität, das Schauspielfach, bestand er nicht. Er jobbte als Lastwagenfahrer.

Rock Hudson mit Doris Day in "Ein Pyjama für zwei"

Weil ihn das Ausfahren von Obst und Gemüse nicht sonderlich befriedigte, schickte Roy Fitzgerald seine Fotos, für die er so wendig posiert hatte, an mehrere Filmstudios. Sie fielen einem Talentsucher in die Hände. Man mühte sich für den gutaussehenden jungen Mann um einen passenden Namen. Gegen Roys Willen hieß er plötzlich Rock Hudson. Sein Entdecker Henry Wilson wußte, warum er auf diesen Fels baute: "Er hatte Format, gutes Aussehen, Zähigkeit und eine gewisse Schüchternheit, von der ich glaubte, sie könnte aus ihm einen Star wie Clark Gable machen. Er hatte die Art Ausstrahlung und Charme, die einen glauben macht, es müsse angenehm sein, sich mit ihm zusammenzusetzen und mit ihm einen Abend zu verbringen."

Nach Probeaufnahmen bei verschiedenen Hollywoodgesellschaften gab ihm Raoul Walsh bei Warner Brothers seinen ersten Vertrag. "Jagdstaffel" hieß der

1948 entstandene Film, in dem Rock Hudson einen kleinen Leutnant mimt. In der Besetzungsliste stand sein Name an 27. Stelle. Dann sollte er für fünf Jahre zur Gruppe der jungen Universal-Vertragsschauspieler gehören. Auch Tony Curtis war darunter. Gage: 125 Dollar im Monat. Er lernte tanzen, reiten, fechten. Und vor allem sprechen. Seine Manieren waren die eines jungen Grafen, aber seine Sprache verriet den Bauernjungen. Was heute nicht mehr vorstellbar scheint, die Filmfirma nahm ihre Newcomer voll in Beschlag. Sie stellte die Anzüge, bestimmte die Frisur, servierte die Mahlzeiten. Man ließ ihm sieben Zähne abschleifen. Ja, sogar seine leichten Segelohren wurden operativ nach hinten gedrückt. Und noch ein Trick: "Da Rock kaum natürlichen Bartwuchs hatte, mußten wir ihm mit Schminke Bartstoppeln auftupfen, mußten auch die Koteletten andeuten." Er selbst beschwerte sich darüber, natürlich erst später, wie man ihn zu vermarkten gedachte: "Für die Fotoaufnahmen mußte ich mich meistens bis zur Hüfte ausziehen. Dann sollte ich mit nacktem Oberkörper vor dem Telefon posieren, die Wählscheibe bedienen und dabei meine Muskeln spielen lassen. Meine Güte!"

Rock Hudson war gestylt. Wie ein kerniger Tarzan, ein Naturmann mit dem Sexappeal um die Lippen, die Freiheit in den Augen, wurde er nun als amerikanischer Prototyp verkauft. "Tomahawk" (1951), mit Van Heflin, wurde sein erster größerer Erfolg. Und privat - wie hat er da die Traumfabrik Hollywood bewältigt? Als er ankam, galt er als sexuell interessant, aber er schien nicht interessiert. Er lernte George Nader und Mark Miller kennen, beide schwul. Sie lebten zusammen. Er hat ihre Beziehung bewundert, war vielleicht sogar neidisch. Diese schwule Ehe wurde zum Trauma für ihn. Mit beiden Männern pflegte er sein Leben lang die engsten Kontakte, ihnen vertraute er seine Sehnsüchte an. Und es gelang ihm, bald ständig die gewünschten jungen Begleiter zu finden. Offen grinste er unter Freunden: "Ich brauche heute unbedingt noch einen Kleinen für's Bett!" Der gutbeschäftigte Genießer drehte meist vier, fünf Filme pro Jahr. Manchmal auch mehr. Auch die Nachfrage dieser "Kleinen" nach dem neuen Star wuchs. Viele, die er sich heim holte, so gab er offen zu, "konnten dann nicht", er war ihnen wohl ein bißchen zu heilig. Am liebsten mochte er sie blond, keck, unbehaart, so um die zwanzig. Manchmal überkam ihn Angst. Er mußte fürchten, von einigen dieser Boys erpreßt zu werden. Das kam vor. Man drohte mit sensationellen Zeitungsberichten. Die Folge: ein sicherer Knick, wenn nicht der Abbruch der Karriere.

Ab 1953 war er der Star jeden Films, den er drehte. Sein Name wurde als erster auf dem Vorspann genannt. Douglas Sirk verhalf ihm nun auch künstlerisch zur Reife. Acht eindrucksvolle Filme haben sie miteinander bestritten, darunter Sirks unvergeßliche Melodramen. "Wunderbare Macht" (1954): Er wandelt sich vom gelackten, verschwenderischen Playboy, einem skrupellosen Säufer, zum Wohltäter, zum Ehemann. Wie perfekt ihm diese Rolle gelang, bewiesen die Berge von Autogrammwünschen, die nun auf ihn niederprasselten, 3000 mindestens im Monat. Mit Jane Wyman, Ex-Frau Ronald Reagans, drehte er auch "Was der Himmel erlaubt" (1955): Er ist ein naturverbundener Gärtner in einer idyllischen Kleinstadt, sie ein geziertes Püppchen von Witwe. Hudson lebt in einer alten Mühle, sie in einer kitschig-sauberen Villa. Ein Geologe, der seinen Freund vor dem Schlimmsten bewahren will und dabei seine eigene Liebe nicht deckungsgleich bringt, ist er in "In den Wind geschrieben" (1956). An seiner Seite Dorothy Malone, mitunter erotischer als Marilyn Monroe. Beide auch in Rock Hudsons besten Film "Duell in den Wolken" (1957). Als Reporter, dem Suff verfallen, der bei Leuten eines Flugzirkus' die Story seines Lebens wittert, spielt er alle Register seines Könnens. Verlierer ist er hier nur im Film, für Publikum und Presse war er der Gewinner. Ein Triumph schon 1956 sein Auftritt als texanischer Großgrundbesitzer in George Stevens "Giganten". Er brillierte neben Elizabeth Taylor und James Dean. Er und dieser junge Rebell konnten sich privat nicht ausstehen. Im Film waren sie einfach gigantisch.

Rock Hudsons Welterfolg basierte nicht nur auf seinem Können. Sein Image war systematisch geplant. Doch der "Confidential" (zu deutsch: Vertraulich!) drohte, die Homosexualität des Helden nicht länger geheimzuhalten. Er hatte jetzt für eine auflagenträchtige Enthüllung den richtigen Nachrichtenwert. Als Lösung bot Universal ihrem Star eine Schnellheirat an. Phyllis Gates, die Sekretärin seines Agenten, bekam den Trauring verpaßt. Hochzeit am 9. November 1955. Die Klatschpresse feierte das Ereignis überschwenglich: "Der König hat seine Königin gefunden." Es wurde auch Zeit, Rock zählte 30 Lenze! Am 13. August 1958 waren die Königskinder mit ihrer Liaison am Ende. Die schmutzige Wäsche, die Scheidung. "Wegen seelischer Grausamkeit des Gatten" wurde Phyllis Gates geschieden: "Er war mürrisch und sprach manchmal wochenlang nicht mit mir. Manchmal kam er die ganze Nacht nicht nach Hause. Und wenn ich ihn fragte, wo er gewesen sei, antwortete er nur: 'Das geht dich nichts an!'"

Nach seiner Scheidung zog Rock Hudson in ein Haus nach Malibu, doch bald kehrte er zu seinen Freunden zurück. Mit vier Männern lebte er während seiner Karriere in einer festen Beziehung zusammen. Tom Clark, "sein Dritter", wurde ihm zum unentbehrlichsten. Zwar flogen am Ende nur mehr die Fetzen, man schrie sich an, ertrank sich in Alkohol, aber als Rock Hudson schon todkrank war, kam Tom und wurde sein aufopferungsvoller Pfleger. Angst vor einer Infizierung kannte er nicht. Eine späte Versöhnung. Marc Christian, "die Nummer vier", mißbrauchte Hudsons Vertrauen. Er bestahl ihn, versuchte ihn ("Ich bin Rock Hudsons Betthase") zu erpressen. Ein Edelstricher, der nach dem AIDS-Tod seines Gönners, auch um das Erbe klagte. Müßig zu erwähnen: vergeblich. Spät wurde bekannt, daß Hudson mit dem Nachtclub-Komiker Jim Nabors jahrelang liiert war. Ihn wollte er sogar "heiraten", offiziell, vor dem Standesamt. Doch seine Freunde hielten ihn für verrückt, allenfalls besoffen.

Als Star ist Rock Hudson für die Masse vor allem als Partner von Doris Day in den Köpfen. "Bettgeflüster" (1959) - und als Krönung "Ein Pyjama für zwei" (!961). Köstlich auch "Schick' mir keine Blumen" (1964). Als Rock Hudson in "Ein Pyjama für zwei" barfüßig, den Damennerz um den nackten Körper geschlungen, durch die Hotelhalle trippelt, fällt von einem Beobachter ein heute sicher deutbarer Satz: "Von dem hätte ich das am allerwenigsten gedacht." Unter Robert Mulligan entstand 1962 "Am schwarzen Fluß", ein Streifen, der ihm auch selbst sehr gefiel. Hier bleibt er allein zurück in der Wüste, er betet: "Oh Gott, hilf mir!"

65 Kinofilme und 8 TV-Serien hat er insgesamt gedreht. In den 70er Jahren zog sein Name nur mehr beim Fernsehen. Machte er doch, wie 1976 für "Embryo", einen Ausflug ins gute alte Kino, wurde er sichtlich nervös. Vor diesem Film ließ er sich in einer komplizierten Operation extra die Tränensäcke wegoperieren. Auf der Leinwand, bei Großeinstellungen, wirken Falten eben anders als in der 50-cm-Glotze. In diesem Flop sah man Hudson übrigens zum

Rock Hudson in "Eisstation Zebra"

ersten und letzten Mal in seiner Filmkarriere nackt. Jedoch nur böse Zungen behaupteten damals, er hätte sich auch an anderen Körperpartien liften lassen.

Noch agil wie eh und je zeigte er sich (1979) neben Maria Schell in der TV-Kurzserie "Die Mars-Chroniken". Peinlich dagegen sein Auftritt im "Denver-Clan". Wie Helmut Berger wurde auch er neben den sprechenden Dressmen und Luxus-Ladys billig verheizt. Ein besserer Stichwortgeber. Als Hudsons Krankheit bekannt wurde, stürzte sich diese dekadente Armada als erste gierig darauf. Linda Evans tat so, als sei sie das bedauernswerte Opfer. Joan Collins giftete gar: "AIDS ist die gerechte Strafe für die Sünden Hollywoods." Dagegen verwahrte sich am schärfsten Liz Taylor. Sie nahm Rock Hudsons Schicksal zum Anlaß, in aller Welt für AIDS-Kranke moralische und finanzielle Hilfe zu organisieren. Ihre Geste steht auch am Ende der Versteigerung um Rock Hudsons Vermögen. Er hatte ihr seine gesamte Einrichtung vermacht. Liz kam, ging aber nur mit einem Jugendfoto des verstorbenen Freundes. Das Mobiliar, die Souvenirs erbrachten 500.000 DM unter dem Hammer, Geld, das die AIDS-Hilfe erhielt..

Rock Hudson bekannte sich spät, aber er tat es fast in dramaturgischer Weise. Das, was die amerikanische

Rock Hudson in "Denver Clan" mit Linda Evans

Schwulenbewegung ein Jahrzehnt lang vergeblich von ihm forderte, das offene Bekenntnis, kam ihr auch so, wie keines eines anderen Stars, zugute. Hier begann Rock Hudson nach seinem AIDS-Tod erst richtig zu leben. Wolfgang Theis hat recht, wenn er den schwulen Rock Hudson würdigt: "Rock Hudson wurde oft unterschätzt. Mit ihm starb einer der letzten Titanen des alten Starsystems."

Elton John
Der schwule Rockpapst

Sein Gesicht trieft vor Schweiß. Finale. Er hechtet, physisch völlig k.o., über den traktierten Flügel und stürmt in die Garderobe. Die Massen toben. Wie oft noch soll er Zugaben geben? Ein Papst hält Hof. Es ist eine Anbetungsstunde. Und dabei hat er Tausenden draußen eben erzählt, daß er schwul ist. "Eltons Song" war das Bekenntnis, mit dem er Schluß gemacht hat. Sein Credo. Eine Zugabe darauf kann es nicht geben. Wer das nicht kapiert, war auf dem falschen Konzert, in der falschen Kathedrale. Er muß den Glauben wechseln. Basta!

"Eltons Song" erzählt mehr als jede Biographie von und über ihn mitteilen könnte: Er steht vor einer Schule und beobachtet einen anmutigen Jungen, der ihn scheinbar gar nicht bemerkt. Er ist fasziniert, hypnotisiert von diesem wunderschönen Wesen. Alles würde er ihm geben, dürfte er nur auf einen Blick von ihm hoffen - sogar sein Leben. Eine Liebeserklärung, sentimental, aber einzigartig in Elton Johns Werk. Sein immer wieder gehauchtes "I love you" an seinen Traumprinzen vorm Schulhof ist die Antwort auf die Frage, was und wie er sich fühlt. Er weiß, dieses Lied in seiner schlichten Wahrheit kann man nicht mehr vernichten.

"Ich bin stolz darauf, was ich bin und wie ich bin."

Elton John

Kritiker halten Elton John für ein Gesamtkunstwerk. Seine schillernde Figur, seine Spleens, seine Fummelliebe, seine Brillenmanie - und seine göttliche Musik. Natürlich, seine Rockmusik, die noch in tausend Jahren mit der seines Seelenverwandten Wolfgang Amadeus Mozart konkurrieren wird. Über 83.000.000 Platten hat er verkauft, 28 verschiedene Alben in knapp 15 Jahren. Ein Arbeitstier, dem noch bei den banalsten Beschäftigungen Einfälle zufliegen, die er dann fast mühelos in jedermann zugängliche Tonreihen übersetzt. 1979 brach er bei einem Live-Auftritt wegen totaler Erschöpfung zusammen. Mitten im Song "You're Better Off Dead". Doch nach fünf Minuten auf der Bahre hatte er sich wieder erholt, das makabre Ereignis verdrängt. Elton John jumpte weiter.

Geboren wurde dieser Ausbund an Vitalität als Reginald Kenneth Dwight am 27. März 1947 in dem gediegenen Londoner Vorort Pinner (Middlesex). Schon als Kind war er exzentrisch auf sein adrettes Aussehen bedacht. Er wusch sich sogar bevor er in den Sandkasten ging. Mit vier drangen seine ersten Klimperversuche auf dem Piano durchs Haus. Hätte man - wie bei Mozart - diese Eigenkreationen doch festzuhalten gewußt! Ab dem elften Lebensjahr genoß er eine vorbildliche musikalische Ausbildung am Royal College of Music in London. Schwerpunkte waren Klavier und Musiktheorie. Mit zwölf gab er erste Konzerte. Und mit fünfzehn brachte er in eine Pianobar den richtigen Schwung. Wäre nicht in den Gegenden um London und vor allem Liverpool etwas geschehen, das das kulturelle Leben Anfang der 60er Jahre völlig umkrempeln sollte, Elton John würde vielleicht noch Kenneth Dwight heißen und in der Royal Albert Hall als steifer Solopianist gastieren.

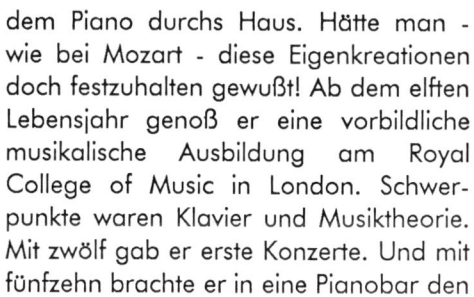

Das Rock'n'Roll-Fieber jedoch breitete sich aus wie eine Epidemie, von der auch Elton John bedingungslos erfaßt wurde. Als Laufbursche bei einem Musikverlag fielen ihm die Unterlagen eines Talentwettbewerbs in die Hände, den er gewann - und einen Plattenvertrag dazu. Nach seinen Vorbildern Elton Dean und Long John wählte er sich den passenden Künstlernamen.

"Bluesology" hieß seine erste Band, die er aber sehr schnell wieder verließ. 1967 traf er mit Bernie Taupin zusammen, mit dem er (als Texter) unschlagbar werden sollte. Trotz Reibereien, Affären und italienischen Versöhnungen - sie konnten von diesem kreativen Chaos nur profitieren.

Das Geld für das erste Flugticket nach Amerika im Jahre 1970 mußte sich Elton John noch von Freunden pumpen. Sein Album "Empty Sky" gab noch nicht so viel her. Doch mit "Your Song", einer seiner schönsten Balladen bis heute, zeigte er bereits, wohin die Reise geht. Amerika, überdrüssig der Gruppen-Inflation, klammerte sich gerne an diesen kleinen Zauberer mit der bombastischen Stimme. Elton John was born. "Alles", so schwärmt er heute stolz, "geschah in sechs Jahren, und ich konnte es umso mehr genießen, weil es so unerwartet passierte". "Rocket Man", "Honky Cat", "Crocodile Rock", Candle In The Wind", "Yellow Brick Road" - Elton war oben. Er zwängte sich in Hot Pants, steckte sich lila Federboas an den Po, wirbelte wie ein südchinesischer Taifun über die Bühne. Aus der Verlegenheit, daß er eine Brille tragen mußte, machte er eine Revolution. Er ließ sich Apparate für seine Stupsnase kreieren, die größer waren als sein keckes Gesicht. Augen waren oft gar nicht zu sehen, außer ein Scheibenwischer gab seinen Wimpernschlag frei.

Elton John ist Phantasie. Als Kettensträfling, Hippiejunge, Hippiefresser, Negersklave, Negertreiber turnte er die Inszenierung zum Liedtext gleich dazu. Die Bühne wurde zum Partykeller, und unten feierten seine Gäste glückstaumelnd mit. In das Dodgers Stadium in Los Angeles verirrten sich 1975 über 100.000 von ihnen. Im Londoner Wembley Stadion, auf dem heiligen Rasen, feierte er vor 120.000 johlenden Anhängern Premiere von "Captain Fantastic And The Brown Dirt Cowboy". Eine Sensation. Im Madison Square Garden spielte er an sieben aufeinanderfolgenden Tagen drei Millionen Mark in die Kasse. Und dann zog er sich - leergepumpt - ins Abseits zurück.

Er ließ sich sein schütter gewordenes Haar aufmöbeln, dafür ertrug er bei diesen irren Transplantationssitzungen unerträgliche Schmerzen. Der Band ledig, wollte er erst einmal wieder leben. Er tourte und hurte durch die Clubs, oft unerkannt, mit Mütze und Brille. Stricher konnte man sich noch ohne AIDS-Gefahr kaufen soviel und sooft man sie wollte. Elton John hatte genügend Kohle und ausreichend Lust. Mit Rod Stewart schlug er sich in einem einschlägigen Lokal 1977 um so einen Jungen. Die Presse dichtete den beiden ein Verhältnis an, weil sie in Hollywood sogar in einem Appartement schliefen. Elton wurde von Rod verprügelt. Doch zur Versöhnung schenkte ihm Elton einen Brillantenohrclip im Wert von rund 30.000 D-Mark. Auch wenn Daniel-Düsentrieb-Stewart heute über Elton Johns Schwulsein lästert ("mit dem trete ich nicht auf, der will bei mir hinten rein!"), den Clip trägt er noch immer.

Männer zu kaufen wurde Elton Johns Faible. Auch, als er sich den drittklassigen Fußballprovinzclub FC Watford ("für ein Taschengeld") unter den Nagel riß. Er kaufte immer tretsicherere Spieler, und der Verein stand plötzlich in der Ersten Division und im Uefa-Pokal. Auch in Kaiserslautern, gegen dessen rote Teufel man ausschied, saß Elton John nägelbeißend auf der Tribüne, die Schenkel aneinandergepreßt, den Untergang seiner Kicker vor Augen. Erst 1987 verkaufte er für umgerechnet 5,8 Millionen Mark die Jungs an den Großverleger Robert Maxwell.

Elton John war nach seinem Comeback Anfang der 80er Jahre zum Mythos geworden. Daß er schwul ist, hatte man überall akzeptiert. Als er am Valentinstag 1984 die Münchnerin Renate Blauel, eine dreißigjährige, mütterlich wirkende Dame, im australischen Sydney "zur Frau" nahm - sollte man besser sagen: die Papiere tauschte? - schreckten seine Anhänger hoch. Das einstimmige Urteil: Das kann nicht lange dauern. Als er zu seinem 40. Geburtstag 1987 die 40 Gäste - von Lionel Ritchie bis Herzogin "Fergie" - begrüßte, fehlte nur eine, "seine" Frau. Wütend hatte sie sich von ihm getrennt, als das Massenblatt "Sun" Eltons Leben in Schlagzeilen druckte. Natürlich liebt er nur Männer, steht dort, natürlich will er sexuell von seiner Frau nichts wissen, steht dort, am liebsten läßt er sich auspeitschen, will er beim Sex erniedrigt werden, steht dort, oft vernascht er mehrere Jungs gleichzeitig, er in der Mitte, steht dort, gerne treibe er es im Freien, steht dort. Na und? Elton John wollte erst gegen das Millionen-Ding klagen, doch noch vor der Einspruchsfrist zog er zurück. The Fox jumps up, könnte man an die beiden Erfolgstitel erinnern. Was soll's?!

Elton John, der Rockpapst, hat seine höheren Weihen auch in Australien bekommen, aber die waren echt. 1986 trat er mit dem Melbourne Symphony Orchestra auf, mit 88 Musikern, die alle seine Erfolgstitel spielten. Er selbst am Piano im Amadeus-Look. Dieses Doppelalbum "Live in Australia" am 14.12.1986 entstanden, ist die atmosphärische Krönung seines Werks. Die 14 Titel umspannen einen Zeitraum von 17 Jahren - Balladen, die man nie mehr vergißt. Will man sich selbst da noch eine Zugabe gewähren, man greife auf Elton Johns Credo vom Anfang zurück: "I love you too."

Udo Kier
Der außerirdische Schöne

Die Körperlichkeit ist Udo Kiers Markenzeichen. Er ist eine männlich-aufregende Grazie, obwohl er fast ausschließlich skurrile, ja satanische Rollen spielt. Sein makelloser Teint kann den feinen Spott in seinen fernsichtigen Augen nicht verbergen. Wann durfte er in einem seiner fast 70 Filme jemals lachen? Grinsen ja, aber Lachen! Man verlangt von ihm empfindsame Arroganz, überlegenen Zorn, bis zum Mitleid getriebene Unnachgiebigkeit. Seine Magie besteht in der Entschlossenheit, sich unnahbar zu geben, mißtrauisch die sinnlichen Lippen zu spitzen, seine Umwelt mit seiner unverfrorenen Erotik zu blenden.

Der Außenseiter par excellence, der in seinen Filmen als Wissenschaftler, Außerirdischer oder Vampir so viel mit menschlichem Blut und Sperma experimentiert, könnte selbst als die leibhaftige Retortenmischung aus Alain Delon und Marlon Brando erscheinen. Vielleicht mit einem Schuß Cher. Gesichter-Entdecker Luchino Visconti mag sich daran erinnert haben, als er Udo Kier in fast staunender Ehrfurcht begegnet ist, ihn aber "leider" nie besetzen konnte. Der rheinländische Beau wurde am 14. Oktober 1944 in Köln geboren. Im Bannkreis des Doms wuchs er auch auf. Schon früh sah er sich wegen seiner blendenden Erscheinung dem Werben seiner Klassenkameraden ausgesetzt. Und er verstand es, seinen adonishaften Körper ins rechte Licht zu rücken. Nur, er sah sich selbst lieber als Frau. Er schminkte sich und taufte sich "Dodo". Rainer Werner Fassbinder lief ihm über den Weg. Er war noch jung, kein Anschein, daß er einmal eine Regisseurkapazität werden sollte. Fassbinder war nach Köln gekommen, um für seinen Vater, einen Arzt, der dort mehrere Mietshäuser besaß, die Mieten einzutreiben. Abends zog es ihn in die Stricherbars, wo auch "Dodo" auf einem Barhocker posierte. Prickelnd frisch wie ein Kir Royal.

Kurt Raab deutete dieses zufällige Aufeinandertreffen in seinem Buch "Die Sehnsucht des Rainer Werner Fassbinder" (1982) so: "Hier hatte er eine denkwürdige Begegnung mit einem jungen Mann, dem er zeitlebens anhing, den er später auch für seine Filme engagierte. Der war ein wunderschöner Jüngling, und er

"Anfangs hat man mich nur wegen meines Aussehens besetzt, weil ich etwas exotisch wirke."

Udo Kier

Udo Kier in "Die Insel der blutigen Plantagen"

hatte bald herausgefunden, daß man sein Geld besser verdienen konnte, wenn man seinen Körper nicht nur einzelnen Personen, sondern gleich der ganzen Filmbranche anbot. Udo Kier ... schminkte sich stark und ging seinem zeitweiligen Gewerbe im Fummel nach. Die beiden wurden vorübergehend ein unzertrennliches Paar ... 'Dodo' als Freudenmädchen und er als ihr Loddel, 'Notre-Dame-des-Fleurs' und 'Querelle' ... 'Dodo' stopfte die leeren Hülsen seines Büstenhalters aus und band sich sein Glied nach hinten fest. Rainer genügten nicht nur enge Hosen, er stopfte sich zusammengeknüllte Socken in den Schritt und täuschte so ein großmächtiges Geschlecht vor, das Aufsehen erregen sollte, aber auch Bereitschaft signalisierte ... 'Dodo' und Rainer auf der Pirsch in Köln und Umgebung. Sie ließen sich einladen, ausführen und einführen. Sie suchten die Willigen und Zahlungsfähigen, die Aktiven und Passiven."

Am Tage absolvierte Udo Kier eine kaufmännische Lehre, mehr aus Muß denn aus Lust. Fassbinder kehrte nach München zurück - er mußte Film-Genie werden. Udo Kier zog es mit 19 Jahren nach London. Ungeschminkt, nun wieder ganz der adrette Junge, hörte er dort zufällig von einem Regisseur, der einen hübschen, unwiderstehlichen Jüngling für die Rolle eines französischen Gigolo suchte. Udo Kier warf sich in Schale, ging zum Vorstellungstermin und wurde sofort engagiert. "Straße nach St. Tropez" hieß der Streifen, Michael Sarne der Regisseur und Entdecker. "Schamlos": Für diesen österreichischen B-Film wurde er 1968 engagiert. Eine schale, schmale Rolle. Doch, diesmal war er der Zuhälter. Und die Wandlung gelang ihm - das Markenzeichen eines jeden guten Schauspielers - perfekt.

Udo Kier kehrte in die Bundesrepublik zurück und spielte den betörenden Grafensohn in "Hexen bis aufs

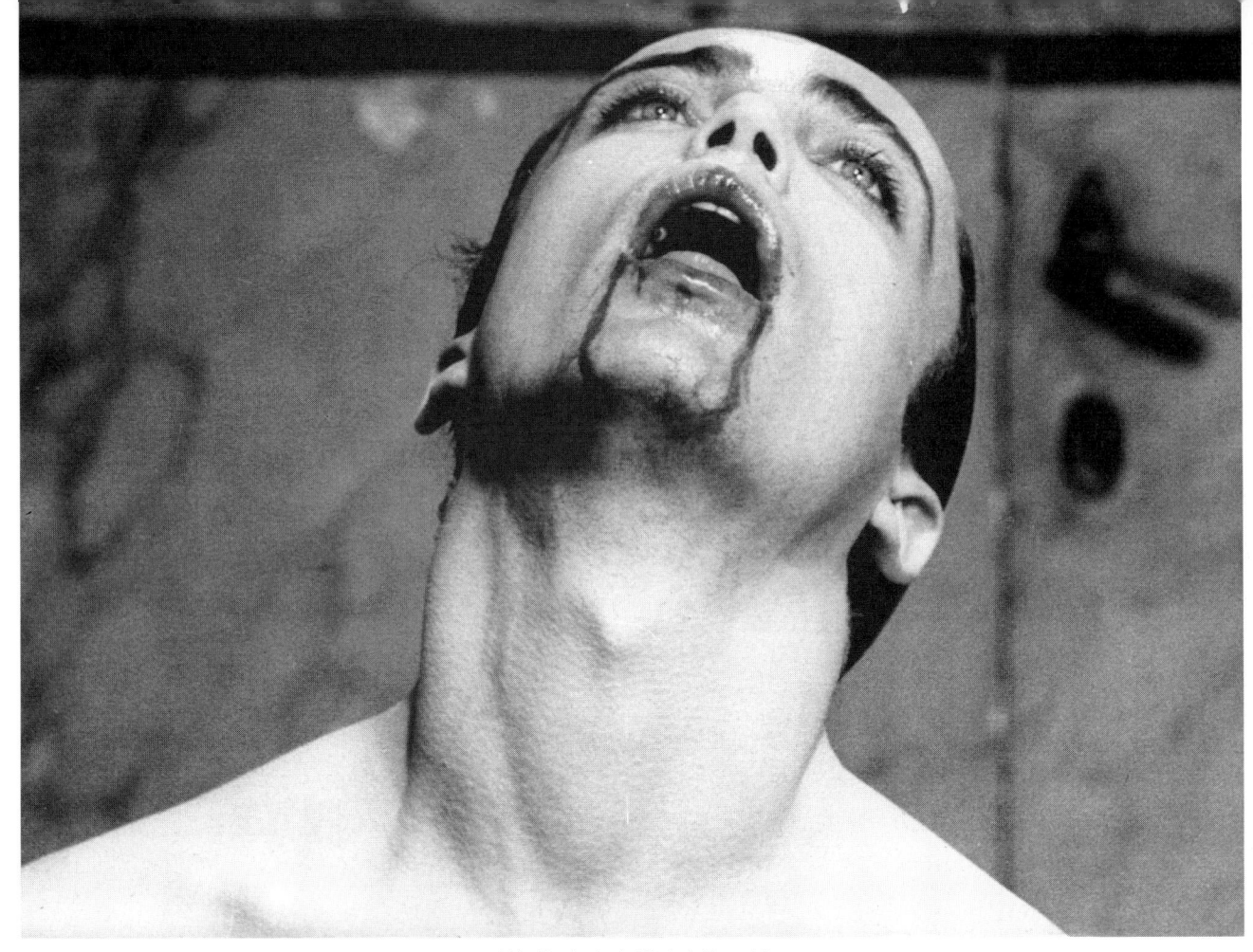

Udo Kier in "Andy Warhols Dracula"

Blut gequält". Der von Ex-Heimatschnulzen-Schauspieler Adrian Hoven produzierte Streifen traf genau den im Kolle-Fieber freizügiger werdenden Geschmack des deutschen Kino-Publikums. Udo Kier, der das Filmen noch als Hobby betrachtete, um vor allem interessante Reisen unternehmen zu können, entschloß sich dann doch, an der Schauspielschule von Lee Strasberg in New York eine Ausbildung zu machen.

In Italien, Griechenland, den USA, Frankreich, England und Ungarn - seltener in Deutschland - drehte er seit 1969 nahezu 70 Filme. Seltsam-schöne Männer, junge Rebellen, einen morphiumsüchtigen Engel, einen eiskalten Killer ließ man ihn spielen in den ersten unschuldigen Jahren seiner Karriere. Man besetzte ihn meist wegen seiner geheimnisvoll unwiderstehlichen Larve, nicht wegen seines brachialen Talents. Bei einem Flug von Rom in die Vereinigten Staaten saß der Regisseur Paul Morissey an seiner Seite - ein luftiger Zufall. Auch er, der Andy Warhols "Flesh" zum Kultfilm inszeniert hatte, war sofort von der Ausstrahlung des Kölners begeistert. Kier schien so ganz anders als Joe Dallesandro, sein bisheriger Star. Dessen Strichercharme sollte hinter Kiers aristokratischer Noblesse erstarren. (Wenn der gewußt hätte!) Graf Frankenstein und Graf Dracula waren denn auch Morisseys Ergebnis. Kier spielte "Andy Warhols Frankenstein" und "Andy Warhols Dracula" (1973) in fast nicht mehr steigerbarer Manie. So einen teuflisch eleganten Vampir hatte die Filmgeschichte noch nicht erlebt. Kier war nicht einfach ein transsylvanischer Blutsauger - wie viele vor ihm und danach -, er lebte seinen Blutstrieb gespenstisch genial aus, so daß einem noch in der 46. Reihe die Gänsehaut überkam. Carlo Ponti hatte die beiden Horrorfilme

Das "Dracula-Team" in einer Drehpause, rechts Andy Warhol

mit magerem Salär in Italien produziert. Und vielen Kritikern überwogen zu sehr der Sex und das Blut. Aber kann man Udo Kier und Joe Dallesandro - auch er stand ihm in beiden Filmen zur Seite - , die beiden Exhibitionisten, als sexuelle Monster anders besetzen?

Der schwule Robert van Ackeren hat es mit Kier 1974 in "Der letzte Schrei" anders versucht. Kier mimte einen gedankenverlorenen Musiker, der sich allein für seine Musik interessiert, während seine Familie dem Untergang zutreibt. In Just Jaeckins "Die Geschichte der O." (1975) verkörperte er wieder den sinnentaumelnden jungen Grafen, der sich die Liebe der leidenschaftlichen O. zunutze macht, um sie bedingungslos zu erniedrigen. Himmel und Hölle verschmolzen hier im Orgasmus. "Spermula", von Charles Matton 1976 in Frankreich gedreht, konnte Udo Kiers exzessives Image nur steigern. Frauen vom fremden Planeten saugen Pariser Männern den Samen aus, um sie zu Vampiren zu degradieren.

Nun, 1977, trafen sich "Dodo" und ihr "Querelle" wieder. Fassbinder besetzte den auch ohne ihn zum Star gewordenen unverwechselbaren Kier-Kopf in "Bolwieser", "Die dritte Generation", "Berlin Alexanderplatz", "Lilli Marleen" und "Lola". Es waren meist nur kleine Rollen. Aber sie brachten den im Ausland so Erfolgreichen das Gütesiegel, zur Armada der neuen deutschen Filmergilde zu zählen. Wer ahnte schon, daß Fassbinder und er, das, was der Filmemacher da zeigte, auf Kölns Wildbahn alles selbst erlebt hatten. Kier, das wußte Fassbinder genau, gehörte zu den wohl schönsten und elektrisierendsten deutschen Mimen, die er jemals besetzt hat. Gegensätze zogen ihn an: seine

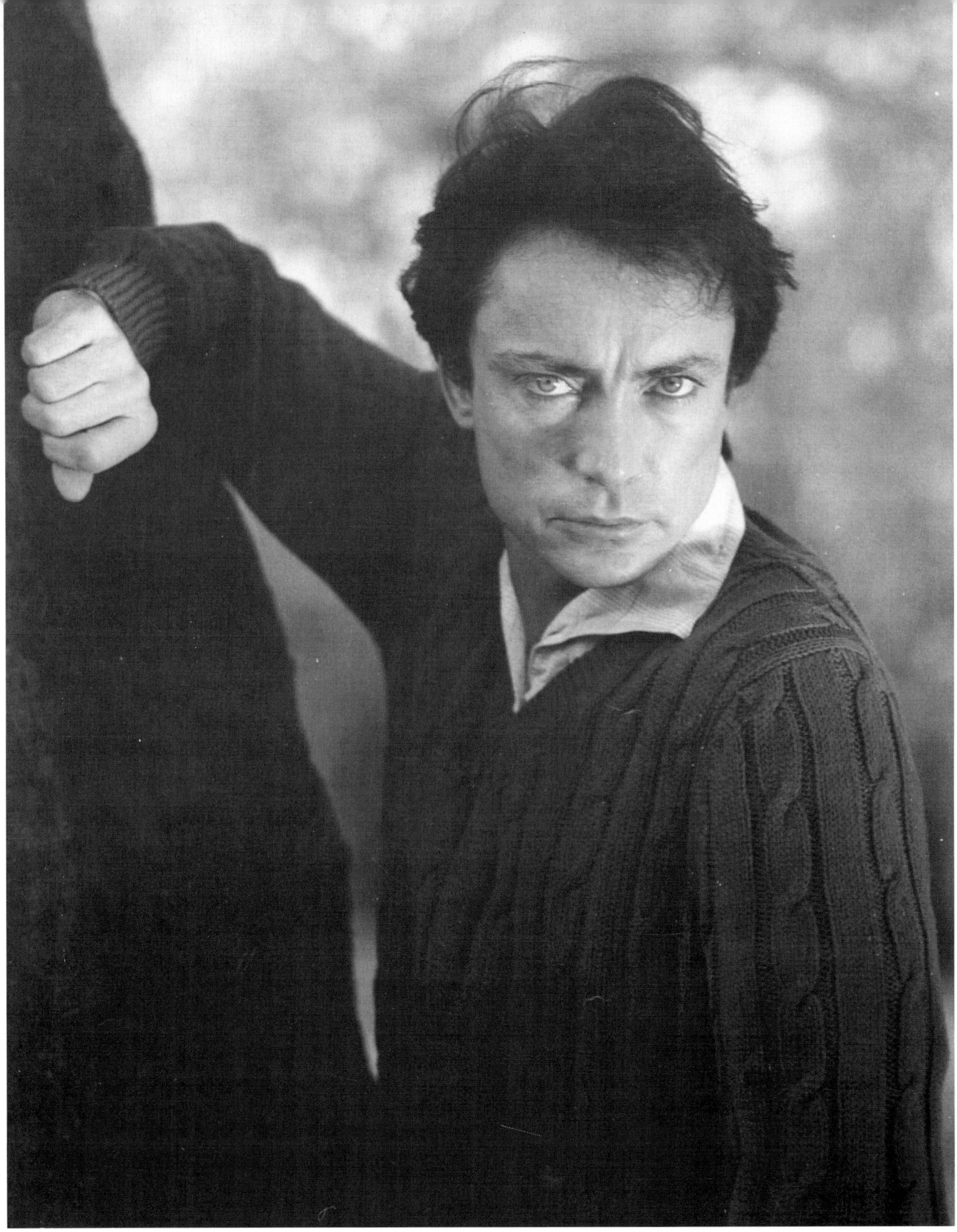

proletarische Ästhetik gegen Kiers göttliche Erotik. Und verlangte er von seinen Jüngern bedingungslosen Gehorsam, empfand er es als unflätiges Fremdgehen, wenn einer bei einem anderen drehte, durfte "Dodo" tun und lassen, was er wollte. Für ihn galt ein anderer Codex. Wenn sie sich trafen, schäkerten sie wie die kleinen Kinder über ihre gemeinsamen Erlebnisse in der schwulen Gosse. "Dodo" zog denn auch nicht zur Chaos-Familie nach München, sondern blieb in Köln.

Hier hatten sich Walter Bockmayer und Rolf Bührmann ihre Parentel um sich versammelt. Markenzeichen nicht Fassbinders "Hiiih", sondern gutbürgerlicher rheinischer Humor. 1979 engagierten Bockmayer/Bührmann - sie hatten längst ihre Filmfirma "Entenproduktion" gegründet - den schönen Udo für ihr ZDF-Fernsehspiel "Victor". Im mattglänzenden Zirkusmilieu zeigte er, welch' Narzißmus in seiner Grazienbrust schlummert. Noch nie war er so begehrenswert schön abfotografiert worden, er und sein pfirsichfarbenes Hinterteil. Ein Körper wie eine Elfe, eine Haut wie Alabaster, ein Blick wie ein außerirdisches Geschöpf.

"Narziß und Psyche" unter der Regie von Gabor Body drehte er 1980 in Ungarn, wie er selbst meint, sein wichtigster und aufregendster Film. Im Interview mit Rolf Theissen beschreibt er den Höhepunkt seines Auftritts so: "Und der erotischste Moment wiederum ist eigentlich mein Tod. Im durch die Syphilis hervorgerufenen Delirium warte ich in Wien auf meine Geliebte. Und Syphilis ist ja im letzten Stadium nicht mehr ansteckend. Ich erkläre ihr das und sage ihr auch, daß ich mit dem Hausmädchen geschlafen habe. Sie geht dann aus dem Zimmer, um nachzufragen, ob ich recht habe. Dann kommt sie zurück und will mit mir schlafen. Aber da bin ich schon tot."

In "Pankow '95" (Regie: Gabor Altorja, 1983) spielte Kier den Musikwissenschaftler J. W. A. Zart, der wegen seiner Theorie der Verschwörung der Jugend in eine städtische Nervenklinik eingesperrt wird und operiert werden soll. Mit anderen Patienten, darunter ein Retortenbaby aus den 80er Jahren, plant er die Flucht und

Udo Kier (links) in "Pankow '95"

nimmt den Chefarzt (Dieter-Thomas Heck) als Geisel. Ein Nervenheilanstaltsdrama, in dem ein bizarrer Udo Kier seine Partner in die Zwangsjacke spielt. Ähnlich spektakulär auch sein Auftritt als Argon, der böse Herrscher des Planeten Mars, in dem TV-Video "Der Unbesiegbare" ("Kino kills the video star?"). Mit einer Strahlenkanone greift er die Erde an und löst hier eine Kettenreaktion von Katastrophen aus. Als Mars-Punk und Weltraum-Hure drückt er auch diesem Science Fiction seinen schrillen Stempel auf. Er ist ein Superman satanischen Zuschnitts, ein Anti-Held mit heroischen Zügen.

Udo Kier, menschlich ein eher bescheiden wirkender, sensibler Mann, hat sich konsequent und freiwillig in das Reich des Unerklärbaren, des Mystischen abdrängen lassen. Er verbreitet Furcht und Schrecken, obwohl er - soll man Freunden von ihm glauben - privat ein Zärtlichkeitsfanatiker ist. Sein feminines Jungengesicht hat er eingetauscht gegen eine faltenlose Maske aus Chrom. Doch selbst so entfremdet ist er Symbol für animalische Verführung.

1984 trat Udo Kier selbst als Filmemacher hervor. Aufgeschreckt durch die Beinah-Katastrophe im amerikanischen Kraftwerk Harrisburg schildert er in "Die letzte Reise nach Harrisburg", aufgenommen nur in einem Zugabteil, die Begegnung zwischen einem GI und einer Frau: Sie philosophieren über das Ende der Menschheit. Beide Rollen spielt Kier selbst. Die deutsche Stimme sprach für beide "Dodos" Freund Rainer Werner Fassbinder.

T. E. Lawrence
Araberjungen und Stockschläge

Rauhe Männergemeinschaften: Hier fühlte sich T.E. Lawrence am wohlsten. Er konnte poetisch, fast sanftmütig über die Liebe schreiben, in Sehnsucht vergehen zu seinem jungen Araberfreund Dahoum, aber Befriedigung fand er in einer eigenwilligen Art von Masochismus. Der "König von Arabien" fühlte sich wohler als Diener, seinen Körper unterwürfig anderen Männern ausgeliefert. Sein langjähriger Freund, John Bruce, offenbarte jene Rituale, die er ihm zuliebe mit Stock und Peitsche an ihm vollführte: "Ich half damit, seine geistige Gesundheit, Sicherheit und Selbstachtung wiederzugewinnen."

Thomas Edward Lawrence wurde am 16. August 1888 in dem walisischen Dorf Tremadco geboren. Sein Vater war ein verarmter Gutsbesitzer, der eigentlich Chapman hieß. Nachdem er Frau und vier Töchter verlassen hatte, aber nun in wilder Ehe mit einer anderen zusammenlebte, änderte er seinen Namen. Seine Lebensgefährtin gebar ihm fünf Söhne, T.E. war der zweitälteste. Er lernte Latein, bevor er auf die höhere Schule kam. Seine Erziehung war streng. Als Kind hatte er sich das Bein gebrochen, vielleicht ein Grund, warum er nur 1,65 Meter erreichte. Hübsch war er nicht, aber sein blondes Haar, seine blauen Augen, schon in der Jugend eine eher herbe Erscheinung, faszinierten viele in seiner Umgebung. Mit einem Freund unternahm er wochenlange Radtouren durch Nordfrankreich, wo er sich in die herrlichen Loire-Schlösser verliebte. Das Mittelalter und seine Ritterlichkeit, Richard Löwenherz, Sultan Saldin, beflügelten seine Phantasie. T.E. wollte ein Kreuzritter für das britische Empire werden. Die Begegnung mit D. G. Hogarth in Oxford, einem Professor für arabische Sprachen, einem Militär-Archäologen, wurde zum Schlüssel dafür.

Seiner Homosexualität war er sich mit 20 Jahren als Oxford-Student noch

"Ich ließ mich nicht erweichen. Da schlug er einen anderen Ton an und befahl mir schroff, die Hose auszuziehen. Ich stieß ihn zurück. Er klatschte in die Hände, um den Wachtposten zu rufen. Der Mann kam hereingestürzt und packte mich. Nun beschimpfte mich der Bey entsetzlich und bedrohte mich. Der Mann, der mich festhielt, mußte mir die Kleider Stück für Stück vom Leibe reißen, bis ich splitternackt dastand."

T.E. Lawrence

nicht bewußt. Vyvian Richards, ein junger Amerikaner, wollte sich mit ihm anfreunden, ihn für sich gewinnen: "Für mich war es Liebe auf den ersten Blick ... Alles Fleischliche, jede Sinnlichkeit war ihm fremd - ganz einfach unbegreiflich. Meine Zuneigung, meine Aufopferung, ja, mit der Zeit sogar meine vollkommene Unterwürfigkeit nahm er hin, als gebührten sie ihm."

Während T.E. Lawrence's Doktorarbeit über die Grundlagen des Festungsbaues ermöglichte ihm D.G. Hogarth 1909 eine Reise in den Nahen Osten. Er war in eine Welt vorgedrungen, die ihn nie mehr loslassen sollte. Des Arabischen schnell mächtig, fühlte er sich bald als Einheimischer. Er lebte mit den Menschen, durchquerte zu Fuß fast 1000 Meilen Türkisch-Syrien, heute Israel, Jordanien, Libanon, Saudi-Arabien und Syrien. Er trat dem britischen Nachrichtendienst bei, um seine Eindrücke für das Empire nutzbar zu machen.

Bei Ausgrabungen in Karkemisch traf er Salem Achmed, einen 15- oder 16jährigen Mechaniker, in den er sich unsterblich verliebte. Achmed wurde wegen seiner pechschwarzen Haare "Dahoum" gerufen, zu deutsch "mondlose Nacht". Der kräftig gebaute, wendige Junge muß eine Schönheit gewesen sein. T.E. pries ihn später in den herrlichsten Versen. Das, was noch zu seinen Lebzeiten für S.A. in der Weltpresse erschien, glaubten die meisten Leser nur als Liebesgedichte für eine arabische Prinzessin, allenfalls für einen Scheich deuten zu müssen. Doch S.A. hieß Salem Achmed, war sein geliebter Dahoum, der Mittelpunkt seines Lebens. Er wohnte und schlief mit ihm in einem Zelt und ließ sich ständig von ihm begleiten. Dahoum zog mit ihm durch die Wüste, bestieg mit ihm Berge, ließ sich von ihm nackt als Holzfigur schnitzen. Als ihn ein Ingenieur, weil er die Ausgrabungen störte, auspeitschen ließ, geriet T.E. so in Rage, daß er drohte, ihn selbst vor aller Augen zu verprügeln. T.E. hatte sich auf die Seite seines Jungen geschlagen, und die Araber begriffen, wie das zu verstehen war. Auch in Oxford erregte T.E. Aufsehen, als er 1913 mit Dahoum nicht nur sein Schlafzimmer, sondern das Bett teilte. Oft tauschten beide die Kleider, um sich ihre Zuneigung zu beweisen. In türkische Gefangenschaft geraten, ließ sich T.E. mit Dahoum auspeitschen, er gab sich nicht als Brite zu erkennen.

1914, nach Kriegsausbruch, schickte man T.E. erneut in den Nahen Osten. Er sollte die Araber zu einem Abfall von den Türken, die mit den Deutschen verbündet waren, bewegen. Er legte ein Spionagenetz vom Hauptquartier in Kairo aus um die Region, wie es das vorher nicht gegeben hatte. Mit einer Art Guerilla-Taktik errang er mit den Araberstämmen beeindruckende Erfolge gegen die türkische Oberherrschaft. Aquaba nahm er im Handstreich, Damaskus konnte besetzt werden. "Al Aurens", wie ihn die Araber riefen, wurde für die Wüstenvölker zum Mythos. In der Bevölkerung wie zu Hause in England begann man, ihn ehrfurchtsvoll "König von Arabien" zu nennen. In seinem literarischen Werk "Die sieben Säulen der Weisheit" brachte er all das zu Papier, was ihn im Umgang mit einfachen Nomaden, zähen Kämpfern wie er einer war, so erfolgreich gemacht hatte.

T.E. fühlte sich wohl in einer reinen Männerwelt, in der Ritterlichkeit und Freundschaft so miteinander verschmolzen, wie er sich das in seinen burschikosen Jugendträumen vorgestellt hatte. Einer seiner jungen Begleiter ging mit in den Tod, als dessen Freund am Fieber starb und zurückgelassen werden mußte. Dieser "Idealzustand" von Männerliebe war in Europa nur aus Büchern bekannt, allenfalls Legende. Doch hier in der Wüste lebte man sie. Tief traf ihn auch das Schicksal seines Dahoum. Noch vor Beendigung des Krieges, der sie getrennt hatte, gelangte er nach Damaskus, wo Dahoum an Typhus erkrankt im Sterben lag. Er blieb an seiner Seite, bis er tot war. Die Trauer um ihn machte ihn wochenlang unfähig, sich abzulenken oder wieder an die Front zurückzukehren.

Immer mehr Gefallen fand T.E. daran, sich auspeitschen zu lassen. Mißerfolge in seinem Kleinkrieg mit den Türken ließ er sich vor versammelter Mannschaft mit der Peitsche vergelten. Gedemütigt worden soll er auch sein, als er zu Haschim Bey kam, der in Dera'a, einem wichtigen Verkehrsknotenpunkt, das Zepter hatte. In "Die sieben Säulen der Weisheit" berichtet er detailliert, fast mit einer Lust am Leiden, wie ihn dieser kleine, dickliche Wüstling behandelt hat: "Sie führten mich in das Zimmer des Bey hinauf. Zu meinem Erstaunen sah ich, daß es sein Schlafzimmer war ... Zitternd

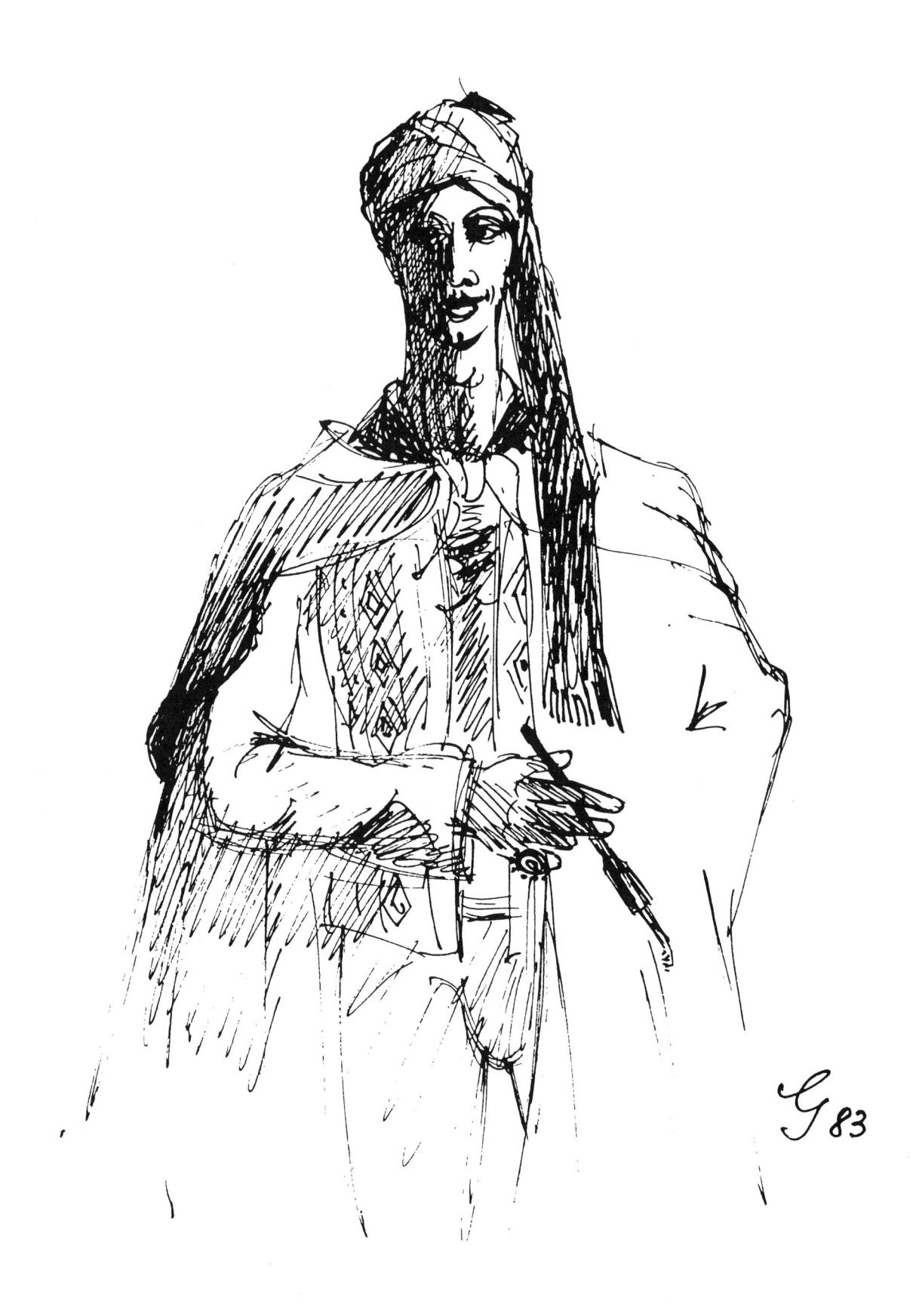
G 83

und schwitzend wie vor Fieber saß er im Nachthemd auf dem Bett ... Er ließ sich rückwärts aufs Bett fallen und riß mich mit ... Dann begann er, mir zu schmeicheln, sagte, wie weißhäutig und sauber ich sei, wie sehr er nach mir lechze ... Er begann mich zu betatschen. Eine Weile nahm ich es hin, bis er allzu viehisch wurde ... Er sah, daß ich zitterte, zum Teil vor Kälte, ließ die Peitsche über meinem Kopf durch die Luft sausen und höhnte, vor dem zehnten Hieb würde ich um Gnade wimmern und beim zwanzigsten um die Liebkosungen des Bey betteln. Dann begann er aus Leibeskräften auf mich einzuschlagen, während ich die Zähne zusammenbiß, um diese Riemen zu ertragen, die sich wie glühende Drähte um meinen Körper schlugen ... Die Leute gingen systematisch vor, versetzten mir so und so viele Hiebe und machten dann eine Pause, in deren Verlauf sie sich darum zankten, wer jetzt an der Reihe sei, seine Notdurft zu verrichten, ein wenig mit mir spielten und meinen Kopf zur Seite stießen, um mir ihr Werk zu zeigen ... Das nächste, das ich gewahr wurde: Zwei Leute zerrten mich hin und her und balgten sich um meine Beine, als wollten sie mich entzweien, während ein dritter auf mir ritt wie auf einem Pferd. Dann hörte ich Hadschim rufen ... Jetzt aber stieß er mich mäkelig von sich und beschimpfte sie ob ihrer Dummheit, daß sie glaubten, er könne einen mit Blut und Wasser überströmten, von Kopf bis Fuß besudelten Bettgenossen brauchen. ... Deshalb mußte der zerknirschte Korporal, als der jüngste und bestaussehendste der Wachsoldaten, zurückbleiben ..."

T.E. drängte es auch nach dem Krieg nach Stockschlägen. Als er 1919 nach den Friedensverhandlungen nach London zurückgekehrt war, sein großer Bucherfolg ihm finanziell nicht das brachte, was er zum Leben erhoffte, meldete er sich als einfacher Soldat bei der Royal Air Force. Unter dem Decknamen John Home Ross durfte er ab 1922 als gewöhnlicher Luftwaffensoldat Dienst tun. Als das in der Presse bekannt wurde, mußte er gehen. Eine Zeitlang, so mutmaßt man, habe er sogar im Beiwagen seines Motorrads übernachten müssen, weil er keine Bleibe mehr hatte. Unter dem Pseudonym T.E. Shaw nahm man ihn schließlich in die Panzertruppe auf. An seiner Seite sein neuer Freund John Bruce, genannt Jock, ein 19jähriger Schotte. Immer öfter mußte ihn der hochgewachsene, rustikale Bursche verprügeln. "Auf den nackten Hintern mußte ich schlagen." Dabei hätte sich Jock nichts sehnlicher gewünscht, als mit dem jung gealterten Wüstenkönig leidenschaftlich zweisam das Bett zu teilen. T.E. brauchte die körperliche Bestrafung. Ob aus einer inneren Unzufriedenheit mit sich selbst, als Strafe für seine verbotene Männerliebe oder als reinen Lustgewinn? Die Welt des Befehlens und des Gehorchens, das Militär, jedenfalls bot am ehesten die Gewähr, das erleben zu können. 1925 kehrte er zur Luftwaffe zurück, 1926 zog er als Soldat nach Indien.

Sein rastloses Nomadenleben, seine Suche nach Bestätigung und sein Hang zur Unterwürfigkeit waren außergewöhnlich - wie sein Tod. Am 13. Mai 1935 kam er bei einem Motorradunfall ums Leben. Er stieß mit einem Wagen zusammen, als er zwei jungen Leuten ausweichen wollte. Schwerverletzt starb er im Krankenhaus. Gerüchte um einen Selbstmord konnten nicht gestützt werden, wenngleich man ihm Depressionen nachzusagen begann. Seine Erfolge, seine Liebe zu Dahoum waren verblaßt. Unausgefüllt war sein Leben. Heute werden seine Großtaten tiefer gehängt, interessiert der Mensch mehr. Dennoch, T.E. Lawrence ist noch nicht enträtselt.

Limahl
Softie aus dem Bilderbuch

Es gab Zeiten, da konnten die Teenies mit den wöchentlich in ihren Magazinen erschienenen Hochglanzpostern von Limahl mühelos die geräumigsten Buden tapezieren. Limahl in Jeans, in Leder, im Kimono, Limahl in Hot Pants, im Zigeunerlook, Limahl oben ohne. 167 Zentimeter Erotik. Ein Schmusetyp für Softies. Ein Softie für die Pubertät. Das Männliche an ihm: allein der stoppelige Dreitagebart, der bei ihm sicher drei Monate gewachsen ist. Pfiffig an ihm die fast gespenstischen Augen. Eigenwillig die blond-schwarze Schnittlauchfrisur. Sein Trick: "Ich tropfe zuerst Babyöl ins trockene Haar, föne die Strähnen mit der Bürste nach oben und fahr' zum Schluß nochmals mit den Fingern durch. Fertig!"

Limahl alias Christopher Hamil wurde am 19.12.1958 als Sohn eines Bergmanns in Wigan/Manchester geboren. Seine Familie war, wie er in Interviews immer wieder hervorhebt, fast mittellos. "Wir waren viel zu arm, um einen anständigen Plattenspieler oder gar eine Musiktruhe zu haben. Nur ein kleines Radio dudelte in der Küche - das war alles."

Trotzdem, die Musik bestimmte schon immer seine Träume. Mit sieben absolvierte er seinen ersten Auftritt im Lamborne Workman's Club in Wigan. Zwei Jahre später gewann er im Wigan-Casino einen Sängerwettstreit. Probleme hatte er auf der Mesnes Highschool, und auch mit seinem strengen Vater vertrug er sich nicht. Mit 16 zog er von zu Hause aus und suchte sich einen Job bei einem Friseur. Chris war hübsch und, obwohl nur Hilfskraft, von den Kunden begehrt. Mit 18 Jahren trieb ihn die Lust auf Action nach Swinging London. Wieder mußte er jobben. Und er tingelte sich als Sänger verschiedener Bands durch die Szene. Aufmerksam wurde man auf sein tänzerisches Talent. In den Musicals "Godspell", "Aladdin" und "Jesus Christ Superstar" durfte er mit auf die Bühne. Durch gute Beziehungen kam er in die englische TV-Serie "The gentle Touch".

1981 wurde Limahl Sänger bei der Gruppe "KajaGooGoo". Im Jahre 1983 landete die Formation mit "Too Shy" und "Ooh To Be Ah" Superhits. Doch der Sänger, dieser sanfte Wirbel-

"Das Gefühl, ganz wahnsinnig verliebt zu sein, überkommt jeden von uns an einem gewissen Punkt unseres Lebens. Doch manchmal ist die Liebe nur vorgespielt, und der Liebhaber läßt uns mit zerbrochenem Herzen zurück."

Limahl

wind, der der Band einen so kometenhaften Aufstieg bescherte, war schwul, Limahl wurde im Team nicht mehr geduldet. Es kam zum Bruch. Die Teeniepresse wußte nicht, wie sie über diesen Vorgang berichten sollte, Limahl als KajaGooGoo-Aushängeschild war der Star ihrer gelb-rosa Seiten. Während Limahls anderes Liebesleben in England für Furore sorgte, taten Deutschlands Pickelblättchen so, als sei gar nichts passiert. Zwei weitere Jahre lang dominierte Limahl als Gören-Idol leuchtende Poster. Sein Erfolg als Solist erleichterte das. Doch "Only For Love" und "Too Much Trouble" wurden nur Kurzzeithits. Er tat sich schwer, sein Schwulsein mit seiner Sängerkarriere zu koppeln. Boy George fiel es am Anfang auch nicht leicht, sein Coming out vor den 14- bis 17jährigen Fans durchzusetzen. Limahl gelang es nie. "Wenn das dein Problem ist, zeig' es nicht. Du wirst es herausfinden, selbsttrügerische Liebe kann unsicher sein, behalte kühlen Kopf, halte deinen Stolz aufrecht, dann kannst du der Situation direkt ins Auge sehen." Ob Limahl diese erste Strophe seines ersten Solotitels "Only For You" selbst beherzigen kann? In Interviews, oft genug gestellt, betont er zwar immer wieder, wie wichtig ihm Sex sei ("es gibt nichts, was mich mehr antörnt und was ich auch ganz dringend brauche"), doch läßt er es zu, daß man ihm wildfremde Mädchen für's beunruhigte Fanvolk an die Seite postiert. Aber der Junge aus seinen Videos - gar der Typ vom anderen Planeten, der einem Mädchen zuliebe auf der Erde bleibt wie bei "Only For Love" - ist er nicht. Michael Jackson betet er an, James Bond ist sein Idol und die Londoner Schwulenszene sein Zuhause. Hier, so grinst er, bummelt er oft unerkannt um die Häuser: "Ich verkleide mich. Unter einem Hut verstecke ich meine Stachelfrisur, dazu setze ich eine dunkle Brille auf." Da er im Showgeschäft nicht mehr die erste Geige spielt, wird vielleicht auch in der Szene sein Inkognito überflüssig.

Starportrait aus "BRAVO"

Bob Lockwood
Die aufregendste Frau der Welt

München 1987, Schauplatz Olympiahalle: Tina Turner füllt sie achtmal, 84.000 begeisterte Fans jubeln ihr zu. Ganz Profi, will sie erleben, wie Sound, Licht und Nebelmaschinen unten in der Arena, beim Publikum wirken. Also setzt sie sich zum Soundcheck nach unten. Die Musik ertönt - und Tina stürmt auf die Bühne. Nein: Es ist Bob Lockwood. Tinas Management hat sich diese Überraschung ausgedacht. Tina ist verblüfft. "Wer ist diese Frau", schreit sie erregt. So ein totales Double hat sie vorher noch niemals erlebt. Sie ist baff, fällt Bob um den Hals: "Ein Mann!" Beide kommen ins Fachsimpeln. Bob holt sich Tips für Make-up, Haare, Gestik und Mimik. Tina schreibt ihm eine Widmung: "Für die einzig andere Tina!" Ein größeres Kompliment für seine Arbeit hätte Bob nicht erhalten können. Er ist stolz.

Seine Karriere zum gefragtesten Star-Illusionisten unserer Tage gestaltete sich selbst wie ein aufregendes Hollywood-Märchen. 1954 erblickte der blonde Jüngling im hektischen New York City das Licht der Welt. Seine Kindheit verlief ruhig, der kleine Bob war eher brav. Mit sechs Jahren begannen ihn seine Eltern durch halb Amerika zu schleppen. Seine Familie zog ständig um: Kansas, Kentucky, Michigan, New Jersey. "Die Welt erkunden", das wollte der stille Träumer sehr früh. Bei seinen Pfadfindern, mit denen er tagelang durch die Wälder streifte, lernte er auch, auf alles im Leben vorbereitet zu sein. "Be prepared", heißt bis heute sein Motto. Die unbeschwerte Jugend genoß er. Er war ein US-Teeny, auf den eine ganze College-Mannschaft fliegt. Zierliche Figur, treue Augen, weiches Gesicht.

Seine makellose Haut inspirierte ihn auch, Visagist zu werden. Die Kunst der Maske war ein Ziel. Das andere hieß: Er wollte selbst auf die Bühne. Im New York der Blumenkinder war er Anfang der 70er Jahre dabei, sich in das Musical "Sound of Music" hineinzutanzen. Doch dann ging er ins Kino und sah "Cabaret", jenen mit acht Oscars prämierten Film über das Berlin der 30er Jahre. Nicht Liza Minnelli hat ihn fasziniert, sondern diese deutsche Metropole. "Ich hab' mir gesagt, dort mußt du hin! Ich war vom Ambiente, von der Atmosphäre, die dieses Berlin ausgestrahlt

> "Wie ist es möglich, daß ich als Mann Momente habe, in denen ich mein Gesicht sieben- oder achtmal in eine Frau verwandeln kann?"
>
> Bob Lockwood

hat, so begeistert, daß ich die erstbeste Gelegenheit nutzte, um in Berlin Urlaub zu machen." Er hatte nie vorgehabt, dort zu bleiben. Aber der Open-end-Charakter dieser Stadt hat ihn doch überwältigt. Seit 1973 lebt er nun in Europa. Pfadfinder Lockwood: "Be prepared!"

Der 19 Jahre junge, aber erfahrene Visagist entdeckte die Ausstrahlung der Gay-Metropole des Landes. Er pilgerte Abend für Abend in die Kneipen wie das "Chez Nous" und suchte die Glitzerwelt einer Sally Bowles wiederzufinden. Das schien 40 Jahre danach nicht mehr möglich. Doch Bob Lockwood erkannte seine eigene Begabung. Schon immer gelang es ihm durch seine perfekte Beobachtungsgabe, Mimik und Gestik anderer Menschen zu imitieren. Warum nicht mit dem schwierigsten aller Doubles beginnen? Marilyn Monroe - nicht mehr und nicht weniger! Doch bevor ihn Wim Thoelke 1976 mit dieser Glanznummer in die ZDF-Familiensendung "Der große Preis" einlud, weil dort ein Junge namens Claus Obalski (heute Schauspieler!) die Hollywood-Göttin zu seinem "Fachgebiet" hatte, verging Zeit.

Bob tingelte Berlins Szenekneipen rauf und runter. Die Gruppe "Chez Nous" nahm ihn unter ihre Fittiche, dann engagierte ihn Rockröhre Romy Haag. Bei den "Folies Parisien" waren die Kostüme schon glitzernder, die Gage begann zu wachsen. Bob mußte nicht mehr warten, bis ihn ein Gast zum Champagner einlud, er konnte sich den sprudelnden Piccolo selbst leisten.

Lockwood als "Tina Turner"

Seine Imitationen wurden immer exakter, er bewegte sich fatal zum Original. Es gab noch kein Video, um die Stars in allen Bewegungen studieren zu können. Er war auf sein außergewöhnlich guttrainiertes Naturgefühl angewiesen.

"Ich hörte nur die Originalstimme und begann zu arbeiten. Fröhlichkeit, Traurigkeit, Aufgeregtheit, einfach alle Empfindungen müssen später aus meinem Gesicht kommen. So ist es wichtig, erstmal die Musik zu hören und sich hineinzuversetzen, was der Star denkt und

Lockwood als Shirley Bassey

fühlt. Das muß in die Venen, in die Arterien übergehen. Es muß tief in mir kribbeln."

Es kribbelte immer öfter bei Bob. Schnell avancierte er zum Lieblingsgast der Fernsehanstalten. Sein Spitzenrepertoire wurde immer breiter, sein Terminkalender ist seit über zehn Jahren prallvoll. Ganz Europa nahm ihn unter Vertrag. Seine Personality-Show lief vor Millionenpublikum von Italien bis Jugoslawien, von Österreich bis Australien. Und was passiert im Mutterland des Showbusiness, in seiner Heimat USA? Samy Davis jr. bat ihn in seine Show - als Liza Minnelli. Der Erfolg war grandios. Als Marilyn im erotischen Satinbett, ein John-F.-Kennedy-Bildnis vor sich, den Telefonhörer am Ohr, wird Bob zigtausendmal von der Ost- zur Westküste oder umgekehrt auf einer Postkarte verschickt. Bernard of Hollywood, Marilyns Hoffotograf, bestand darauf, auch das geniale Double auf Zelluloid bannen zu dürfen. Hätte es für sein Können noch eines anderen Beweises bedurft?

Shirley Bassey, Judy Garland, Josephine Baker - jede Imitation gelingt Bob Lockwood bis ins Detail. Hildegard Knef fühlte sich, als Bob sie bis zum bitteren Augenaufschlag nachmachte, bemüht, ihm völlig fassungslos einen Brief zu schreiben: "Du bist mehr Knef als ich selbst!" Für jede seiner aufreizenden Frauen besitzt Bob neben eigener Perücke, eigenem Rouge das passende Gebiß. Und die tollen Klamotten! Liza Minnelli etwa trägt Halston. Also bezieht Bob sein Kostüm für sie auch aus New York, maßgeschneidert. Seine Marilyn-Monroe-Perücke ist handgeknüpft und kostet ein Vermögen. Allein der Stoff für einen Marilyn-Fetzen verschlingt ohne Zuschneiden 5.000 Mark. Bobs Gala-Gagen spielen es ein.

Seine Pelze ersteht er beim chicen Dieter Stange-Erlenbach in München. Bei dieser ersten Adresse bedienen sich auch Eartha Kitt oder Joan Collins für ihre europäischen Fernsehauftritte. "Nur", so lacht Bob, "mit dem kleinen Unterschied, daß die sich ihre Pelze borgen, und ich sie kaufe".

Nach Berlin lebt er nun schon seit Jahren in München. In einem Nobelviertel liegt seine Traumwohnung - Art deco pur. "Mir würde auch ein kleines Appartement mit einem Bett völlig reichen, ich bin ja sowieso ständig unterwegs." Doch dann verweist er zurecht darauf: "Diese Kostbarkeiten hab' ich mir alle selber ertanzt." Es kommt ihm darauf an, seine Frauen-Mythen zum Verwechseln ähnlich auf die Bühne zu bringen. Es geht ihm um die Illusion. Bewußt. Denn mit seinem Programm kann er von Tokio bis Hamburg, von New York bis Moskau gastieren. "Außerdem bin ich Amerikaner", unterstreicht er seine Internationalität.

Trotzdem, Deutschland läßt ihn nicht los. Hier steht seine Art Entertainment hoch im Kurs. "Ich weiß nicht, warum das hier so ankommt. Vielleicht hat es damit zu tun, daß die Deutschen eine leichte Perversität in sich haben. Perversität ist nichts Schlechtes, nur aufregend. Frauen mögen das manchmal lieber als Männer." Viele Frauen werden gewiß auf seine Superweiber neidisch. Bob zitiert gerne eine Kritikerin, die schrieb: "Man könnte fast neidisch werden auf seine schönen Beine." Bob ergänzt: "Aber sie schrieb: Fast!"

Die Travestie des bayerischen New Yorkers ist auch in der Politik sehr gefragt. Helmut Schmidt lud ihn als Stargast auf sein Kanzlerfest, Postminister Christian Schwarz-Schilling poussierte mit ihm auf einer Neu-

Lockwood als Liza Minnelli

jahrsfeier der Post. Für Kinofilme hat man Bob Lockwood schon als Linda Evans oder Joan Collins verpflichtet - doch das waren Flops. Mit Eric Burdon drehte er "Comeback", bei Thomas Gottschalk verwirrte er in "Die Einsteiger", in Peter Zadeks "Die wilden Fünfziger" war er als Diva dabei. Für dicke Gagen hat er Sekt-Reklame gemacht. Bob als Traumfrau ohne Garantie. Er wundert sich selbst, daß es ihm immer wieder gelingt, aus seinem verschmitzten Alltagsgesicht alle Weltstars herauskopieren zu können. Eine Gabe, von der man sich mitreißen läßt, die aber keiner zu deuten versteht.

Robert Long
Er jongliert mit Wahrheiten

Er haßt Lügen. Deswegen läßt er sich auch in die Karten schauen. Er haßt Intoleranz. Deswegen zieht er in seinen Liedern gegen Heuchelei, Doppelmoral, Macht und Machtmißbrauch zu Felde. Eigensinn, liebenswert in Argumente verpackt, das ist seine starke Seite. Bissiger Charme sticht aus seinem Denkergesicht. Es verbittert ihn, was man mit Minderheiten, auch der seinen, anstellt. Er macht Schwulen Mut, sich nicht in die Enge treiben zu lassen. "Wir dürfen uns nicht schämen, Schuldkomplexe entwickeln, uns als Seuchenträger abstempeln lassen. Wir müssen kämpfen. Ich tue das direkt, sanft, hoffentlich wirkungsvoll Abend für Abend auf der Bühne. Keiner im Saal weicht meinen Argumenten aus." Es gelang ihm, seine Anhänger auch mit messerscharfen Wahrheiten um den Finger zu wickeln.

Jan Gerit Bob Arend Levermann, so heißt er wirklich, wurde am 22. Oktober 1943 geboren. Bereits mit 14 Jahren tauchte er in der Musikszene der Niederlande auf und probierte sich bis an seine Grenzen. 1963 tingelte er als Bob Revvel mit den Yelping Jackels durch die grüne Provinz. Mit der Utrechter Popgruppe "Gloria" schaffte er 1967 zum ersten Mal den Sprung in die Hitparade. Sein Gardemaß von 1,92 Meter lieferte ihm die Idee für seinen Künstlernamen Robert Long. Er ist ein stattlicher Bursche. Strenge Gesichtszüge, funkelnde Katzenaugen, Wuschelmähne, Hingsen-Schnauzer und tiefe Stimme. Musik soft, Texte rotzfrech, Wirkung perfekt.

Sein Überwechseln von der Popmusik zum niederländischen Repertoire mußte er sich gegen den Willen der Plattenfirma ertrotzen. Seine selbstkomponierten Lieder auf dem Demoband schienen zu versauern, ehe man sich 1974 entschloß, die LP "Vroeger of Later" (Früher oder später) zu pressen. Das Ergebnis: 118 Wochen hintereinander LP-Hitparade und eine Verkaufszahl von über 450.000 Exemplaren. Niemals zuvor wurde in Holland von einer Platte eine solche Größenordnung erreicht.

"Ich habe nie Heimweh nach der Popmusik gehabt", meint er heute zu seiner Wende. Der Abschied von der Popgruppe (1973) fiel ihm leicht, weil er als

"Glück ohne Zärtlichkeit ist eine Farce. Leider befürchte ich, daß für viele Menschen Zärtlichkeit zu einem Luxus degeneriert ist. Das leisten die sich nur mehr zu bestimmten Feiertagen, nicht mehr täglich. Schade!"

Robert Long

Kabarettist all das loswerden konnte, was seichter Schmuserock nicht zuläßt. Er entwickelte sich zum unbequemen Mahner, und wenn es sein mußte, zum Schocker. 1977 erschien seine zweite LP "Levenslang" (Lebenslänglich). 1979 kam sein erstes deutsches Album "Über kurz oder lang" auf den Markt. 1981 "Homo Sapiens". Offen wehrte er sich mit dieser zweiten deutschsprachigen LP gegen die Intoleranz gegenüber Schwulen. Schonungslos spießte er die Spießer auf. Markenzeichen wurde ihm ein gesunder Pessimismus.

Mit seinem blank geputzten Spiegel entwickelte er sich zum Eulenspiegel des Kabaretts. "Duidelijk zo?" (Klar so?), sein Bühnenerfolg, lief zwei Jahre lang vor ausverkauften Häusern. Robert Long wurde zum beliebtesten und gefürchtetesten Schallplattenstar der Niederlande und einer der populärsten Bühnenkünstler dort. Und da das geschäftstüchtige Königreich an der Nordsee Frischimporteur Nr.1 ist für die Bundesrepublik, hat es uns auch diesen knackigen Landboten exportiert. Das ZDF widmete ihm eine eigene Show, seine Platten liefen. Bitter für ihn, daß sich der Südwestfunk weigerte, ein aufgezeichnetes Special auszustrahlen, weil den TV-Oberen der Song "Homo Sapiens" nicht behagte. Zensur 1988 auch in Holland. Auf seiner neuesten LP "Hartstocht" schildert er in einem Song, wie sich Gott ein in den Niederlanden bekanntes evangelisches Radioprogramm anhört und sich darüber nur ärgern kann. Die Folge: Der angesprochene Sender weigerte sich nicht nur, Longs Lieder zu spielen, sondern drohte, seinen Anteil an der Berichterstattung der Olympischen Winterspiele in Calgary zu streichen, falls andere Sender das Lied über den Äther schickten. Beinahe hätten die Holländer in ihrer Gold-Domäne, dem Eisschnellauf, auf die Übertragung verzichten müssen, beinahe.

1984 war Robert Longs letzte LP erschienen: "Tag, kleiner Junge". Mit 41 Jahren hatte sich der schnauzbärtige Kerl endgültig von seiner Jugend verabschiedet. "Ich habe es versucht, denn ganz erwachsen werde ich wohl nie." Und vier Jahre vergingen, bis er wieder ein Album vorlegen wollte. Der Grund: "Ich bin kein Schnellschreiber. Und dann, wenn ein Lied fertig ist, muß es reifen. Ich probiere es in den Theatershows aus. Ich denke, daß man nur alle drei, vier Jahre eine gute Schallplatte abliefern kann. Ich möchte den Leuten keinen Mist verkaufen und mich hinterher schämen müssen." Seit über 20 Jahren bestreitet er an sechs von sieben Abenden in der Woche seine Live-Vorstellungen. Hier spürt er die direkte Reaktion, hier herrscht die entscheidende Atmosphäre.

Robert Long ist unverwechselbar geworden. Vergleiche mit Cat Stevens, Herman van Veen oder Leonard Cohen, ehrenwert aber unnötig, sind passé. Er formuliert ehrlich, direkt entwaffnend, fernab vom Reim-auf-Reim-Geschwafel. Für den deutschen Teil des Erfolges ist das ein Verdienst von Michael Kunze, der die Texte pointiert überträgt.

Irritierend, vielleicht, seine Anfang 1988 in Deutschland veröffentlichte LP. "Leidenschaft" strömt schon vom Cover. Nur, Robert Long beißt sich nicht an einen Mann, sondern an eine blonde Frau heran. Die innere Plattenhülle enthüllt dann schon mehr. Mehr Männer als Frauen. Und, zwei Männer, nackt bis auf ihren Slip, umarmen sich. Die Hand des einen versucht die Hülle des anderen herunterzuziehen. Ein Mann (Robert Long?) zeigt alles. Schwanz und Arsch. Und wieder: Die Hand, die nach seinem Hintern greif, um ihn auseinanderzuziehen, ist behaart und gehört einem Mann. Kein Grund zur Beunruhigung also, oder gar Angst. Robert Long verleugnet sein Schwulsein nicht. Vor allem die Lieder können es beweisen. Lieder über 18 Jahre Ehe, Urwald, Briefe aus Benidorm, Glaube, Liebe, Hoffnung - und die "Leidenschaft". "Ich zweifle sehr" singt Robert Long. An ihm, den man in Deutschland fast drei Jahre vermißte, gibt es nichts zu zweifeln. Ohne Mitleidsgram, dafür mit Selbstbewußtsein, wehrt er sich für Schwule und andere Minderheiten. Er spielt, nein, er ist Schwimmweste, um nicht im Strudel der Ängstlichkeiten zu ertrinken.

Ludwig II.
Der träumende Monarch

"Ertrinken ist ein schöner Tod", hatte der schwermütige König oft philosophiert. In der Nacht des 13 Juni 1886 barg man seine starre Leiche aus dem Starnberger See. Wurde Ludwig II. hinterrücks gemeuchelt, war sein Tod ein tragischer Unglücksfall, oder hatte er doch Selbstmord begangen? Seine Königstreuen beharren noch heute darauf, daß ihr geliebter "Kini" an einer seichten Stelle feige in den See gestoßen wurde. Experten des bayerischen Landeskriminalamtes jedoch gaben 100 Jahre danach, gestützt auf ihre Recherchen in den bislang verschlosenen Archiven des Hauses Wittelsbach, eine andere Version zu Protokoll: Der drei Tage vor der Tragödie entmachtete Monarch habe zuerst seinen Begleiter, Leibarzt von Gudden, ertränkt, und sich dann selbst den Wellen überantwortet.

Was auch immer geschah, Ludwigs myteriöser Tod wurde zur Legende,

"Geliebter Heiliger! Einem Funken bin ich gleich, der sich sehnt, in Ihrer Strahlensonne aufzugehen, von ihr beschienen zu werden und die Erde zu verlassen, wenn sie ihr nicht mehr leuchtet. - Oh, wäre der Abend schon da, senkte sich doch die Sonne, käme der Mond, strahlten die Sterne, zum Zeichen, daß die Wonnen ihr Weben beginnen! Ach, was ich glücklich bin! - In ewiger Liebe Ihr bis in den Tod getreuer, glückseliger Ludwig."

Ludwig II. (an Richard Wagner)

sein kurzes Leben wuchs zu einem Mythos heran. Der einsame, empfindsame Schöngeist, der Kunstmäzen und Baumeister, der schwule Außenseiter auf dem Bayernthron wird bis in unsere Zeit innig verehrt. Die unterschiedlichsten Interessengruppen klammern sich an die Rockschöße seiner Popularität. Ob als graziler Jüngling in Uniform oder als stämmiger, bärtiger Herrscher in vollem Ornat, alle Jahre wieder zieren die königlichen Konterfeis die einschlägigen Treffen der Monarchisten ebenso wie die der Lederschwulen beim Münchner Oktoberfest.

Der jungfräuliche König indes hat seine Unschuld verloren. Er wird schamlos vermarktet. Über 70 Biographen warfen bislang ihre Ludwig-Deutungen unter das wissensdurstige Volk, unzählige Historiker interpretierten sein sagenumwobenes Leben, seine Empfindungen, seine sexuellen Wünsche. Namhafte Filmemacher zwangen ihn auf Zelluloid. Für jede einzelne Cineasten-Generation wurde ein zeitgeistgerechter Ludwig kreiert. In den 50er Jahren erkor Helmut Käutner den hintersinnigen Publikumsmagneten O.W. Fischer zum Märchenkönig. Aus Ludwig wurde ein romantischer Held, wirtschaftswunderkonform, ohne Hinweise auf seine Homosexualität. Der schwule Regisseur hatte Angst, selbst enträtselt zu werden. In den 70er Jahren verschmolz Luchino Visconti seinen Geliebten Helmut Berger mit dem exzentrischen Motiv. Endlich, Ludwig durfte unzensiert ein schwuler Träumer sein; seine unerfüllten Wünsche erweckten Mitleid, selbst bei den prüdesten Moralaposteln. In mystifizierter Manie schließlich blies Hans Jürgen Syberberg den Ludwig-Stoff zu einem filmischen Requiem auf, besetzt mit dem herben Fassbinder-Eleven Harry Baer.

Der allseits gepriesene und analysierte Ludwig kam am 25. August 1845 als Sohn des Bayernkönigs Maximilian II. auf Schloß Nymphenburg zur Welt. Sein Großvater war Ludwig I., dem München seine berühmtesten Bauwerke und seinen Ruf als Kunstmetropole verdankt. Der junge Ludwig II. ahmte ihn frühzeitig nach. Nur sollten seine Monumente nicht in München erblühen, denn die "liebesleere Hauptstadt", wie er sie nannte, war ihm verhaßt. Seine späteren Residenzen Herrenchiemsee, Linderhof, Neuschwanstein

Ludwig II. und Josef Kainz (Ungewöhnlich: Der König steht, der Untertan sitzt!)

entstanden in abgeschiedenen, der Öffentlichkeit nicht zugänglichen Winkeln seines Reichs.

Mit 18 Jahren bestieg Ludwig nach dem Tod seines Vaters den Wittelsbacher Thron. Der stille, musische

Jüngling war gazellenhaft schlank und anziehend schön. Sein Verhältnis zu Frauen gab er schon damals eindeutig zu Protokoll: "Ach die Weiber! Auch die Gescheiteste disputiert ohne Logik!" Als er 1864 als Student von Hohenschwangau nach München zog, wurden ihm, zum Genuß, wie man meinte, "verschiedene Vertreterinnen der Halbwelt" gezeigt, die er jedoch trotz ihrer Schönheit keines einzigen Blickes würdigte. Als ihn die Schauspielerin Lila von Bulyowsky, die er zum Rezitieren eingeladen hatte, ungeniert verführen wollte, soll er gemeint haben: "Das also ist das Weib! Das ist die Liebe! Dies das schmutzige Ende, auf das die Träume und Zärtlichkeiten abzielen!"

Gesellschaftliche Auftritte waren ihm von Anfang an zuwider, Repräsentationspflichten absolvierte er betont zugeknöpft. Trotzdem lag ihm das Volk vom ersten Tag seiner Amtsübernahme an freiwillig zu Füßen. Aber er nabelte sich ab, versank mehr und mehr in einer Traumwelt, die sich mit der demütigenden Realität nicht vertrug. Die Menschen um ihn herum verstanden sein Innerstes nicht. Er blieb alleingelassen, ein armer König. Mit seinen Prunkbauten eiferte er zwar dem Sonnenkönig nach, er war aber doch eher ein König des Mondes, ein König der Nacht. Die dämonischen Kräfte der Dunkelheit raubten ihm den Schlaf. Nächtelang ritt er durch seine Wälder.

Gegenüber den anderen Fürstenhäusern verhielt er sich bewußt distanziert, einen standesgemäßen Freundeskreis gab es nicht. Und die, die er für Freunde hielt, nahmen ihn aus. Richard Wagner war einer von ihnen.

Dem von Gläubigern gejagten Komponisten rettete Ludwig gleich nach der Thronbesteigung das (Theater-)Leben. Er überschüttete den "erhabenen, innigsten Geliebten" mit Geschenken und Beweisen seiner grenzenlosen Bewunderung. Unter Ludwigs Protektion wurden Wagners größte Meisterwerke uraufgeführt. Aus "tiefster Zuneigung und ewiger Treue" baute ihm Ludwig das Festspielhaus in Bayreuth. Doch der Meister dankte es seinem Freund schlecht. Der naive, ergebene König wurde in seiner platonischen Liebe von ihm lediglich als Schutzschild gegen Gläubiger, Behörden und Presse mißbraucht.

Auch einer der bekanntesten Mimen der damaligen Zeit, Joseph Kainz, gehörte zu Ludwigs Schützlingen. Und auch er erwiderte Ludwigs Freundschaft nicht. Ludwig holte den Günstling - "fünfundzwanzig Jahre alt, ein Lockenkopf von dämonischer Schönheit" - an seinen Hof, um mit ihm allein die Sternstunden der Theaterkunst zu durchleben. Monatelang schweifte er mit Kainz durch sein Land. Inkognito reisten sie in die Schweiz, wo er für seinen König "Wilhelm Tell" rezitieren sollte. Doch auf der Rütliwiese, vor dem Schwur, lief er ihm davon. Schon vorher wurden die Mißverständnisse deutlich. Als der König den jungen Mimen in einem Gebirgstunnel leidenschaftlich an sich drückte und zu streicheln begann, meinte Kainz, der König habe Angst und wich schreckhaft zurück. Zärtlichkeiten ließ er sich nicht gefallen, aber Geschenke, Uhren aus Lapislazuli, goldene Becher, Diamantenknöpfe, nahm er bereitwillig an. Bei Kainz' wortgewaltigen Literaturversen verfiel Ludwig jedesmal in einen romantischen Rausch, die liebeswerbenden Worte peitschten seine Sehnsüchte auf. Doch von Selbstzweifeln gequält, wagte er es nicht, seine Homosexualität jemand anzuvertrauen, geschweige denn sie auszukosten. Er blieb ein Voyeur, beobachtete seine Lakaien beim Baden. Seine Baldachinbetten teilte er nur mit sich selbst. Selbstbefriedigung, so sind sich alle Wissenschaftler heute einig, war Ludwigs einzige Erleichterung seiner Lust. Und selbst dabei empfand er ein schlechtes Gewissen. Seine katholische Erziehung und sein Beichtvater schärften es ihm stets auf's neue ein. In sein Tagebuch schrieb er immer und immer wieder, wie sehr er dagegen ankämpfte:

"Keine heftige Bewegung, nicht zu viel Wasser, Ruhe ... Nicht mehr im Januar, nicht im Februar, überhaupt ist das Ganze so viel es nur irgend möglich abzugewöhnen ... Keine nutzlosen, kalten Waschungen mehr ... Weihwasser ... Hände kein einziges Mal mehr hinab, bei schwerer Strafe!"

Ludwig II. und Richard Wagner

Daß er dennoch versuchte, auch mit Männern aus seiner näheren Umgebung in körperlichen Kontakt zu treten, beweist neben vielen eine Eintragung vom 29. Juni 1871 in sein Tagebuch. Hier fordert er von sich, sich Stallmeister Richard Hornig, einem hochgewachsenen, bärtigen Mecklenburger "nicht mehr als auf 1 1/2 Schritte zu nähern". Am 6. März 1872 vermerkte Ludwig: "Bei unserer Freundschaft sei es geschworen, auf gar keinen Fall mehr vor dem 3ten Juni ... Gerade 2 Monate bevor es 5 Jahre sind, daß wir uns an jenem seligen 6ten Maitag 1867 kennenlernten, um uns nie mehr zu trennen, und nie von einander zu lassen bis zum Tode." Richard Hornig wurde von Ludwig mit einer pompösen Villa am Starnberger See beschenkt. Doch er enttäuschte ihn bitter, als er sich eine Frau nahm. Ludwig erklärte, daß Hornigs Hochzeit für ihn schlimmer gewesen sei als das ganze Kriegsjahr 1870.

Nach Ludwigs Tod forderte Oberstallmeister Max Graf von Holnstein, daß die Untersuchungen über die Geisteskrankheit des Königs - im Interesse des Monarchen wie des Personals - nicht auf die sexuellen Beziehungen ausgedehnt werden dürften. Er wußte, was hätte alles an Neuem zu Tage gefördert werden können. Aber auch die Belege der Hofkasse verrieten, wievielen Günstlingen er bis zu 80.000 Mark zugeschoben hatte. Nackte Marmorbüsten von einigen seiner getreuen Reiter ließ man für den guten Ruf des Verstorbenen kurzerhand zerstören. Daß der homoerotische König dennoch vor Nachreden nicht geschützt war, bewies Geheimsekretär Friedrich Graf, der den Leichnam Ludwigs auf dem Seziertisch gesehen hatte und ausplauderte: Nie seien ihm solche Riesenschenkel vorgekommen, und auch die Geschlechtsteile seien "sehr wohlausgebildet" gewesen.

Über sein Seelenleben wurde bereits gemunkelt, als Ludwig die erwartete Heirat mit seiner Cousine Sophie wieder abgesagt hatte. Nach einer formellen Verlobung schob er den Hochzeitstag immer wieder hinaus. Zur graziösen Braut fand er keinen Draht. Gigantische Blumengebinde waren alles, was er ihr geben konnte. Als die Verlobung endlich gelöst war, notierte er in seinem Tagebuch am 29. November 1867: "Gott sei gedankt, nicht ging das Entsetzliche in Erfüllung! (mein Hochzeitstag sollte heute sein)." Sophies älterer Schwester "Sissi", Österreichs Kaiserin, war er in einer platonischen Freundschaft zugeneigt. Sie schrieben sich Briefe und wetteiferten in Visionen über Wahrheit und Kunst. Er nannte sie Taube, sie ihn Adler.

Müde seiner zerstörten Träume, gab sich Ludwig II. zunehmend dem körperlichen Verfall anheim. Der große Ästhet ließ sich gehen. Er frönte der Völlerei; der dunkle Gerstensaft schwemmte ihn auf. Sein gedunsenes Gesicht ließ er sich mit hellem Puder übertünchen. Er wusch sich nicht mehr, seine Zähne verfaulten. Ständig litt er unter qualvollen Zahnschmerzen, man montierte ihm ein mausgraues Blechgebiß in den Mund. Kammerlakai Mayr notierte: "Beim Ankleiden gingen Majestät regelmäßig dreiviertel Stunden lang, sehr häufig aber viel länger, im bloßen Hemde umher unter Gestikulationen und eigentümlichen Schütteln der Hände und des Kopfes." Ein anderer Diener: "Trotz seiner herkulischen Gestalt war seine Gesundheit eine schwache, wozu wohl auch die ungesunde Lebensweise beitrug, die er angenommen." Die Staatsangelegenheiten bezeichnete er nun als "Staatsfadessen", und wenn sich das Kabinett anmeldete, raunte er zu seinen Dienern: "Allerhöchstdieselben möchten das Pack immer lieber wieder hinauswerfen."

Die morbide Gestalt hatte mit dem strahlenden Jüngling, der 20 Jahre zuvor den Thron bestieg, nichts mehr gemein. Ludwig versank zeitweise in Trance, litt unter Existenzangst, konnte ohne Chloralhydrat nicht mehr einschlafen. Er trank flaschenweise Rum und Champagner. Sein Delirium setzte ein. Auch sein politisches Ende war gekommen. Münchens Abgesandte reisten auf Schloß Neuschwanstein, entmündigten ihn, attestierten ihm Paranoia - und das, obwohl keiner des Gremiums ihn je persönlich untersucht hatte. Ludwig dankte ab. Unter der Aufsicht seines Leibarztes Dr. von Gudden brachte man ihn nach Schloß Berg; sein karges Zimmer war gar vergittert. Nach Beratung gab man ihm die Erlaubnis, am Abend einen Spaziergang am See zu unternehmen. Von diesem Ausflug im Regen kehrte er nie mehr zurück. Das Ende ist allen bekannt. Nein, es ist ein Rätsel. Seine Lösung nahm er mit ins Grab, auf daß er unsterblich bleibe.

Barry Manilow
Ein Seelentröster hat Angst

"Er muß heimlich lieben!" Eine Zeitung im mittleren Westen brachte Barry Manilows Dilemma auf den Punkt. Als "Einschmeichler der Nation", wie ihn die Bibel des Showbusiness, "Variety", nannte, gelang es ihm zwar, seine Landsleute von Softsong zu Softsong fester um den Finger zu wickeln, doch dem Klischee vom prächtigen Jungen entspricht er nicht. Frauenaffairen Fehlanzeige, die besungenen Heldinnen Illusion! Darf man 50 Millionen Plattenkäufer so bitter enttäuschen? Das Blatt aus Amerikas Seele: "Wenn man muß!"

Barry Manilow hatte es nie leicht in seinem Leben. Am 17. Juni 1946 kam er in Brooklyn, einem ärmlichen Stadtteil New Yorks, auf die Welt. Seine Eltern, die nur wegen ihm geheiratet hatten, waren noch sehr jung und knapp bei Kasse. Ohne eigenes Einkommen mußte sich die neue Familie von den Großeltern durchbringen lassen. Zwei Jahre nach Barrys Geburt war der Vater verschwunden, Opa Manilow nahm sich des unschuldigen Knaben an. "Ich habe meinen Vater nie vermißt, so bekam ich auch keine Prügel." Mit Sieben schenkte ihm sein Großvater ein Akkordeon, denn Räuberspiele auf der Straße mochte er nicht. Der zweite Mann seiner Mutter nahm Klein-Barry zu einem Konzert von Gerry Mulligan mit. "Als ich den auf der Bühne sah, wußte ich, Musik wird mein Leben bestimmen!"

Während die Schulkameraden eifrig zu flirten begannen, zog sich der schüchterne Barry allein zum Lernen zurück. Er büffelte, bis er im Teenageralter die Aufnahmeprüfung für das renommierte New Yorker College of Music and Juillard bestand. Das teure Schulgeld mußte er sich selbst verdienen, er jobbte in der Poststelle des Plattenkonzerns CBS. Ein Direktor fand den hübschen 18jährigen zu schade, um Fanpost für andere zu sortieren, er lud ihn ein zu Wochenendausflügen ans Meer. Barry hatte endlich einen väterlichen Gönner gefunden, der seine Fähigkeiten richtig einzuschätzen verstand.

Schützling Barry konnte für eine Off-Broadway-Show ("The Drunkard") die Musik komponieren und wurde musikalischer Leiter

"Wenn du dich vor die Kamera stellst, besteht die Gefahr, daß die anderen dein Schicksal bestimmen. Entweder du spielst mit, oder du erlebst den Sturz deines eigenen Denkmals. Ich stehe noch ganz fest."

Barry Manilow

der TV-Serie "Callback". Fünf Jahre lang machte er sich als Arrangeur und "rechte Hand des Direktors" bei CBS einen Namen, dann lief ihm 1972 Bette Midler über den Weg. Er durfte für sie die erste LP produzieren und avancierte zum musikalischen Direktor ihrer Tourneen. Barry wurde zum Schwarm der Truppe. Jeder kam zu ihm, wenn es Probleme gab. Er ließ sie heulen, tröstete sie, brachte ihnen ihre Schlaftabletten ans Bett. Selbst um vier Uhr früh hat er den Tontechnikern noch ihren Liebeskummer vertrieben. Bette Midler: "Wir haben diesen Musterjungen alle gemocht."

"Divine Miss M." kommt noch heute ins Schwärmen, wenn sie an ihre Zusammenarbeit mit Barry Manilow denkt. Ihr verdankt "das Lämmchen" (Bette über Barry) den Start in die Sängerkarriere. Denn in ihren Umziehpausen hat sie den begabten Alleskönner als Lückenfüller auf die Bühne geschickt. Das Eis war gebrochen, der adrette Junge aus den Kulissen stand selbst im Scheinwerferlicht. Sein "Mandy" belegte 1974 sofort Platz 1 in den Charts, die erste LP hat sich zweimillionenmal verkauft. "Ich liebe romantische Songs. Ein schönes Liebeslied wird niemals alt." Barrys Motto sollte sich bewahrheiten: 50 Millionen verkaufte Platten, allein 25 Platin-Scheiben an der Wand.

In 13 Jahren konnte er sich mit 24 Hits in den US-Charts plazieren. Die Sentimentalsongs laufen aber auch rund um die Welt. "It's A Miracle", "Could It Be Magic", I Write The Songs", "Weekend In New England", "Looks Like Me Made It", "Can't Smile Without You", "Somewhere In The Night", "Even Now" oder "I Made It Through The Rain" schmolzen Frauenherzen dahin, ließen Männer träumen. "Copacabana" brachte ihm 1979 den "Oscar" des Musikgeschäfts, den "Grammy". Schon vorher wurde er zweimal zum "Sänger des Jahres" gewählt. Den "Emmy" bekam er 1977 für seine erste Barry-Manilow-Show. In Amerika von 37 Millionen Zuschauern gesehen, hat man sie in 67 Länder exportiert. "Frank Sinatra wurde neidisch", kommentierte die "New York Times" und sagte dem "zärtlichen Himmelsstürmer" eine steile Karriere voraus. Barry auf allen Kanälen, Teenies und Omis konnten sich nicht genug satt an ihm sehen.

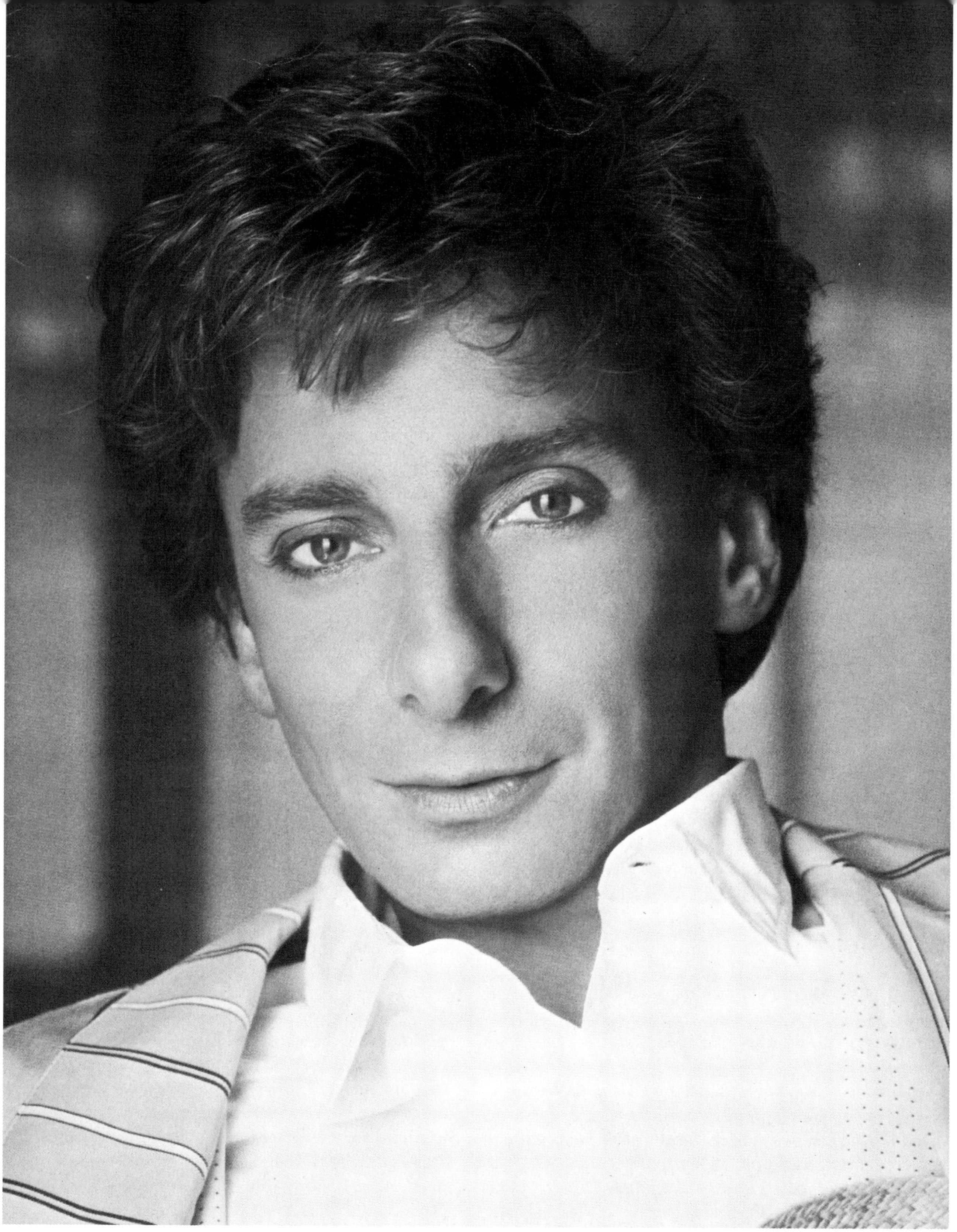

"Der ist immer gepflegt und frisch gewaschen", versuchte eine Kritikerin seinen Erfolg 1978 zu deuten. Mit fünf Alben gleichzeitig hielt er sich in den US-Hitparaden, was vorher nur Frank Sinatra gelang. Modemacher wählten den eleganten Barry zum "bestangezogenen Mann des Jahres". Modisch immer en vogue, für neidische Kerle vielleicht ein bißchen zu viel Püppchen, sollte er sehr stark auch die Kleiderordnung seiner Showkollegen bestimmen.

Stand er mehr denn je im Interesse der Öffentlichkeit, gab er Interviews nur noch spärlich: "Man spioniert mir Tag und Nacht nach." Um sein Privatleben aus den Schlagzeilen zu halten, engagierte er zwei abwimmelnde Pressejungs. Einer erzählte die gewünschten Stories, der andere kassierte die unerwünschten wieder ein. Auf die Frage aller Fragen, ob er eine Freundin habe, ließ der Schmusesänger erklären: "Das geht niemanden etwas an!" Bars mied er, die Szene war sowieso für ihn immer tabu. Und dann wurde er doch mit seinem schwulen Seelenleben konfrontiert. In Oxfordshire, im berühmten Blenheim Palace, sang Barry vor 40.000 Menschen. Unter die jubelnde Masse hatten sich auch "The Gays of Manchester" gemischt. Ihr Transparent "We love Barry" wurde von Ordnern zwar nach außen gedrängt, im Hotel jedoch schrieb Barry den schwulen Fans eine Widmung, über die sein Management ins Fluchen geriet: "I love you too. Barry."

Ein sanftes Coming out am Rande des Erfolges? Amerikanische Schwulenblätter versuchten es so zu deuten. Doch Barry behielt auch nach Rock Hudsons Tod das Bekenntnis für sich. Er hatte sich für's Mitspielen entschieden. Was nichts anderes als bewußtes Vorspielen heißt. Mit Melodien kann er Millionen von Herzen erobern, doch vor der Wahrheit seines eigenen Herzens hat er Angst.

Hierzulande ist es um den 42jährigen Weichzeichner der Töne in den letzten Jahren ruhig geworden, seit 1985 kam in Deutschland keine neue LP mehr auf den Markt. "Die alten Lieder sind eben immer noch die besten", heißt es bei RCA und Ariola als Begründung dafür. "Lebt der noch?", mußte die Pressechefin der eigenen Plattenfirma fragen, "schon Urzeiten habe ich von dem nichts mehr gehört". Barry Manilow lebt. Nachdem er den Krebs besiegt hat, mehr denn je. In einer komplizierten Operation mußten ihm die Ärzte 1987 ein Krebsgeschwür am Kiefer entfernen, seine Goldkehle war von diesem Mundhöhlenkrebs sehr stark bedroht. "Ich kann heute genauso singen wie früher. Und mein Leben wird nun noch intensiver gelebt."

Im US-Fernsehen haucht und röhrt er seine Balladen open end. Mit toupierter Kurzhaarfrisur, leicht nachgezogenen Lippen, einem bläulichen Lidschatten über den Ozeanaugen, in gestreifte Pullis gezwängt, verwirrt er die Hausfrauen und verdreht seinen schwulen Fanclubs den Kopf. Ist Barry in der Glotze, schnellen die Einschaltquoten nach oben. "Variety" beschrieb ihn als "Amerikas Bollwerk gegen Langeweile in der Show". Sein Entertainment ist zeitlos, seine Evergreens haben Sinatra-Level erreicht. Am Flügel zeigt er Stärke, geht er am ehesten aus sich heraus. Beim Schlußakkord zu "If I Should Love Again" (Wenn ich wieder lieben würde), seinem Platinhit, wirkt er gequält. Und daß er nicht kann, wie er will, sieht man ihm an. Das Publikum tobt. Er verbeugt sich, sein Blick ist verklärt. Solange ihn Applaus in diese narzißtische Trance versetzt, wird er lieben müssen wie bisher: heimlich.

Klaus Mann
Der rastlose Flüchtling

Sein Vater mußte seine homophilen Neigungen verstecken. Bei ihm traten sie nur in den Figuren seiner Novellen und Romane zum Vorschein: "Tonio Kröger", Hanno in den "Buddenbrooks", Rudi Schwertfeger in "Doktor Faustus" und natürlich Aschenbach in "Der Tod in Venedig". 1920 schrieb Thomas Mann an Carl Maria Weber über Homosexualität: "Das ist eine Gefühlsart, die ich ehre, weil sie fast notwendig - mit viel mehr Notwendigkeit jedenfalls als die normale - Geist hat ... Der Männliche braucht nicht notwendig vom Weiblichen angezogen zu werden, die Erfahrung widerlegt die Behauptung, daß 'Effemination' dazugehöre, damit es sich vom gleichen Geschlecht angezogen fühle."

In seinen Tagebüchern, die erst 20 Jahre nach seinem Tod veröffentlicht werden durften, bleibt fast kein geeigneter Augenblick ungenutzt, um von hübschen, anziehenden, anmutigen Knaben zu schwärmen, seien es die Knaben von Freunden, Gastgebern, oder anonyme Wesen, in die sich der Weltliterat unauffällig verguckte. Und nach außen? In einem Essay 1925, dem Jahr als der schwule Roman "Der fromme Tanz" seines Sohnes erschien, brandmarkte er Homosexualität als "Widersinn" und "Fluch" und folgert: "Sie ist Liebe im Sinne der Unfruchtbarkeit, Aussichtslosigkeit, Konsequenz- und Verantwortungslosigkeit. Es entsteht nichts aus ihr, sie legt den Grund für nichts ... Ihr inneres Wesen ist Libertinage, Zigeunertum, Flatterhaftigkeit." Tiraden gegen eine Neigung, die selbst tief in ihm schlummerte. Seine Tagebücher verraten, daß er sich gar in seinen pubertierenden Sohn Klaus verliebt hatte. Wenn ihm vieles später an diesem Sorgenkind nicht passen mochte, daß es schwul war, schien ihn nicht zu stören. Höchstens, daß der Sprößling es ungeniert ausplauderte, sein Schwulsein wie ein Adelsprädikat trug.

Für Klaus Mann war seine Veranlagung in der Tat nie ein Problem, trotz härtester Strafgesetze und doppelbödiger Vorurteile. Offen appellierte er in seinen Schriften, Schwulsein als etwas Normales zu begreifen: "Homosexualität ist eine Liebe wie andere auch, nicht besser, nicht schlechter, mit ebenso viel Möglichkeiten zum Großartigen, Rührenden,

"Es gibt zwei Arten von Männern, solche die wissen, daß sie schwul sind, und solche, die es nicht wissen."

Klaus Mann

Melancholischen, Grotesken, Schönen oder Trivialen wie die Liebe zwischen Mann und Frau."

Am 18. November 1905 kam Klaus Mann als Sohn des berühmten Dichters Thomas Mann in München zur Welt. "Man beurteilt mich als den Sohn." Dies war für ihn die bitterste Erkenntnis des eigenen Lebens. Der Vater, Sohn eines Lübecker Senators und erfolgreich mit allen seinen der Erzählkunst frönenden Werken (Nobelpreis 1929), kümmerte sich wenig um die Erziehung seiner Kinder. Dafür war seine Frau Katia zuständig, und das Dienstpersonal. Man lebte in einer Acht-Zimmer-Wohnung in München-Bogenhausen, ab 1914 in einer riesigen Villa am Herzogpark. Im idyllischen Bad Tölz wartete das eigene Landhaus für die Sommermonate. "Immer, wenn ich 'Kindheit' denke, denke ich zuerst 'Tölz'", schrieb Klaus Mann später.

Mit seiner um ein Jahr älteren Schwester Erika verband ihn mehr als geschwisterliche Liebe. Beide benahmen sich wie Zwillinge, amüsierten sich in den 20er Jahren darüber, daß man ihnen ein inzestuöses Verhältnis unterstellte. Mit 14 Jahren mußte sich Klaus einer heiklen Blinddarmoperation unterziehen, die ihn zwei Monate ans Bett fesselte. Die Ärzte hatten mit dem Schlimmsten gerechnet. 1922/23 besuchte er die Odenwaldschule bei Heppenheim an der Weinstraße. Im Internat entstanden wichtige Freundschaften. Er verliebte sich in Mitschüler. In Elmar oder Uto. "Ich hatte Angst vor dem Gefühl, das mir die Brust mit weher Seligkeit zu sprengen drohte. Ich hatte Angst vor Uto." Ihn nennt er seinen Ganymed, Narziß, Phaedros. Ihm schrieb er: "Ich liebe Dich!" Und schon mit 18 Jahren erkannte er: "Überall werde ich - Fremdling sein. Ein Mensch meiner Art ist stets und allüberall durchaus einsam."

Über die Einsamkeit hinweg halfen ihm Träume und Meditationen. Wichtige Hilfsmittel die geliebten Dichter. Platon, Wilde, Verlaine, Gide, Rimbaud, Bang. Schwule Dichterfürsten, deren Werke er heißhungrig verschlang. "Beinahe täglich las ich ein ganzes Buch." Mit 12 Jahren hatte er angefangen, "mir meiner Neigungen und Bedürfnisse bewußt zu werden. Ich fand meine Meister, meine Götter. Ich entdeckte meinen Olymp." Als er sich dort wohlfühlte, meinte er zu seinen angebeteten Heiligen: "Mein Olymp ist voll von Kranken und Sündern." 1919 bereits entschloß er sich, Schauspieler zu werden. "Zu nichts anderem konnte ich berufen sein." Mit Freunden hatte er den "Laienbund Deutscher Mimiker" gegründet. Doch die Erfolge blieben blaß. Seine Tragödie "Ritter Blaubart" ist wie eine Seifenblase zerplatzt.

1924 verlobte er sich mit der Tochter eines anderen Dichterfürsten, mit Pamela Wedekind. "Wir meinten es ernst, höchstens sehr nebenbei aus Bluff und um die

Pamela Wedekind und Klaus Mann, 1924

Klaus Mann und Pamela Wedekind (Karikatur von Mopsa Sternheim)

Leute zu erschrecken." Die erschreckte er auch mit seinem 1925 uraufgeführten Theaterstück "Anja und Esther", ein Drama um schwule Sehnsüchte und Begierden. Erika und Klaus Mann sowie Pamela Wedekind und Gustaf Gründgens spielten es an den Hamburger Kammerspielen. Hier eine kleine Sensation, fiel das Stück in Berlin und München durch. Die Vier, nach außen zwei Paare, wagten sich 1927 in Leipzig in einer "Revue zu Vieren" erneut auf die Bühne. Ein Reinfall.

Doch Debütant Klaus Mann arbeitete rastlos. Allein 1925 legte er drei Bücher vor, darunter "Der fromme Tanz". Die selbstquälerische Suche des jungen Künstlers nach einem Weg, einem gangbaren Weg zum Leben. Hier setzt er dem Berliner Bohemien-Leben der 20er Jahre ein Denkmal. Er malt ein nahezu travestisches Salon- und Kabarettgemälde, mit natürlichem Gespür für die sozialen Umstände seiner handelnden Personen. Einfühlsam filtert er zu Tage, wie und warum junge Burschen zur Prostitution kommen, exaltiert läßt er jedoch jene erscheinen, die sich ihr Schwulsein nur zum Vergnügen ans Knopfloch heften. Er selbst nannte seinen Roman später "wie schamlos er ist". Aus seinem Schwulsein machte er nie ein Hehl. In der Subkultur Berlins mußte er sich nicht verstecken. "Den Eros als Prinzip des Lebens" - eine Maxime, die ihm in seinem kurzen Leben Schwierigkeiten machen sollte, vor allem aus sich selbst heraus.

Nachdem er das Elternhaus verlassen hatte, lebte er fast nur noch in Hotelzimmern, in Pensionen, bei Freunden. Selten, daß er sich für ein paar Wochen eine eigene Wohnung anmieten wollte. Selbst das Heim seiner Eltern wurde ihm zum "zwanglosen Hotel". Getrieben in alle Welt, wurde er getrieben zum Schreiben. "Das Schreiben war mir eine natürliche Funktion wie Essen, Schlafen, Verdauen". 1927 fuhr er per Schiff mit seiner Schwester nach Amerika. Sie wurden dort von einem Bohème-Zirkel zum anderen gereicht. Der Vater war allen bekannt. Klaus Mann schrieb an seine Scheinverlobte Pamela Wedekind: "Wir pendeln so zwischen Millionären, Strichjungen, Universitätsprofessoren, Literaten, kleinen Studenten, Filmschauspielern, Malern hin und her." Hawai, Japan, Korea, die Sowjetunion waren weitere Stationen ihres lustvollen Herumpendelns.

1929 erschien "Alexander". Er widmete vielen schwulen Weltfiguren Novellen und Aufsätze, auch denen, die er nun persönlich kannte wie Gide und Cocteau. 1930 hatte "Geschwister" Premiere, ein Stück, das er nach Cocteau aus dem Französischen übertragen hatte. "Treffpunkt im Unendlichen" (1932) wurde wieder eine Beinahe-Autobiographie. Die direkte, im gleichen Jahr erschienen, hieß "Kind dieser Zeit". Klaus Mann hatte trotz allem nicht den Erfolg, den er sich wünschte, nach dem er buchstäblich ausgezogen war. Regelmäßig- bis zum drängenden Bitten - mußte er sich von seinem Vater Geld geben lassen, überall, wo er sich aufhielt schickte er Telegramme wegen seiner akuten Finanznot. 1929 gab er erstmals zu, "gelegentlich etwas Morphium" zu nehmen - und Heroin, "tut auch sehr wohl". Während er in "Treffpunkt im Unendlichen" Drogen und ihre fatale Wirkung geißelte, griff er selbst zwanghaft immer stärker danach.

Nach Hitlers Machtergreifung 1933 ging er sofort ins Exil. Nach Paris, Amsterdam, wo er die nächsten Jahre lebte. Wohl maßlos enttäuscht von seinem früheren Freund Gustaf Gründgens, der sich als Intendant der Nazi-Bühnen Berlins sogar zum Preußischen Staatsrat ernennen ließ, schrieb er 1936 "Mephisto". Eine geniale Abrechnung mit dem von ihm bekämpften Terrorregime. 1936 fuhr er zu einer Vortragstournee in die USA, 1937 erwarb er sich die tschechoslowakische Staatsbürgerschaft. Bei einer Heroin-Entziehungskur in Budapest lernte er den jungen amerikanischen Journalisten Thomas Quinn kennen, einen betörend schönen Mann. Für einige Zeit war er glücklich, zeigte er seinem Geliebten das kulturelle Europa. 1938 siedelte er ganz in die USA über. Und es begannen schwere Zeiten für ihn. In seiner Jugend war es ihm wie selbstverständlich gelungen, die Knaben und Männer, die er wollte, an sich zu binden, zumindest mit ihnen das Bett zu teilen. Jetzt war er nicht mehr so attraktiv, hatte vor allem seine Launen. Viele der New Yorker Stricher nutzten ihn aus, einige schlugen ihn zusammen. Curt Riess, der ihn lange kannte und mit ihm befreundet war: "Verhängnisvoller noch war das aufkommende Interesse von Klaus für harte Burschen, etwa für einen völlig normalen Lastwagenchauffeur. Solche Typen machte er dann betrunken und ging mit ihnen ins Bett. Am nächsten Morgen stets das gleiche Bild: Der Rausch war ausgeschlafen, die völlig normalen Burschen sahen sich mit einem nackten Mann im Bett, prügelten ihn windelweich und nahmen ihm seine Barschaft ab." Seine Autobiographie "The Turning Point" war 1942 erschienen, als Hitler Amerika den Krieg erklärte.

Klaus Mann meldete sich freiwillig zur Armee. Es war nicht leicht für ihn, dort unterzukommen. Es gab den Paragraphen 4 F, der Homosexuelle ausschloß. Curt Riess in "Meine berühmten Freunde" (1987): "Ich mußte, von Klaus instruiert, schwören, er sei 'normal'. Andere Freunde mußten das auch. Unsere Meineide hatten immerhin die Wirkung, daß er nicht sofort abgelehnt wurde, was bei seinem Lebenswandel - von dem jeder, der es wollte, wissen mußte - eigentlich selbstverständlich gewesen wäre. Es kam zu einer sogenannten 'Untersuchung' ... Der Psychiater fragte Klaus, ob er eine Freundin habe, und Klaus antwortete forsch, er habe deren mehrere ... Dann winkte er Klaus und deutete auf das Fenster eines gegenüberliegenden Hauses und auf ein Mädchen, das an diesem Fenster stand ... Und er sagte: 'Die muß einen tollen Busen haben!' Und Klaus, der sich ein Leben lang nie für die Busen von irgendwelchen Damen interessiert hatte, nickte eifrig. 'Ja, einen tollen Busen!' Und damit hatte er die Prüfung bestanden und war in der amerikanischen Armee."

Ein hartes Leben begann. Er mußte sich zügeln. 1944 landete er in Casablanca, danach nahm er am alliierten Feldzug in Italien teil. Er wurde Mitarbeiter der US-Armeezeitung "Stars and Stripes". Am 28. September 1945 wurde er aus der Armee entlassen. Er lebte nun in Rom, Amsterdam, New York, Kalifornien. Sein rastloses Herumziehen nahm kein Ende. Doch die Perspektiven für seinen Schriftstellerberuf schienen düster, auch in Deutschland, wo er sich nach dem Krieg so viel Auftrieb erhoffte. Er zog sich Anfang April 1949 in ein kleines Hotel in Cannes zurück, um seinen Roman "The Last Day" zu schreiben. Seinem Vater wünschte er, er würde neuer Präsident eines westdeutschen Staates. Er schrieb: "Dann würde ich dafür sorgen, daß nur Schwule gute Stellungen kriegen." Nach einem vergeblichen Versuch ein paar Tage vorher, vergiftete er sich am 20. Mai 1949 mit Schlaftabletten. 24 Stunden später war er tot. Man begrub ihn in Cannes. Erst jetzt sollte sein Ruhm als Dichter beginnen. Hätte er die Auflagenhöhen seiner Bücher erlebt, er hätte vielleicht überlebt.

Jean Marais
Liebling der Götter

Ein Kind des Olymp - eine einsame lebende Legende. Dazwischen ein betörendes Leben und die faszinierende Liebe zu Jean Cocteau. Noch heute zieht er mit seinem Charisma alle, die ihm begegnen, in seinen Bann. Jean Marais, dem es gelang, durch den Spiegel zu schreiten.

Am 11. Dezember 1913 wurde Jean Alfred Villain-Marais in Cherbourg geboren. Sein Vater war Tierarzt. Die Ehe seiner Eltern brach auseinander, als er fünf Jahre alt war. Seinen Vater sah er erst 1960 wieder, als der im Sterben lag. Seine Mutter hatte ihm stets erzählt, sein Vater sei ein Wüterich gewesen, ein Unmensch, der sie schikanierte. Dabei litt der Vater unter der Trennung, und die Mutter hatte ihre Zelte in Cherbourg abgebrochen und Jean sowie dessen Bruder und Schwester mitgenommen. Die Mutter war Kleptomanin, die einige Male sogar im Gefängnis landete. Jean selbst wurde als Kind für ihre Tricks eingespannt, er mußte Wache schieben oder das Kaufhauspersonal ablenken.

Nach den frühen Kinderjahren in der Obhut seiner Großmutter, penibler Tanten sowie seiner Mutter, die ihm mehrere Väter und verschiedene Wohnungen zumutete, landete Jean in Pariser Knabeninternaten. Hier wurde der bezaubernde Junge erstmals von Kameraden und Lehrern verführt. Als er 14 war, so berichtet er in seiner Autobiographie "Spiegel der Erinnerungen" (1976), sei ein 16jähriges Mädchen über ihn hergefallen, ohne ihn jedoch erregen zu können. Auch eine Prostituierte habe den jungen Mann in ihm nicht zu wecken vermocht. Vielmehr war er schon früh erstaunt über seine Vorliebe für die Garderobe der Mutter, ihre Parfüms und den Wunsch, den Duft auf der eigenen Haut zu spüren. Mit dem Faible für Verkleidungen entdeckte er auch die Schwärmerei für den Film. "Schon als Kind wollte ich Schauspieler werden." Zur Gewißheit wurde dieser Traum, als er den monumentalen Stummfilm "Ben Hur" Mitte der 20er Jahre im Kino erlebte: "Ich entdeckte Ramon Novarro, den ich von Stund an liebte ... Und noch dreißig Jahre später habe ich Charlton Heston verübelt, daß er seine Rolle nachgespielt hat." Als Jean den Film mit gierigen Augen verschlang, begann ein

"Ja, diese unbegreifliche Mischung aus Kind und Mann, aus Gut und Böse, Schwäche und Ehrgeiz, Glaube und Unglaube, Arglist und Freimut, Intelligenz und Torheit - das bin ich!"

Jean Marais

neuer Abschnitt seines Lebens: "Seither erschien mir alles, was man uns auf dem Gymnasium beibrachte, unnütz für meine Zukunft, mit Ausnahme von Turnen und Rezitation."

Noch langweiliger als die Schule empfand er eine Lehre als Radiomechaniker. Er brach sie ab und kam zu einem Fotografen, um Bilder zu retuschieren. Ein Betriebsunfall im Labor hätte ihm fast das Leben gekostet. Die erste Schauspielschule, die er ansteuerte, nahm ihn nicht auf, man hielt den Schönling für unbegabt. Ende der 20er Jahre zog er zu einem robusten Seemann, der dabei war, das Kapitänspatent zu erwerben. Über ihn fand er Zugang zur Literatur des André Gide. Der Filmregisseur Marcel L'Herbier verliebte sich 1930 in den 17jährigen Filmenthusiasten. Er versprach, mit ihm in der Hauptrolle Oscar Wildes "Dorian Gray" verfilmen zu wollen. Sprüche. L'Herbier wollte Jean in sein Bett bekommen, doch Jean schob ihn und dessen kühne Phantastereien von seiner Bettkante hinunter. Er schuftete als Maler und Tapezierer, um sich eine private Schauspielschule finanzieren zu können. Mit 19 hatte er endlich den Sprung zum Hilfsarbeiter in den Filmateliers geschafft, mit 21 bekam er in dem Streifen "Skandal" die erste Statistenrolle. Mal durfte er zwei, mal fünf, mal zehn Sätze sprechen, doch sein Talent wurde verkannt.

Das Jahr 1937: Jean Cocteau suchte für seinen Film "Die Ritter der Tafelrunde" einen Ersatz für den erkrankten Schauspieler Jean Pierre Aumont (er verkörperte 1972 den schwulen Mimen in Truffauts "Die amerikanische Nacht"). Und er erinnerte sich an eine Empfehlung von Charles Dullin, der ihm den gutaussehenden Marais schon einmal vorgeschlagen hatte. Marais kam, sah und siegte. Die Rolle des Sir Galahad war ihm nach zehn Minuten sicher. Als er Cocteau in dessen Haus aufsuchte, begegnete er auch dem Boxer Al Brown und dem Schriftsteller Marcel Khill, mit denen der Dichterfürst abwechselnd Tisch und Bett teilte.

Marais über diese erste Begegnung: "Cocteau kam halbnackt im Schlafrock herein, und überall roch es nach Opium."

Marais spielte wenig später seine erste Theaterrolle bei Cocteau: "Ödipus". Danach bekam er einen Anruf von seinem Mentor, der habe sich in ihn verliebt. Marais war gerührt, konnte die Gefühle jedoch nicht sofort erwidern. Cocteau ließ dem charmanten jungen Mann Zeit, auch, um sich von Empfindungen Frauen gegenüber zu verabschieden. Die Arbeit indes brachte sie einander immer näher. 1938 triumphierten beide mit dem Stück "Die schrecklichen Eltern". Marais wurde von Filmangeboten überhäuft. 1939 kam der Krieg, und die Männerehe wurde für Monate geschieden. Marais war zur Luftwaffe eingezogen worden, konnte aber 1940 bei der Besetzung Frankreichs durch die Deutschen nach Perpignan in den Süden entkommen, wo sich Cocteau bei Freunden aufhielt. Beide kehrten heim nach Paris. Dort gelang ihnen an der "Comédie Francaise" mit dem Stück "Die Schreibmaschine" ein Riesenerfolg. "Der Doppeladler" folgte. Längst war Marais für Cocteau und sein dichterisches Schaffen unentbehrlich geworden, ein Medium gleichsam. In keinem seiner Theaterstücke und Filme, die er noch kreieren sollte, durfte der Geliebte mehr fehlen. Die Presse, von Nazi-Berlin gesteuert, verriß die glanzvollen Resultate, doch das französische Publikum raste vor Be-

Jean Marais als "Orphée"

geisterung. Das Stück "Andromache" kanzelte man als "Schwulenspektakel" ab, "schon daran erkenntlich, daß die Frauen bis zum Hals zugeknöpft auftreten und die Männer so gut wie nackt". Marais, so schrieb ein Pariser Leitartikler, sei "schlimmer als eine englische Fliegerbombe".

1945 war der Spuk vorbei. Marais, noch einmal kurz als Soldat an der Front gewesen, begann ein rastloses Film- und Theaterleben. "Es war einmal" hieß 1946 ein Film von Cocteau, richtungsweisend. Er hatte das Märchen "Die Schöne und das Tier" für Marais so umgeformt, daß der in seiner Doppelrolle auch als Untier brillieren konnte. Dieser Zauber gilt bei vielen Kritikern noch heute als der schönste Film Cocteaus. 1947 das nächste Ereignis: der Streifen "Ruy Blas, der Geliebte der Königin".

Der berühmteste Film der beiden Lieblinge der Götter wurde unbestritten "Orphee" (1950). Doch, eigentlich war die Rolle wie schon 1937 bei "Die Ritter der Tafelrunde" Jean Pierre Aumont zugedacht, dessen Agentur das Drehbuch aber als "nicht spielbar" ablehnte. Marais fügte sich ein in die Mythenwelt des Orpheus, in die Welt der Rätsel, Halbschatten und Spiegel und vermochte durch den Spiegel zu schreiten. Der Tod stirbt, das Zeichen der Unsterblichkeit für den Dichter. Und, der Tod trägt das gleiche Gesicht wie die Liebe, der Dichter ist der Liebling des Todes. Cocteau gelang mit diesem phänomenalen Ritual auch die Deutung der Beziehung zu seinem Jean. Wenngleich sich beide seit 1947 nicht mehr wie Gefangene aneinanderbanden - und vor allem sexuelle Freiräume suchten. Doch ihre Liebe währte ewig.

Wolfgang Theis, Berliner Filmhistoriker, analysierte genau, was damals passierte: "Niemand später hat Marais so vorteilhaft in Szene gesetzt. In jeder Einstellung (gemeint: "Orphee" und "Es war einmal") ist die Leidenschaft zu spüren, die Cocteau für seinen schönen Hauptdarsteller hegte. Ob furchterregendes Monster oder Dichter, beiden nähert sich der Regisseur Cocteau mit einer liebevollen Aufmerksamkeit, die noch das kleinste Detail betont, um die strahlende Schönheit zu würdigen. Marais' inszenierte Männlichkeit, verbunden mit dem jungenhaften Charme, schuf vor James Dean einen Topos schwuler Virilität, der nur deshalb nicht zum Mythos wurde, weil sein Protagonist dieses künstliche Gebilde aus Wunsch, Traum und Realität zu oft kopierte und abwandelte, es allzustark dem Leben annäherte und so den Erwartungen der Zuschauer nicht entsprach."

Als "Orphee" die Leinwände Europas eroberte, fuhren Marais und Cocteau in den Mittleren und Nahen Osten, um die erfolgreichsten Bühnenstücke aufzuführen. Dieses Jahr 1950, das Jahr des Triumphes, wurde für Marais auch die Weiche für ein neues Glück. Auf dieser Reise lernte er einen amerikanischen Tänzer, George R. (so nennt er ihn), kennen und lieben. Zehn Jahre lebte er mit ihm zusammen. Cocteau verliebte sich in den jungen Edouard Dermithe.

Die Filmkarriere Marais' steigerte sich in hymnische Dimensionen. Außer bei Cocteau, mit dem er die persönlichsten und künstlerisch wertvollsten Filme drehte, konnte er auch in flotten Unterhaltungsstreifen glänzen: "Das Geheimnis von Mayerling" (1949), "Der Graf von

Monte Christo" (1953), "Des Königs bester Mann" (1954), "Versailles - Könige und Frauen" (1953), "Fantomas" (1960) oder "Austerlitz - Glanz einer Kaiserkrone" (1960). Große Leistungen zeigte er in Jean Renoirs "Elena und die Männer" und "Weiße Margeriten" (jeweils 1956) sowie in Luchino Viscontis "Weiße Nächte" neben Maria Schell (1957).

Seine Eleganz, sein unwiderstehliches Flackern in den atlantikblauen Augen brachte die Frauen der 50er Jahre in Aufruhr. Allein in Deutschland verlieh ihm das Publikum dreimal hintereinander den "Bambi". Sein Schwulsein: Viele wollten es nicht wahrhaben, manche hatten es nach seiner formalen Trennung von Cocteau einfach verdrängt. Dabei kam es erst jetzt, im vollen Mannesalter, für ihn selbst als absolut dominant zum Vorschein. Marais wurde zum Verführer der Pariser Jugend. Mit einem weißen Kabriolett flanierte er um die Bars des Montmartre und winkte den griechisch-anmutenden Burschen in den Wagen.

Auf nächtlicher Liebestour lief ihm auch ein bildhübscher, 19jähriger Straßenjunge über den Weg: Serge Ayala, ein verwahrloster Zigeuner. Serge hatte keine Eltern mehr, keinen Paß, kein Geld, keine Arbeit. Jean Marais verliebte sich auf Anhieb in dieses hilflose Geschöpf und gab ihm ein nobles Zuhause. Er engagierte Hauslehrer für ihn, kleidete ihn nach der neuesten Mode, überhäufte ihn mit Geschenken. Im Kampf gegen die Bürokratie gelang es ihm sogar, ihn als seinen Sohn zu adoptieren. Auch Cocteau freundete sich sofort mit diesem klugen Schachzug an, gab es damit doch einen sympathischen Erben. Marais zeigte seinem Serge die halbe Welt. Er konnte sich ja mit seinem Sohn überall, selbst am Klatsch-Strand der Cote d'Azur, ganz ungeniert zeigen.

1963 erlebte Marais, der Unsterbliche, den Tod aus nächster Nähe. Zuerst verstarb seine geliebte Mutter, dann am 11. Oktober Jean Cocteau. "Für mich blieb das Leben stehen ... Jean lag aufgebahrt in seiner Robe als Mitglied der Academie Francaise vor dem großen Spiegelschrank. Unwillkürlich mußte ich daran denken, daß er mich bei meiner Suche nach Eurydike durch den Spiegel hatte schreiten lassen. Ach, nähme doch der Tod meine Hand und führte mich wirklich durch diesen Spiegel, hinter dem Jeans Seele auf Reisen ging." In seinem Tagebuch vermerkte er "Jean, ich weine nicht. Ich werde schlafen und dich dabei ansehen und sterben, denn von nun an werde ich nur so tun, als lebte ich."

Marais zog sich zurück, spielte dann vor allem wieder Theater. Wie O.E. Hasse in Deutschland mit Elisabeth Bergner, so las Marais in Frankreich mit Edwige Feuillere die Briefe von Shaw: "Geliebter Lügner". Ein Theaterereignis. Der Film "Pulverfaß und Diamanten", den er 1971 drehte, geriet indes zum Flop. Marais mied Kameras und ließ sich im südfranzösischen Töpferstädtchen Vallauris nieder, das Picasso weltberühmt gemacht hatte. Hier wurde aus dem Mimen selbst ein Töpfer. Er betreibt noch heute mehrere Läden, in denen man seine Vasen und Kunstobjekte verkauft.

1983, das 20. Todesjahr von Cocteau, führte Marais erneut auf die Bühne. Er stellte Gedichte, Textpassagen, Tagebuchnotizen seines Geliebten zusammen und trug sie in einem Zwei-Stunden-Programm vor. 1985 kam er mit dieser umjubelten Hommage auch nach Deutschland. Der Applaus wollte nicht enden. 1986 erlaubte er dem deutschen Filmemacher Peter Bermbach, ein Portrait von sich zu zeichnen. Doch, er bestimmte, was die Zuschauer zu sehen bekamen. Bermbach: "Marais ist sehr spröde und verschlossen. Wenn die Kamera läuft, hat er ganz bestimmte Tabus." Als das Rotlicht aus war, der andere Marais: "Er erzählte mir alle Höhen und Tiefen seines Lebens. Verschwieg nicht seine Homosexualität und scheute sich auch nicht, über Liebesaffairen und Kümmernisse zu sprechen. Aber ihn zu überreden, auch ein ganz klein wenig von seinem Privatleben den Fernsehzuschauern preiszugeben, das war unmöglich." Bermbach war von dem damals 73jährigen fasziniert: "An einem Drehtag trug Marais einen blauen Pullover, der genau mit der Farbe seiner Augen harmonierte. Einfach phantastisch." Das ZDF-Filmteam erlebte alles in allem einen sehr einsamen Menschen Marais, der sich über Besucher freuen kann wie ein kleines Kind. Ist er schon so weit entrückt? Der Olymp, dem er entsprungen, und mit ihm Cocteau, scheinen zu warten.

Mary & Gordy
Außenseiter im Champagnerglas

Natürlich stehen die beiden auf Männer. Auch wenn sie solche Schlagzeilen scheuen wie der Teufel das Weihwasser. Sie sind oben, ganz oben auf der Leiter eines himmlischen Massenerfolges. Das Volk jubelt ihnen zu. Springers "Hörzu"-Leser haben sie 1987 zu den beliebtesten deutschen Unterhaltungskünstlern gewählt. Das sind sie ohne Abstriche - völlig zu Recht. Postbeamte, Gymnasiallehrer, Maurer, Kriegerwitwen, Realschüler, Frau Doktor und Herr Apotheker klatschen sich tierisch auf die Schenkel, wenn dieser Hurrican aus Show und Witz Abend für Abend an ihnen vorbeifegt. Wieviele reißt er mit? Es wäre ein Naturereignis, bliebe der Zoff, blieben die zündenden Pointen nicht nur am Revers, sondern in Kopf und Bauch dieser Damen- und Herrschaften haften.

Mary & Gordy, früher Gaudium für die Minderheit der Männer, die nach der Vorstellung der Mehrheit nicht einmal sexuell wissen, wo hinten und vorne ist, sind heute Opium für das Volk, für alle, die wissen, wo's lang geht. Als sie anfingen Balance zu trainieren, war das Showboot, in das es sie drängte, noch wankend, auf einem schlingernden Kurs. Heute sind sie fest etabliert, werden sie auf Luxusdampfern auch von ungläubig staunenden Senioren für die ihren gehalten. Als Außenseiter mit Haut Haar gestartet, einem Markenzeichen gleich, müssen sie sich nun unter ihren Perücken verstecken. Obwohl man vermuten könnte, Schwulsein gehöre zur Travestie wie das Salz in der Suppe, man irrt, wenn man das Bekenntnis dazu gleich mit serviert haben will.

"Ich mag die Männer, die so schön brutal sind, bei denen kenn' ich kein Tabu ... bei behaarten Typen werd' ich weich ... so ein Mann, der nimmt mich im Sturm ... ich mag die Männer, die so schön brutal sind, mit vielen Muskeln überall, mir sind Mimosen in den langen Hosen egal ...". Aufgedonnert, engagiert und glaubhaft röhrt Mary ihren Song ans starke Geschlecht ins Mikro. Beifallsstürme branden auf. Ein Bekenntnis für die Arena? Nein, Bühnenalltag, mehr nicht. Privat, befreit von roten Fingernägeln, Garbo-Wimpern, Dessous und Plastikbusen

"Haben'se nicht, haben'se nicht, haben'se nicht 'nen Mann für mich ... kurz und klein, es darf auch 'ne Tunte sein!"

Mary & Gordy in einem Song

ist man ganz Mann. Natürlich, man ist ja einer! Aber keiner, der es zum Gefallen der Jubler und Johler so wie er ist zugeben darf. Trennungsstriche wurden sicher von anderen gezogen, doch Mary & Gordy hüpften auf die "richtige" Seite.

Ihr smarter Manager Jack Amsler stuft Fragen nach ihrem Schwulsein als Beleidigung ein. Man kann übertriebene Nähe zu Männern mit Männerfaible für ihren Showbiß mit Gütesiegel nicht gebrauchen. Noch deutlicher weicht man zurück, wenn ihre grenzenlose Fummelliebe gar als Hobby auch hinter den Kulissen verstanden zu werden droht. Mary erregt: "Travestie ist Komödie, Transvestismus dagegen Tragödie. Das Problem haben wir beide nicht. Das ist ein sexuelles Problem, wo ich immer sage: Es ist eine Damenbrille in einem Herrenetui. Das ist von mir, ich hab' mir mal so Gedanken gemacht. Man hat ja auch früher in den Anfangszeiten mit solchen Leuten zu tun gehabt. Das sind wunderbare Menschen. Sie haben eben nur das eine Problem. Wenn jemand einen verkehrten Beruf hat, hilft das Arbeitsamt. Das ist lang nicht so schlimm, wie wenn jemand eine weibliche Empfindung hat und dabei eine männliche Hülle. Da kann man nicht raus." Da haben wir es wieder, das Vorurteil, das Madame Müller auch gegenüber Schwulen verbreitet: weibliche Empfindung und männliche Hülle, die passen doch nicht zusammen - die armen Tunten! Gordy erklärt den Unterschied zwischen ihrer Show und der Neigung, Fummel zu mögen, noch eine Idee drastischer: "Wer den Oscar für die

Mary als "Marlene Dietrich"

Rolle eines Mörders bekommt, wird doch deshalb nicht als solcher betrachtet."

Mary & Gordy sind das Beste, was das deutsche Entertainment zu bieten hat. Nur, warum zieren sie sich so? Zur schwulen Ehrenrettung eine gewagte Erklärung: Vielleicht ist das Rätselraten für die biederen Unwissenden nur als raffinierte Reklamelunte gelegt. "Was ist schon dran an einem Mann", der kein Geheimnis mehr hat, zumal in der Branche?!

Geheimnisvoll ist an Mary & Gordy schon ihre Kindheit und Jugend. Georg Preusse, 1952 in Westfalen geboren, weiß heute nur mehr, was er damals noch nicht wußte: daß er als Frau einmal seinen Mann steht. Er war ein kesser Schüler, immer propper herausgeputzt, zielstrebig und eitel. Praxis ging ihm immer vor Theorie. So entschloß er sich nach dem Abitur, zuerst einmal Radio- und Fernsehtechniker zu werden. Er reparierte die Apparate, aus denen er heute unterhält. Beides mit Leib und Seele. In Bielefeld wollte er dann Elektronik studieren, Ingenieur Preusse klingt halt doch nobler. Doch weil er zum Studieren zu viel Zeit und zum Leben zu wenig Geld hatte, kellnerte er zwischendurch in einer Bar, mit Männerüberschuß selbstverständlich.

"Nur so aus Spaß" begann er, Zarah-Leander-Lieder zu fauchen. Die Schwulenmutter-Imitation gelang ihm bald auch in der engen Second-hand-Robe perfekt. Aus dem akademischen Kabellöter war ein travestischer Funkensprüher geworden. Und der zog bei allen Jahreszeiten durchs Land. Beauty Mary hing das trockene Studium an den Nagel, die stickigen Kerzenscheinbühnen, das Augenflackern von Jeanskerlen und Nadelstreifenvertretern wurden seine Welt. Fünf Mark pro Piccolo-Fläschchen gab es fürs Animieren. Mary in einem "Welt"-Interview: "Aber wo sonst hätten wir unseren Beruf erlernt, wenn nicht auf der freien Wildbahn der nächtlichen Unterhaltung ... Wer bildet denn Travestiekünstler aus?"

In Hamburg und München kam die Salonschlange besonders gut an. An der Isar auch, weil Georg ohne falschen Busen als Mann brillierte. Mario vom Konkurrenzunternehmen Samy & Mario amüsiert sich köstlich, wenn er an Georgs Auftritte im Transi-Plüschladen "Die Spinne" denkt: "Der Junge legte einen Menstrip hin, der hatte sich gewaschen!"

Rainer Kohler war künstlerisch ein Spätzünder. 1945 im erzkonservativen Tuttlingen geboren, kannte er brodelndes Showbiz nur vom Bildschirm. Ein Durchschnittsjunge, für den es nur am heimischen Herd richtig brodelte, in der Spätzleküche des elterlichen Gasthofs. Als solider Schwabe wurde er Koch. Er drehte tatsächlich Fleisch durch den Fleischwolf, bevor er die Show-Creme parodierte. Allein seine Schwester verstand es, ihn zum Märchenspielen zu verleiten. Doch damals war er im "Rotkäppchen" noch der böse Wolf. Über Gitarrenfolklore hatte er es immerhin dann bis zum Auftritt bei ländlichen Polizeibällen gebracht. "Aus Blödsinn hab' ich gesagt, ich könnte ja auch ein paar Lieder von Helen Vita singen. Die sind alle im Ich-Stil und frivol." Mit knappen 30 Jahren war das der Eintritt in die Manege der Verwandlungsakrobatik, ein kühner Schwabenstreich. Fortan tingelte er am "freien Wirtesamstag" durch den süddeutschen Raum, bis ihn ein blonder Vamp aus Hamburg in die Krallen bekam.

Als "Mary Morgan" und "Gordy Blanche" steppten sie sich seither nach oben. 1978 im Münchner Hilton-Hotel beobachtete sie Kabarett-Chef Sammy Drechsel und holte sie gleich in seine "Münchner Lach- und Schießgesellschaft" nach Schwabing. In Kochel am See kündigte man sie zwar ein Jahr später noch als "Transistor-Show" an, doch im Gepäck drängten sich schon 70 Kostüme und 45 Perücken. 1981 dann die erste Show im Fernsehen. Doch nicht die Glotze, die Mundpropaganda in Szenebars und Dorfwirtshäusern wurden Basis ihrer Triumphe. 167 Auftritte im Theater "Die Wühlmäuse" waren 1982 ausverkauft, 60.000 Berliner jubelten, die Kritik flocht ihnen Kränze. Es sollte die Steigerung folgen. Insofern ist der Titel ihrer dritten LP "Meistens ist gar nichts dahinter" falsch gewählt. Denn Berlin stand wieder Kopf. 1984 holten sie 127.000, 1986 gar 150.000 Zuschauer in die Theater und das Zelt, das man extra für sie aufgestellt hatte.

Ihre Live-Show hat 1,5 Millionen D-Mark verschlungen. Und zu recht sind sie stolz: "Unser Betrieb läuft ohne Subventionen, das alles haben wir selbst aufgebracht, uns selbst ertanzt." Die täglichen Unkosten für ihre Deutschland-Tournee 1987/88 beliefen sich ohne Hallenmiete und Werbung auf 17.000 bis 20.000 D-Mark. 21 Musiker, Techniker, Organisatoren im Schlepptau, sind Mary & Gordy zu einem Wanderzirkus geworden, der floriert.

Drei Stunden Glanz und Glamour, Einfallsreichtum, der besticht. Und die Schlußnummer doch als die Offenbarung? Mary im Monroe-Fummel, rückenfrei, taillebetont, sexy: Langsam zieht sich Georg Preusse den Flitter herunter, Ohrclips, Fingernägel klacken ab. In Jeans, 1,80 groß, 63 Kilo leicht, steht er erschöpft vor den tosenden Massen. Der Vorhang für ein Coming out fällt? Bald will Mary als Marlene bestechen - für diese Gefühlsrevue sind wieder alle bereit.

Hubert von Meyerinck
Der schnoddrige Gentleman

"Hubsi", wie er von Freund und Feind genannt wurde, war ein Unikum. Er war der wohl meistbeschäftigte Schauspieler des deutschen Kinos, von 1920 bis 1970. Sein Schwulsein trug er mit einer Nelke im Knopfloch und mit seinem unnachahmlich skurrilen Lächeln. Versteckt hat er sich nicht, auch nicht geprotzt mit seinen anderen Gefühlen. Aber jeder wußte, auch im unglückseligen Dritten Reich, daß der Potsdamer Herr Knaben mag. Es fiel ihm schon mal das Monokel aus dem Auge, wenn so ein süßes Wesen an ihm vorbeischwebte.

Geboren wurde Hubert Georg Werner Harald von Meyerinck am 23. August 1896 in Potsdam. Sein schauspielerisches Talent erkannte er bereits in seiner Kindheit. Der Vater, Offizier, war alles andere als begeistert, als sich sein Sohn in Mäntel und Umhänge schwang, um vor dem Spiegel zu posieren. Er nahm privaten Schauspielunterricht. 1917 konnte er am Königlichen Schauspielhaus Berlin debütieren. Max Reinhardt, Theaterlegende, formte ihn zu einem Charakterdarsteller. Hubsi paradierte auch durchs Kabarett und die berühmten Berliner Revuen. Mit Marlene Dietrich stand er 1927 auf der Bühne. Motto: "Es liegt was in der Luft!" Seinen Filmeinstand hatte er (übrigens wie O.E. Hasse) 1920 in dem Streifen "Der Mann ohne Namen". Für ihn selbst traf dies bald nicht mehr zu. Schon in den Stummfilmen tobte er wie eine snobistische Elfe. In einem rosa Balletthöschen, dem Hermelincape seiner Mutter und einer winzigen blauen Seidenkappe auf dem Kopf, tänzelte er über Stühle und Tische, amüsierte er sich über das Gelächter derer hinter der Kamera, die sein Fummelgehabe so gar nicht verstanden. Albernheit, verpackt in grotesken Hochmut, so sahen die Regisseure sein Können.

Er wurde zum blasierten Preußen. Ob als Offizier, Hochstapler, Beamter, Baron, Portier oder Strohwitwer. Allein seine steife Sprache wirkte komisch. Und seine Glatze, glänzend poliert - in ihr ließ es sich spiegeln. Früher hatte er noch pomadige Haarteile drübergeklebt, doch kahl bekam seine Erscheinung mehr Fülle. "Ich und die Kaiserin"

"Ich liebe ja nun wirklich das Leben. Jeder, der aus falsch verstandenen Rücksichten vorbeilebt am Leben, ist nur zu bedauern."

Hubert von Meyerinck

(1933), "Die Welt ohne Maske" (1934), "Die keusche Geliebte" (1941), "Münchhausen" (1943), "Heute Nacht passierts" (1953), "Das Mädchen Rosemarie" (1958), "Der Mann geht durch die Wand" (1959), "Das Spukschloß im Spessart" (1960), "Herrliche Zeiten im Spessart" (1967), "Wenn die tollen Tanten kommen" (1970) - einige Erfolge aus den über 200 Auftritten bei Film und Fernsehen.

Das Theater verlor Hubsi nie aus den Augen. Noch im Alter brillierte er auf Berliner Bühnen. Autoren wie Thomas Bernhard widmeten ihm Stücke. Das Publikum applaudierte, wenn er nur aus der Kulisse trat. Privat lebte er eher bescheiden, Hamburg und Berlin hatte er sich zu fast gleichberechtigten Domizilen erwählt. Mit Hubsi plaudern zu dürfen, war das schiere Vergnügen. Ufa-Damen, Jungkomiker, neugierige Journalisten jubelten, wenn sie eine Einladung zum Fünf-Uhr-Tee erhielten. "Meine berühmten Freundinnen - Erinnerungen" nannte er seine 1969 erschienenen Memoiren. Er verriet nicht zu viel, witzelte lieber über andere, er gab sich jedoch als komisches Original zu erkennen, das sich unter den Masken dieser hämischen Fatzkes eine verletzliche Seele bewahrte. Wahrscheinlich war er oft einsam. Die Dynamik, die er so zischend, schusselig versprühte, hätte er wohl gerne auch für seine Eroberungen verwendet. Doch zu seiner Zeit passierte das Glück von Männern, die Männer mögen, wenn es passierte, furchtbar heimlich. Und er war ein Typ, der vor dem Vorhang agiert. Seine Pointen saßen immer. Ob er selbst immer mitlachen konnte? Am 13. Mai 1971 verstarb Hubert von Meyerinck in Hamburg.

Meyerinck in "Das Spukschloß im Spessart"...

...und in "Wenn die tollen Tanten kommen", rechts Ilja Richter

George Michael
Eine Ladung Dynamit

George Michael hält sich für unwiderstehlich. Als er noch Softie war, war er genauso von seiner Dynamitwirkung überzeugt wie als widerborstiger Macho. Er zieht seine Bewunderer an wie Motten das Licht. Und er hat Neider. Boy George jedoch neidet ihm sicher nicht den Erfolg, sondern ist sauer auf sein Image. So wie sich er auf dem Höhepunkt seiner Karriere zierte, sein Schwulsein zu bekennen, versucht auch George Michael das Thema nicht zu behandeln. "No comment!" Boy, der es besser weiß, in einer englischen Radioshow: "Natürlich ist George Michael schwul." Michaels Vorzeigefreundin Pat Fernandes bezeichnete er als "fag hag", als eine Frau, die es nur auf Schwule abgesehen habe. Boy: "Daß George mit Pat ein Verhältnis hat, ist so verrückt wie die Behauptung, ich hätte Sex mit dem Mädchen von nebenan."

Das Pop-Wunder George Michael kam 1964 in London zur Welt. Sein Vater, zypriotischer Abstammung, war Inhaber eines gutgehenden Steakhauses. Als Junge war er noch nicht die Attraktion seiner Umwelt. Er mußte eine Brille tragen, war schwerfällig, mollig, nicht mehr als durchschnittlich. Von Musik war er fasziniert. Um in einer Band spielen zu können, speckte er ab. Er erkannte die Wirkung. Aus dem dicklichen Blondie war ein sanfter Verführer geworden. In den Clubs der Szene kam er an. Mit seinem Freund und Partner Andrew Ridgeley gründete er Anfang der 80er Jahre das Duo "Wham!". 1982 wurde er damit von Epic-Records unter Vertrag genommen. Der Rest ist für ihn und seine Fans Pop-Geschichte: 40 Millionen verkaufte Schallplatten weltweit, darunter die Solosingles "Careless Whisper" und "Different Corner". Insgesamt hatte er bis heute über 100 Nummer-1-Plazierungen in 75 Ländern der Erde. Das Wichtigste: Allein in den USA war er mit vier Titeln und einem Album auf dem ersten Platz der Charts.

1986 löste sich "Wham!" auf. Sie gaben im Londoner Wembley Stadion ein Abschiedskonzert, das binnen sechs Stunden ausverkauft war. George Michael änderte sein Aussehen, wurde auch musikalisch rockiger. Mit Aretha Franklin eroberte er sich bereits Anfang 1987 ("I Knew You Were Waiting") wieder die Hitlisten. Doch seine Visitenkarte ist seine erste Solo-

"Ich habe viele Fehler gemacht. Aber ich muß mich akzeptieren. Nur, oft verletzt mich das, was die Leute über mich sagen."

George Michael

single "I Want Your Sex", die in den USA weit vor Madonna und U2 rangierte. Im Video der Strip. Die puritanischen TV-Bosse von BBC ließen das Video in England erst nach 21.00 Uhr über die Sender, es war ihnen zu frech. Das visuell perfekt inszenierte Ereignis lebt trotz viel nackter Haut dennoch mehr von George Michaels eigener Erotik. Easy Rider mit Gitarre. Nach einer samtweichen Welle sind Ledertypen wieder gefragt. Ob es zu ihrem Typ paßt oder nicht, selbst die zierlichsten Stars - wie Michael Jackson - zwängen sich in Nieten und Nägel. Bei Szenekenner George Michael ist selbst der Cockring inbegriffen.

"Ich glaube nicht, daß man mir vorwerfen kann, mich selbst zu wiederholen. Ich habe nie versucht, meine Musik für andere Leute interessant zu machen. Ich wollte nur immer sicher sein, daß ich mich mit dem, was ich tue, niemals selbst langweilen werde." Sein Rezept ist der Cocktail. Das hat sein Album "Faith" bewiesen. Aggressiv-funky, jazzig, rockig, er mixt alle Stilrichtungen zeitgenössischer Popmusik durcheinander, stellt sie nebeneinander. Und er hat so wie mit "Father Figure" kontinuierlich Erfolg. Während seine Songs immer mehr Menschen erreichen, ist er unnahbar geworden. Er kämpft hinter seiner getönten Sonnenbrille mit sich selbst. Er leidet unter Identitätsproblemen. "Vielleicht weiß er selbst nicht, wer er ist", umschrieb ihn ein Freund im britischen Fernsehen. Gedankenverloren, mit Laser-Weitblick, wirkt er fast wie Hubert Fichte, der sich mit seinem Ledermann unterhält. George Michael wird die Massen mit Bekenntnissen noch überraschen.

Harvey Milk
Kämpfer für die Gleichberechtigung

Am 27. November 1978 wird Harvey Milk, Supervisor (Bezirksbürgermeister) von San Francisco, von seinem Gegenspieler und Amtskollegen Dan White erschossen. Die verheißungsvolle Karriere eines schwulen Vorkämpfers, eines angesehenen Mandatsträgers geht zu Ende. Harvey Milk, der es mit selbstlosem Engagement, Offenheit, Charme, Humor und Ausdauer zum ersten sich offen schwul bekennenden Politiker in den USA gebracht hatte, wird von 45.000 erschütterten Menschen betrauert. Schweigend marschieren sie zum Rathaus, wo das Entsetzliche geschah, Zehntausende tragen brennende Kerzen und Fackeln. Trauer unter den Schwulen in aller Welt.

Harvey Bernard Milk wurde 1930 als Kind jüdischer Eltern in New York geboren. Im saturierten Mittelstandsmilieu von Long Island wuchs er nahezu unbesorgt auf. Er litt innerlich sehr stark an seinen abstehenden Ohren. Doch seinem Selbstbewußtsein nach außen tat dies keinen Abbruch. Seine Chuzpe half ihm, sich in Schule, Sport, später in der Armee zu behaupten. Er hatte das Gefühl, daß seine Sexualität sehr stark ausgeprägt sei, ließ sich der Familie, den Freunden, Studenten und Soldaten gegenüber jedoch zunächst nichts anmerken. Er paßte sich an, bis ihm klar wurde, daß es anderen ähnlich erging. Träume von Zärtlichkeit mit einem anderen Mann wollte er endlich auch umsetzen dürfen.

In den prüden 50er Jahren hatte er es in der Marine schnell zum Offizier gebracht. Und gegen Zucht und Ordnung ging er mit einem guten Teil der Mannschaften auch ins Bett. Heimlich mußte das alles passieren. Harvey Milk war noch ein "closed case" - einer, der sich im Alltag seines Schwulseins wegen versteckt. Auch nach seiner Karriere bei der Navy mußte das zunächst so bleiben. Er schmiß sich in teure Zweireiher und wechselte als Finanzmakler an die Börse über. Die Wall Street mit ihrer teuflischen Hektik, die Büros, vollgestopft mit Telefonen und Telexgeräten, wurden fünf Jahre zu seinem Alltagsgeschäft. Doch Sterilität und Härte dieses Jobs gingen ihm dann doch an die Nieren.

Harvey Milk interessierte sich schon immer fürs

"Es ist geradezu notwendig, daß ethnische Minderheiten, Schwule und einfache Gewerkschaftsmitglieder sich zusammenschließen."

Harvey Milk

Theater. Also wurde er in den frühen 60er Jahren Bühnenagent. Er kam mit Schauspielern, Künstlern, Mäzenen zusammen. Sein Doppelleben spielte er zwar nach außen hin weiter, doch immer öfter übernachteten gleichgesinnte junge Typen bei ihm. Er hatte erkannt, daß Selbstkasteiung nichts bringt. Und Amerika lag plötzlich im Hippie-Fieber. "Hair" wurde zum Ausbruch für Millionen. Jugendrevolten in Paris, Berlin und natürlich New York, seiner Heimat. Als eine Art Späthippie mischte sich der 40jährige Ex-Offizier unter die Demonstranten gegen den Vietnamkrieg. Inzwischen Theatermann, ließ er sich die Haare wachsen und traute sich auch, seine Sexualität vor anderen zu akzeptieren. Seine abstehenden Ohren waren nicht mehr zu sehen, dafür jedoch sein Stolz über den Mut, sein Schwulsein zu zeigen. Er war die bigotte Moral leid. Und er wollte endlich das nachholen, was man ihm seit Jugendtagen verwehrte. Mit neuem Elan zog es ihn von der Ostküste in den wärmeren Westen. San Francisco formierte sich gerade zur Schwulendomäne des Landes. Hier, im damals noch verschlafenen Castro-Distrikt, machte er einen Fotoladen auf, der bald zum Treff, zur Nachrichtenbörse der Szene werden sollte. Makler Harvey Milk hatte gelernt, sich voll zu engagieren; das riß auch Jüngere mit. Mitstreiter der "Gay Rights Movements", wie die amerikanische Schwulen- und Lesbenbewegung genannt wird, fand er genug.

Was lag da näher, als für das einflußreiche Amt des Supervisors (Bezirksbürgermeisters) zu kandidieren? Doch Erfolge mußten reifen. Trotz des zunehmenden Bewußtseinswandels war es auch im Wahlbezirk 5, der die Distrikte "Castro", "Noe Valley" und "Haight" umfaßt, wo die meisten Schwulen und Lesben wohnen, nicht möglich, gleich im ersten Anlauf zu siegen. Er probierte es dreimal - und verlor. Erst im vierten Versuch schaffte er es 1977, klar vor seinen Konkurrenten davonzuziehen. Ein Triumph auch für die schwul-lesbische Gemeinde.

Harvey Milks Ergebnis ließ landesweit aufhorchen. Denn er hatte es mit dem offenen Bekenntnis zu seinem Schwulsein erzielt. Seine Kampagne wurde auch von anderen Minderheiten getragen: Farbigen, Altengruppen, Gewerkschaften. Diese Solidarität machte ihn in den US-Medien - und für Schwule besonders - zum Star. Er verfügte in hohem Maße über integrative Fähigkeiten. So erinnert sich der Gewerkschafter Jim

Elliot: "Als ich Harvey Milk zum ersten Mal traf, da hörte ich von jemandem, der sei schwul. Da dachte ich, mein Gott, wie kann ich zu den Jungs von der Gewerkschaft gehen und denen erzählen, daß wir einen Schwulen unterstützen? Hörte man ihm aber zu, so war unschwer zu erkennen, daß er sich nicht nur für die Rechte von Schwulen einsetzte. Er hatte für alle ein Ohr ... Er gehörte zu jenen Menschen, die, wenn sie mit dir sprechen, auch dich meinen."

Je mehr Rückhalt Harvey Milk jedoch in der breiten Bevölkerung fand, desto mehr formierten sich seine Gegner. Sie, die Schreihälse gegen einen liberalen politischen Kurs, machten Front. "San Francisco ist der moralische Abfallhaufen der Nation", verkündete John Briggs, ein ultrakonservativer Senator aus Florida, und veröffentlichte einen Gesetzentwurf, der es Schwulen verbieten sollte, an staatlichen Schulen zu unterrichten. Dieser Entwurf wurde zentrales Thema für Milks politische Arbeit. Anfang 1978 votierten beim Volksentscheid fast 60 Prozent der kalifornischen Bevölkerung gegen diese Initiative. Ein gewaltiger politischer Sieg für Schwule, Lesben und ihre Bündnispartner. Harvey Milk war im Kampf um diese Mehrheit zu einem der populärsten Politiker des amerikanischen Westens geworden. In den gesamten USA nahm man ihn als Sprecher der Schwulen ernst.

Das Kernstück seiner Vision bestand in einer Koalition zwischen den Schwulen, den rassischen Minderheiten, Teilen der Gewerkschaften und den älteren Mitbürgern. "Es gibt Braune, die gegen Schwarze kämpfen, Filipinos, die nicht mit Asiaten sprechen, und sie alle hassen die Schwulen ... Aber wir können unsere Probleme jetzt lösen, denn es gibt ein ungeheuer starkes Streben nach Harmonie."

Harvey Milks Traum indes währte nicht lange. Nur wenige Tage nach der erfolgreichen Volksabstimmung gab Supervisor Dan White, der Verlierer, sein Mandat zurück. Doch schon am nächsten Tag widerrief er diese Entscheidung, was gesetzlich nicht zulässig ist. Nun lag es an Bürgermeister Moscone, ihn wieder ins Amt zu setzen. Harvey Milk bekämpfte mit aller Härte die Wiedereinsetzung Dan Whites. Und Moscone entschloß sich, einen anderen Repräsentanten für Whites Distrikt zu bestellen. Dan White drehte durch. Er stieg am Abend des 27. November 1978 durch ein Fenster in das Rathaus von San Francisco, betrat das Büro von Bürgermeister Moscone und erschoß ihn. Anschließend streckte er auch Harvey Milk nieder.

Nach diesen kaltblütigen Morden versammelten sich Milks Anhänger zu Tausenden in der Castro-Street, um schweigend ihren Abscheu zu bezeugen. Ein Trauermarsch, der nicht enden wollte. In den Augen dieser Männer und Frauen spiegelte sich kein Haß. Und doch hatten sie nach ihren Siegen mehr als ihren Führer verloren.

Der Täter Dan White wurde ein halbes Jahr später lediglich des vorsätzlichen Totschlags schuldig befunden und zu siebeneinhalb Jahren Zuchthaus verurteilt. Nach fünf Jahren ließ man ihn frei. Ein Jahr später nahm er sich am 21.10.1985 das Leben.

Und was ist von Harvey Milk geblieben? Fast zehn Jahre nach seiner Ermordung ist nicht nur in den Schwulengemeinden die Erinnerung an ihn hellwach. Gerade im Kampf gegen AIDS und die schleichende Diskriminierung hätte man einen bodenständigen Rebellen seines Zuschnitts gebraucht. Robert Epstein und Richard Schmiechen haben Harvey Milk schon 1984 ein filmisches Denkmal gesetzt. "The Times Of Harvey Milk", 1985 als bester Dokumentarfilm sogar mit dem "Oscar" ausgezeichnet, wird dafür sorgen, daß sein Kampf um die Gleichberechtigung der Schwulen immer wieder neue Anstöße bekommt.

Vaclaw Nijinsky
Die männliche Aphrodite

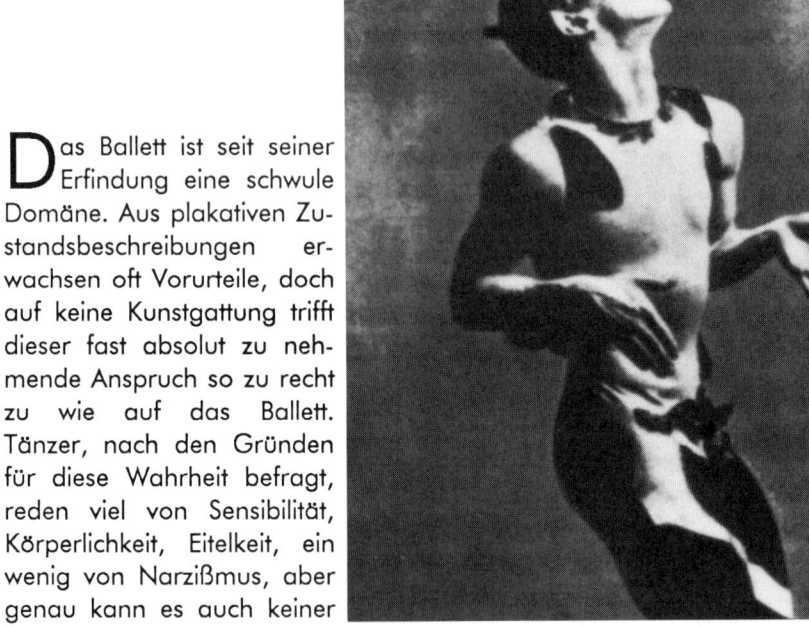

Das Ballett ist seit seiner Erfindung eine schwule Domäne. Aus plakativen Zustandsbeschreibungen erwachsen oft Vorurteile, doch auf keine Kunstgattung trifft dieser fast absolut zu nehmende Anspruch so zu recht zu wie auf das Ballett. Tänzer, nach den Gründen für diese Wahrheit befragt, reden viel von Sensibilität, Körperlichkeit, Eitelkeit, ein wenig von Narzißmus, aber genau kann es auch keiner erklären. Wichtig scheint, ein erfolgreicher Tänzer kennt nur seine Berufung, sein Training und das Explodieren auf der Bühne. Für Freundschaften oder gar Lieben bleibt keine Zeit - oder es gibt unlösbare Probleme. Das wohl genialste Paar der Ballettgeschichte, Tanzgott Nijinsky und sein Förderer und Geliebter Diaghilew, haben das zu Beginn unseres Jahrhunderts exemplarisch verdeutlicht.

Vaclaw Nijinsky wurde am 12. März 1888 (andere Quellen sprechen vom 17.9.89 oder 28.2.90) als Sohn eines Artistenehepaares in Kiew geboren. Früh konnten ihn seine Eltern in der Kaiserlich-russischen Ballettschule unterbringen. Die Aufnahmeprüfung bestand er mit Bravour. Mit 19 wurde er Mitglied des Marientheaters und gefeierter Partner der damals legendären Pawlowa. Sergej Diaghilew, ein etwas fülliger, eleganter Herr mit kleinem Schnauzer, sah ihn auf der Bühne und erkannte sofort, daß er aus diesem "exotischen, elfengleichen Jüngling" (eine Kritikermeinung) einen, seinen, Star formen würde. Er war der Ballett-Impresario seiner Zeit, und wie seine Genialität war auch seine Homosexualität jedem bekannt. Nahezu alle seine jungen Tänzer waren durch sein Bett gegangen. Viele schliefen voller Abscheu mit ihm, andere versuchten sich an ihn zu klammern. Erst in Nijinsky, so meinte er euphorisch, würde er nun den Tänzer und Freund fürs Leben finden.

Und der noch etwas unsicher wirkende 21jährige Ballettvirtuose ließ sich von seinem um sechzehn Jahre älteren Eroberer verwöhnen. Nijinsky erhielt Traumrollen auf der Bühne; mit Diaghilews "Ballets Russes" sah er in wenigen Jahren fast die ganze Welt. Diaghilew, der sich offen zur "glückseligen Knabenliebe" bekannte, begann, das Ballett umzuwälzen. Nicht

"Ich habe ihn geliebt.
Aber eine solche Liebe muß einen einfachen
Menschen wie mich zerstören."

Vaclaw Nijinsky über Sergej Diaghilew

mehr Frauen standen im Mittelpunkt der getanzten Liebesgeschichten, sondern seine knabenhaften Grazien, allen voran Nijinsky. In Budapest, Paris, London, Argentinien, den USA war man von Diaghilews "männlicher Aphrodite" begeistert. Strawinsky, Debussy, Richard Strauss oder Ravel, alle drängten sich, für das Ballett der Neuzeit Werke zu komponieren. Nijinsky setzte die Musik in betörende Bewegungen um.

Auf dem Höhepunkt seiner Karriere tanzte er 1912 in Paris als Faun in Debussys "Prélude à l'Après-Midi d'un Faune". Er geriet bei seinem sinnlichen Tanz in Ekstase, warf sich auf die Bühne und begann zu onanieren. Der Vorhang mußte heruntergelassen werden. Der Theaterdirektor stürzte zu ihm und schrie: "Du hast vor den Augen von ganz Paris masturbiert." Nijinsky völlig erschöpft: "Das war ich nicht, das war der Faun." Trotz lauter Buhrufe - oder vielleicht gerade wegen des Skandals - geriet das Ballett zu einem Triumph für den grazilen Tänzer, der im Rotlicht wie eine Sagenfigur erschien. Auch in St. Petersburg, der damaligen russischen Hauptstadt, sorgte Narziß Nijinsky für einen Eklat. Er trat in einem Kostüm auf, bei dem alle Zuschauer geschworen hätten, er wäre nackt gewesen. Wahrscheinlich war er es auch. Doch bevor er sich, was man von ihm verlangte, entschuldigen wollte, gab er den Vertrag vorzeitig zurück.

Das Glück Nijinsky / Diaghilew hatte 1912 seinen Höhepunkt erreicht. Nijinsky lag mit Typhus in einem Pariser Hotel, und sein Freund pflegte ihn rund um die Uhr. Der Hotelier wollte sie schon aus Angst vor Ansteckungsgefahr hinauswerfen lassen. Doch so nahe sind sie sich selten gewesen. Diaghilew schwärmte von "ewiger Liebe" und schwor dem kränkelnden jungen Mann Treue bis zum Ende. Welches Ende konnte gemeint sein? Nach der jeweils anstrengenden Bühnensaison fuhren Diaghilew und sein Schützling zur Entspannung nach Venedig, an den Lido in das "Hotel de Bains". Hier sollte später Thomas Mann seine Deutung von Schönheit und Vergänglichkeit, "Der Tod in Venedig", zu Papier bringen. Hier erlebte aber auch Nijinsky, daß seine Schönheit vergänglich war. Offen starrte Diaghilew hübschen Knaben nach und machte eindeutige Bemerkungen, was er mit diesen Strandjungen anstellen wollte. Direkt sprach er aus, daß er für die geplante "Josephslegende" am liebsten einen unschuldigen 15jährigen Tänzer engagieren würde. Nijinsky, sein Ziehkind, hatte Angst, von ihm in ein paar Jahren fallengelassen zu werden.

So nahmen trotz ihrer weltweiten Erfolge die Spannungen zwischen den beiden Schöngeistern zu. Eine Schiffsreise nach Argentinien sollte die Trennung einleiten. Das Gastspiel in Übersee schob man ein, weil das Theater in St. Petersburg abgebrannt war. Und Diaghilew, der panische Angst vor Seereisen hatte, kam nicht mit. Romula de Pulskijs Stunde schlug. Sie, eine ungarische Politikertochter, hatte

Nijinsky im Film (Darsteller: George de La Pena)

sich schon 1912 in Budapest unsterblich in Nijinsky verliebt. Mit aller Macht versuchte sie, ebenfalls Tänzerin zu werden, was ihr nur wegen ihres Geldes und der Protektion vieler Adeliger gelang. Auf dem Schiff wurde Nijinsky zum ersten Mal richtig aufmerksam auf dieses vornehme Mädchen. Und Romula konnte ihn in seiner Einsamkeit für eine Überraschungshochzeit gewinnen. Nijinsky vollzog diese Heirat mehr aus Ärger über Diaghilews Abwesenheit als aus freien Stücken. Die Hochzeitsnacht blieb Romula allein. Er mußte sich aus

Angst vor dem Geschlechtsakt mehrere Male übergeben.

Als sein Gönner und Geliebter Diaghilew von seiner Heirat erfuhr - er weilte in Venedig - , brach er in Weinkrämpfe aus. Und mit dem nächsten Telegramm kündigte er ihm fristlos. Als Nijinsky in Genua von Bord ging und hoffte, sein Freund würde ihn abholen, sah er sich getäuscht. Nun heulte er und sperrte sich tagelang ein. Nur ganze vier Jahre hatte ihre künstlerische und intime Beziehung gedauert. Nijinsky wußte, daß er sie

Diaghilew im Film (Darsteller: Alan Bates)

auf dieser Reise verspielt hatte. Er tanzte zwar weiter, aber seine Versuche, eigene Kompanien zu gründen, mißlangen. Diaghilew blieb hart. Schnell legte er sich einen neuen Tänzer als Geliebten zu und zeigte Nijinsky die kalte Schulter. 1916/17 durfte Nijinsky zwar noch einmal mit ihm auf Tournee gehen, doch der Glanz früherer Jahre war dahin.

Nijinsky zog sich 1917 mit seiner Frau nach St. Moritz zurück und begann ein einsames Sterben. Psychiater und Ärzte konnten seine Apathie nicht mehr kurieren. Oft mußte er tagelang in Zwangsjacken gesteckt werden. Wissenschaftler analysieren heute klar, daß Nijinsky seinen Verstand darüber verlor, daß er mit einer Frau intim werden mußte, die er nicht mochte, weil er Frauen überhaupt nicht mochte. Romula erkannte sehr bald, was sie diesem Tanzgott in ihrer eigensüchtigen, unmöglichen Liebe angetan hatte. Sie zog mit ihm nach Paris. Doch Nijinsky blieb ein seelisches Wrack: "Ich kann nicht arbeiten. Ich bin doch verrückt."

Diaghilew, der die letzten Jahre übertrieben gegen seine angeschlagene Gesundheit gelebt hatte, starb im August 1929 im Alter von 57 Jahren in seinem geliebten Venedig, wo man ihn auch begrub. Nijinsky zog sich an die englische Küste zurück. Für eine kleine Miete ließ man ihn in einem bescheidenen Haus wohnen. Abgeschieden von allem, was einst sein gefeiertes Leben bestimmte, lebte er hier bis 1950. Unbeachtet von der großen Öffentlichkeit starb er am 8. April 1950 an Nierenversagen. Erst 1953 konnte Romula das Geld aufbringen, seinen Sarg von London auf einen Prominentenfriedhof nach Paris umbetten zu lassen. Sie selbst lebte ärmlich in New York. Und das Geld reichte nicht, daß auch sie nach Paris hätte reisen können. Nijinsky, den alle Balletthistoriker als den triumphalsten Tänzer des 20. Jahrhunderts einstufen, war ohne Diaghilew schon 30 Jahre seines Lebens tot.

Klaus Nomi
Paradiesvogel zwischen den Welten

Er wollte keinen Unterschied machen zwischen seiner Kunst und dem wirklichen Leben. Seine bizarre Maskerade sollte Normalität symbolisieren. "Ausgeflippt sein, weil man lebt", ein Motto, das seinen Lebensweg prägte. Starb er so jung, weil es für diesen gewagten Anspruch doch keine Deckungsgleichheit gibt? Er war ein Wellenbrecher für radikales Denken in Musik, Theater und Alltag, ein Genius, der sich für seine eigenen Maßstäbe verzehrt.

1947 in Berlin geboren, gab es schon für den jungen Klaus Nomi nichts als die Oper. "Die Oper ist das Ungewöhnlichste, das existiert." Seine Versuche, selbst Opernsänger zu werden, scheiterten indes jäh. Als gelernter Konditor war es ihm zwar gelungen, in Berlin einige Semester Musikhochschule absolvieren zu können, doch am Theater nahm ihn keiner auf. Sein Mezzosopran, typisch für Frauen, irritierte jedes Ensemble. Während Nina Hagen Punk mit Arien mischte und Erfolge verbuchte, blieben seine Ambitionen in Europa unent- deckt. Er ging nach New York.

"Am meisten fasziniert mich die Zukunftsvision unserer Gesellschaft, ob Kunst, Mode oder Architektur. Ich liebe es, mir vorzustellen, auf verschiedene Planeten auszuwandern. Ich würde gerne in eine andere Galaxy reisen und mit meiner Band dort ein Konzert geben."

Klaus Nomi

Im Schmelztiegel von Rassen, Minderheiten und Ausgeflippten ertrotzte er sich eine Nische, in der er gefallen konnte. Opernfieber, Rockklänge, Maskentheater kombinierte er zu einem ungewöhnlichen, egozentrischen Auftritt. David Bowie, selbst außerhalb jeder Norm, fischte ihn heraus aus den Kellerbühnen und stellte ihn 1979 in seiner "Saturday Night Live"-NBC-Show vor die amerikanischen Massen. Der Durchbruch war geglückt. Klaus Nomis erste LP erschien 1981 auch in Europa; in Frankreich erhielt er dafür sogar Gold. Er bescherte seiner immer größer werdenden Fangemeinde das Kunsterlebnis total. "Simple Man", 1982 seine zweite LP, erregte Aufsehen gerade in seiner alten Heimat. In Thomas Gottschalks "Na sowas" und Eberhard Schöners "Klassik-Rock-Nacht" war der einst Verschmähte nun der Star. Als Elfe in einer durchschimmernden Enzianglocke, in starrem Frack-Lack und totenblaß geschminktem Gesicht, in einer Mischung aus Mephisto und Clown stürzte er zu Elektroniktönen und Klassikoktaven seine Betrachter optisch und akustisch in eine ganz neue Welt. Die Galaxy, in die er gerne auswandern wollte, hatte er sich auf die Erde geholt.

Sein hart erkämpfter Aufstieg zu den Sternen war begleitet vom Ringen gegen den Tod. Schon bei seinen umjubelten Konzerten wurde ihm klar, daß seine Zeit begrenzt ist. Er hatte sich mit AIDS infiziert. Seine Pläne vom Neuanfang in Deutschland, hier auf Tournee zu gehen, wurden bereits im Januar 1983 zunichte gemacht, als er das erste Mal in New York ins Krankenhaus mußte. Im August 1983 erlag er seinem qualvollen Leiden. Amerikas Schwulenszene war schockiert.

Klaus Nomi wurde neben bis dahin rund 600 Toten als erstes prominentes Opfer betrauert. Ein Außenseiter, der nur leben wollte, war nicht an sich und seiner Kunst, sondern am damals unentrinnbaren Schicksal gescheitert.

Die Musik des schwulen Klaus Nomi lebt. Die nach seinem Tode veröffentlichte LP "Encore" ist längst zur Kultscheibe geworden. Elvis Presleys "Can't Help Falling in Love" oder Robert Schumanns "Der Nussbaum" erinnern an die Dimension seines Werks. Mauern niederreißen war für den Berliner ein Herzensanliegen, als musikalischem Paradiesvogel zwischen den Welten ist ihm das auch geglückt.

Rudolf Nurejew
Der sanfte Tatar

Nurejew wurde oft mit Nijinsky verglichen. Doch jetzt, mit seinen 50 Jahren, steht fest: Er ist der Größte. Einen erfolgreicheren, auch reicheren Tänzer hat es niemals gegeben. Nurejew ist die Inkarnation von Ballett. Seine Popularität ist in ihrem Ausmaß nur mit der von Popstars zu messen, seine Eigenwilligkeit, seine Individualität und Extravaganz auch. Er mutet an wie ein Löwe, der trotz seiner Vormachtstellung unentwegt kämpft. Seine theatralische Begabung, die herbe Eleganz, die weiten Sprünge und Lufttouren, die flinken Pirouetten, sein verklärtes Gesicht drücken seine Königsrolle für jeden sichtbar aus. Seine Seele zu ergründen, fällt schwerer. Hier ist er verletzlich, verwundbar. Wer ihm zu nahe kommt, wird mit einem Prankenhieb verscheucht. Freunde hört man über seine grenzenlose Arbeitswut stöhnen und über die Unmöglichkeit, daß er jemand ganz unkompliziert liebt.

Rudolf Gametowitsch Nurejew wurde, so als könne er es nicht erwarten, am 17. März 1938 bei einer Reise seiner Mutter im Eisenbahnabteil geboren. Der Zug fuhr durch Sibirien, war irgendwo zwischen Baikalsee und Irkutsk. Im Provinznest Ufa verbrachte er seine Jugend, wirkte er als Amateur bei Volkstänzen mit. Als er in der kleinen Ufaer Oper eine Ballettaufführung erlebte, wuchs in ihm die Leidenschaft, selbst so betörend tanzen zu können. Er nahm Unterricht. 1955 wechselte er nach Leningrad auf die choreographische Schule. Meisterlehrer Alexander Puschkin holte ihn unter seine Fittiche. Mit 20 erhielt er seinen ersten Vertrag als Solist beim berühmten Kirow-Ballett. Mit großem Erfolg tanzte er die Hauptrollen des Repertoires; Publikum und Lehrer waren von seiner Ausdruckskraft überwältigt. Dennoch, er bekam laufend Schwierigkeiten mit der Direktion, weil er sich dem starren Regiment nicht unterordnen wollte, so wie man es sonst von so blutjungen Tänzern gewohnt ist. Er wußte, daß er sich künstlerisch gerne bis zur Selbstaufgabe würde fordern lassen, aber seinen privaten Freiraum wollte er dennoch uneingeschränkt behalten.

Paris 1961: Bei einem Gastspiel des Kirow-Balletts verließ er auf dem Flughafen seine Kompanie und bat um politisches Asyl in Frankreich. Eine schwere, aber für den Einzelgänger und heimlichen Außenseiter Nurejew eine unabwendbare Entscheidung. Er litt sehr.

"Ich habe nicht den Mut, so böse zu sein, wie ich möchte."

Rudolf Nurejew

Und es dauerte trotz der schnellen Aufnahme ins Ensemble des Balletts Marquis de Cuevas lange Zeit, bis er sich an die neuen Freiheiten im Westen gewöhnte. "Ich werde niemals mehr glücklich", stöhnte er noch viele Jahre. Als Prinz und Blauer Vogel in "Dornröschen" gewann er in Paris das Publikum. Die Kritik ahnte, was dem 23jährigen nun an Chancen geboten würde.

Es folgte die entscheidende Begegnung mit der Ballettlegende Margot Fonteyn. Die um 20 Jahre ältere Primaballerina holte ihn 1962 für drei Tage nach London. Inkognito. Nurejew, den sie nie vorher tanzen sah, von dem ihr nur vorgeschwärmt wurde, sollte sich als Tourist die britische Hauptstadt ansehen können. Gala-Organisatorin Colette Clark beschrieb ihn ihr als Genie. "Er hat die Nüstern. Du weißt, was ich meine. Geniale Menschen haben Nüstern." Als Nurejew in London ankam, aus dem Taxi stieg, war die Fonteyn überrascht: "Er kam mir kleiner vor, als ich erwartet hatte. Er hatte ein seltsam verkniffenes Gesicht, und die Haut war auffallend blaß, wie bei so vielen russischen Tänzern. Die Nüstern fielen mir sofort auf." Nurejew war scheu, furchtsam. Das einzige, was er sich getraute, waren fünf Stück Zucker in seinen Tee zu kippen. Sonst schaute er, ob er nicht etwas falsch machen würde. Margot Fonteyn holte ihn ganz an das Royal Ballet nach London. Schon der erste Auftritt geriet zum Triumph. Nurejew stand in einem langen roten Umhang auf der Bühne. Er stürzte vor, warf den Umhang ab und begann leidenschaftlich, fast orkanartig zu Skrjabins Musik zu tanzen, ja zu fliegen. Viele deuteten diesen Abwurf des roten Umhangs gar als politische Geste, für Nurejew war es in diesem Moment egal. Er war der Star für die kommenden Jahre.

Wie eine Batterie, die niemals leer wird, absolvierte er Proben und Auftritte. Rastlos. Mühelos. Grandios. Als Albrecht hatte er neben der Fonteyn in "Giselle" den bis dahin größten Erfolg seiner Karriere. Die Irin und der Tatar wurden zum Traumpaar. Die Massen tobten, wo auch immer sie die nächsten Jahre hinkommen sollten. Bei den Proben, so schrieb Margot Fonteyn in ihrer Autobiographie "Die zertanzten Schuhe" (1975), flogen die Fetzen, bekämpfte man sich, trotzte sich gegenseitig Zugeständnisse ab, doch am Abend dominierte Harmonie in "Schwanensee" oder "Romeo und Julia". Die Fonteyn hatte sich künstlerisch in Nurejew verliebt, sie vergötterte ihn. Aber sie rümpfte auch die Nase: "Wenn wir uns nach vier Stunden Probe zum Lunch setzten, hatte er mehr Energie verbraucht als die meisten Männer in vier Wochen, war bleich, erschöpft, zänkisch." Schon als die Schüssel Suppe zwei Minuten zu spät kam, soll er geraunt haben: "Alle sollte man töten!"

Nurejews Freiheitsdrang wurde immer stärker. Er bereiste die ganze Welt. Als Tänzer und als Choreograph. Amerika, Australien, Kanada, Argentinien, Europa. Von Stockholm bis Mailand, von Paris bis München, von Rom bis Wien tanzte er in wenigen Jahren über 70 Rollen in etwa 30 verschiedenen Kompanien. Doch war der Löwe gezähmt? Noch immer beäugte er mißtrau-

Nurejew mit Partnerin Carol Kane in "Valentino"

isch jeden Journalisten, der ihm zu nahe kam, der Fragen stellte, die man in Rußland nicht kennt - oder unterläßt. Daß er nie mit einer Frau gesehen wurde, außer mit der blenden aussehenden, zierlichen Margot Fonteyn, die glücklich verheiratet war, und mit der er nun bestimmt nichts hatte, ist für einen Ballettänzer nichts Ungewöhnliches. Doch man bohrte, bohrte, und Nurejew wurde blaß. Wenn er mit der Fonteyn beim Essen saß, wurden sie oft als Mutter und Sohn gehandelt, Nurejew stand immer im Mittelpunkt. Jackie Kennedy, Amerikas First Lady, lud zum Diner. Der Präsident selbst kam zu Nurejew ins Theater, trank danach mit ihm ein Glas Wein. "Ja, unser kleiner Dschingis Khan wuchs tatsächlich heran wie ein kleiner Löwe. Und ich lernte, daß man ihn zum Lachen bringen mußte, wenn er knurrte." Originalton Margot Fonteyn. Nurejew hatte der Diva des westlichen Balletts einen zweiten Frühling beschert, sie schwamm mit auf der Woge seines Erfolgs. Und er las ihr die Leviten, wenn sie auf der Bühne nicht das brachte, was er sich in seinem profihaften Starrsinn vorgestellt hatte. Wenn die

Fonteyn ihren Arm zu weit oben angelegt hatte, was Nurejew "mörderisch" fand, rief er: "Necrophilia! Necrophilia!" Und das mitten in der Vorstellung.

Seine Glanzrolle hatte er in den 60er Jahren als "Korsar". Diese Seeräuberrolle tanzte er so atemberaubend, daß man ihn mit keinem Tänzer mehr vergleichen konnte. Allein in New York applaudierten ihm die Zuschauer über 20 Minuten stehend. Seine Persönlichkeit kam voll zur Geltung. Für Geld ließ sich "Rudolfo", wie ihn die Presse taufte, nun gar für eine gewagte Aktserie der Zeitschrift "Vogue" engagieren. Viele seiner weiblichen Anhängerinnen flippten aus, als sie ihn ausklappbar, splitternackt beim Friseur wiedersahen. Die einen aus Entzücken, die anderen aus Verärgerung.

Nackt, kernig, sehnig, frivol zeigte sich der Ballettgott 1977 auch in Ken Russells Hochglanzfilm über das Leben von Rudolph Valentino. Diese Titelrolle war mehr als ein schönes Märchen. Im Grunde spielte sich Nurejew selbst, zumindest mußte er in vielen Teilen so wie sein berühmter Kollege aus den 20er Jahren empfinden. Auch Valentino galt als Publikumsheld, schwule Gefühle wurden für die Karriere nicht geduldet. Es machte ihm sichtlich Spaß, diesem Hollywood-Mythos als russischer Außenseiter seinen Stempel aufdrücken zu dürfen. Besonders hat er die Nacktszene im Wüstenzelt geliebt. Nurejews Bekannte verrieten, er sei ein Narziß, mitunter sogar Exhibitionist, dankbar, seinen mit soviel Schweiß gestylten Körper zeigen zu dürfen.

Und wie lebt Nurejew privat? Kann er bei diesem Pensum an Reisen, Vorstellungen, Proben überhaupt ein eigenes Privatleben führen? Erstmals Ende der 70er Jahre warf man ihm vor, sich und sein Können zu sehr zu kommerzialisieren, sich übersteigert selbst darzustellen. Diese Torschlußpanik gilt, so scheint es, auch für die Liebe. Keiner ertrug seine lyrischen Launen. Ein Idol, das allein sein will? Im Augenblick seines Triumphes in "Marguerite und Armand", als bergeweise Rosen zu ihm auf die Bühne flogen, es Sympathie für ihn regnete, fragte ihn Margot Fonteyn: "Sind Sie glücklich?" Nurejew: "Sie wissen, ich werde nie irgendwo glücklich sein."

Pier Paolo Pasolini
Verzweifelt, aber hungrig nach Liebe

Mord. Das brutale Ende von Pier Paolo Pasolini. Auch seine Kinohelden starben grausam. "Accattone", der Zuhälter seines ersten Films, stirbt auf der Flucht vor der Obrigkeit mit den Worten: "Jetzt fühle ich mich wohl!" Der Protagonist aus "Der Schweinestall" wiederholt am Ende mehrfach: "Ich habe meinen Vater getötet, ich habe Menschenfleisch gegessen, und ich zittere vor Freude!" Hat Pasolini seinen Tod am Allerheiligenabend des Jahres 1975 am schmutzigen Meer bei Ostia herausgefordert? Sein Mörder: ein damals 17jähriger Stricher, Giuseppe Pelosi, genannt Pino, der Frosch.

Pasolini zeigt in fast allen seinen Büchern und Filmen Halbstarke, Gelegenheitskriminelle, Entrechtete, Hurenbengel. Seine "Ragazzi di vita". Vitale, aber von der Gesellschaft mißhandelte Jungen. Sie sind ewig hungrig - und werden doch nie satt. Er liebte diese minderjährigen, störrischen, schönherben Außenseiter aus dem Subproletariat wie seine unehelichen Kinder. Er trieb mit ihnen gleichsam Inzest. Denn nur im hektischen, namenlosen Sex mit ihnen konnte er die letzten Jahre überhaupt überleben. Für Pasolini wurden diese Hurenbengel, diese Ausgestoßenen, schuldlos schuldig - wie die Helden der griechischen Tragödie. Man gab ihnen nie eine wirkliche Chance. Und so sind selbst ihre Gewalttaten noch Gesten verzweifelter Hilflosigkeit. Konnte der Mentor dieser Milieugeschädigten ahnen, daß er selbst ihr Opfer würde? Alberto Moravia, der ihn als einen der größten Poeten des Jahrhunderts vergöttert, meint, Pasolini habe seinen Tod selbst provoziert. Die Welt der anonymen Gewalt, der er sich anvertraut, ja, einverleibt hatte, habe ihn aufgefressen. Dennoch, bis heute bleibt ungeklärt, ob der Mord allein der Gier und Rache eines Strichjungen zuzuschreiben ist oder einer wie auch immer gearteten Verschwörung. Waren es rechtsradikale Kreise, das CIA, verstörte Moralprediger? Der holländische Filmemacher Philo Bregstein unternahm in seinem dokumentarischen, hochdramatischen Werk "Wer die Wahrheit sagt, muß sterben" (1981) den Versuch, die sich widersprechenden Indizien zu entwirren. Doch keiner, auch Pasolini-Biograph

"In der Welt, in der ich lebe, bin ich eigentlich das Schaf unter den Wölfen. Was in diesen Jahren geschehen ist, beweist das: Ich bin buchstäblich zerrissen worden."

Pier Paolo Pasolini

Enzo Siciliano nicht, konnten bislang die genauen Hintergründe des Mordes klären.

War sein Tod ein Geheimnis, so war sein Leben um so entschlüsselter. Er lebte als der personifizierte Widerspruch. Das war seine provozierende Klarheit. Er war Marxist und begründete seine Dogmen doch aus der katholischen Theologie. Sein Leitmotiv im Leben wie für seine Arbeit: "Man muß sich aussetzen, das lehrt uns der arme, angenagelte Christus."

Pier Paolo Pasolini wurde am 5. März 1922 in Bologna geboren, als Sohn eines Offiziers. Seinen Vater haßte er zeitlebens. Alle seine Liebe, der er als Kind und Junge fähig war, konzentrierte er auf seine Mutter. Er betete sie an, sie wurde für ihn zur Heiligen. Maria, die Mutter Jesu, trug in seiner Verfilmung des Matthäus-Evangeliums (1964) unverkennbar Züge seiner gütigen, barmherzigen und doch so stolzen Mamma. Nach dem Gymnasium, auf dem er sich seiner schwulen Neigungen bewußt wurde, studierte er zuerst Kunstgeschichte und Völkerkunde, nach dem Krieg Literatur. Die Kriegsjahre verbrachte er in Friuli, wo er Zeuge wurde des Kampfes zwischen reichen Landbesitzern und ärmlichen Bauern. Er las Karl Marx' "Kapital" und entschied sich, sich als Bürgerlicher mit den Proletariern zu verbünden. Nach dem Ende des Faschismus kehrte er in seine Heimatstadt Bologna zurück, wo er in romanischer Philologie promovierte. Er arbeitete als Lehrer.

1949 übersiedelte Pasolini nach Rom. Bald machte er sich als Essayist und Romancier einen Namen. Er liebte die Literatur und war in Italien einer ihrer prononciertesten Kenner. Er veröffentlichte Anthologien von Dialekt-Gedichten und Volksliedern. Sein Roman "Vitale Jungen" (1955) machte ihn auch im Ausland bekannt. Schon in diesem Werk spürt man seine grenzenlose Sympathie für die römischen Ragazzi. In einer für ihn typischen, direkten, bisweilen obszönen Sprache nähert er sich der Welt der halbwüchsigen Hungerleider. Der ewige Hunger - der Hunger nach dem Ewigen wird für Pasolini zum Credo. Schon mit diesem Erfolg bekam er Schwierigkeiten mit den Behörden, wie später immer wieder. Der Staatsanwalt wollte den Roman wegen seiner ungeschönten Sprache verbieten.

Über das öffentliche Interesse an seinem Buch "Vitale Jungen" kam Pasolini dazu, Drehbücher zu schreiben. Für Federico Fellini, Mauro Bolognini, Franco Rossi, Florestano Vancini, Bernardo Bertolucci. 1959 erschien sein Roman "Vita Violenta". Im Mittelpunkt wieder ein Junge aus den römischen Slums. Tommaso, sein hübscher, hilfloser Bursche, stiehlt, raubt, verkauft sich als Strichjunge an reiche Tunten, kommt aber aus dem

Pasolini in "Decamerone"

Schmutz und der Verkommenheit, in die er geboren wurde, nicht mehr heraus. Er zerschellt an der unchristlichen Lieblosigkeit seiner Umwelt. Sein fast selbstverständliches Ende: "Ein neuer Blutsturz: er hustete, hustete, ohne noch einmal zu Atem zu kommen, und Addio Tommaso."

Einigen dieser Tommasis wollte er selbst helfen. Er las sie auf an der Peripherie des römischen Moloch und zeigte ihnen seine schiefe, aber geordnete Welt. Manche konnte er retten. Manche stürzte er so ins Unheil. Ninetto Davoli, gerade 15, fischte Petrus Pasolini ebenfalls aus dieser Hurenwelt auf. Er ließ sich formen. Ihn konnte er als Schauspieler wenn nicht berühmt, so doch bekannt machen. Ninetto war kein Jean Marais, Pasolini kein Cocteau. Doch Ninetto lebte sehr lange bei seinem Förderer und Geliebten. Pasolini fühlte sich wohl. Viel später, Anfang der 70er Jahre, ließ Ninetto ihn allein. Er wollte heiraten, hatte erkannt, daß Frauen ihm wichtiger waren. Nach Ninettos Heirat

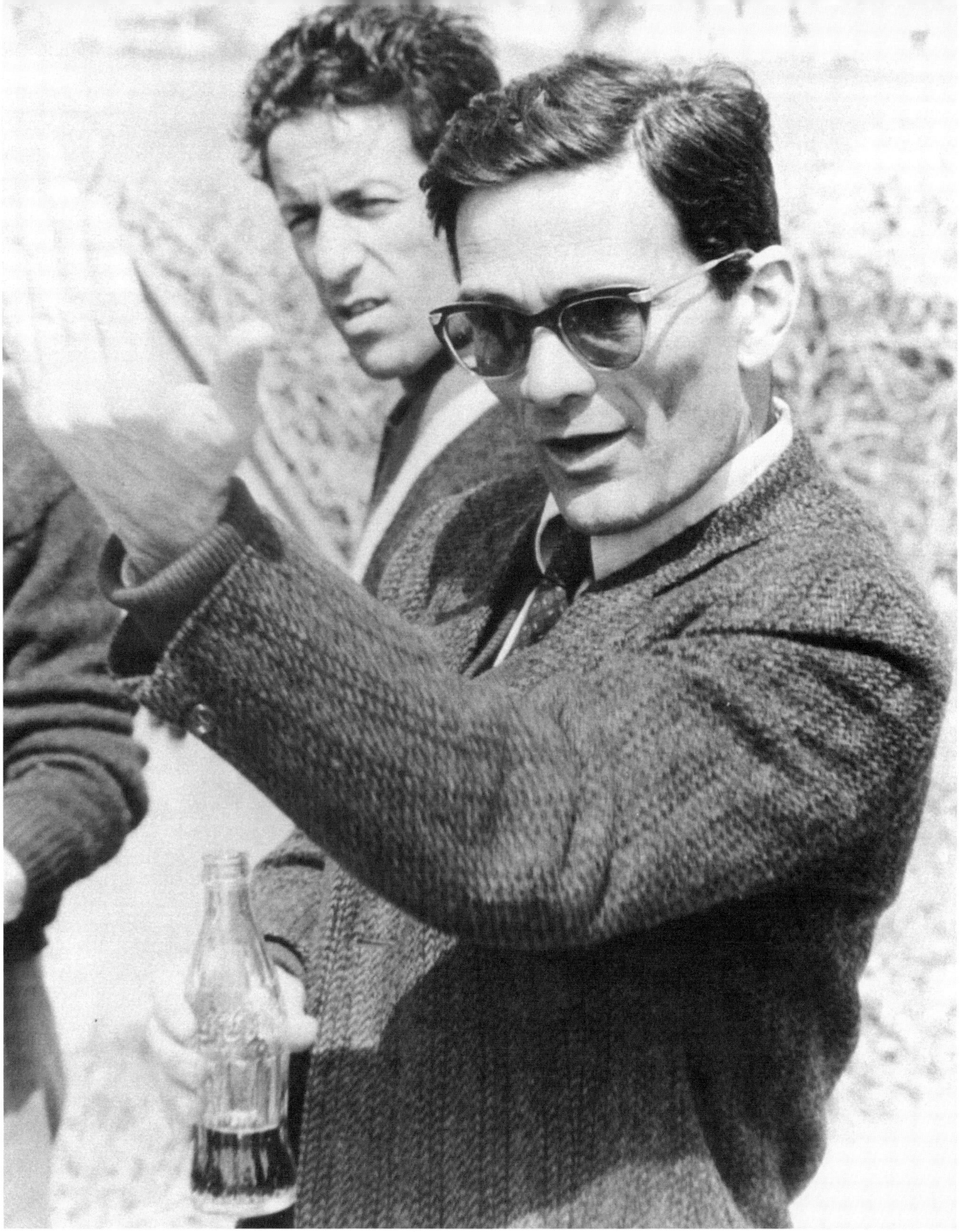

wurde Pasolini sehr einsam und fand, so der ehemalige Freund, "keinen Spaß mehr an der Erotik". Nur noch promiskuitiver, unpersönlicher Sex war ihm wichtig. Die Tragik: Ninetto mußte den leblosen Pasolini, der bei diesem kalten Kahl-Sex ermordet wurde, identifizieren.

Der Filmregisseur Pasolini: Noch bekannter als der eindringliche Autor wurde der radikale Filmpoet. Er schwang sich oft in schwindelnde Höhen, seine Parabeln handeln jedoch einzig von den Verhältnissen am Boden. Sein erster Film 1961 "Accattone". Die Geschichte eines Zuhälters und Diebs. Dazu spielt Pasolini die Musik Johann Sebastian Bachs. Das Hurenmilieu bekommt damit etwas Sakrales. Einer seiner schönsten Filme 1962: "Mamma Roma". Trotz der grandiosen Spielweise von Anna Magnani wurde dieses Prostituiertendrama doch zum Film ihres 16jährigen Jungen, der nicht erfahren soll, daß sie huren muß und keine ehrbare Obstfrau ist. Der Junge, der es erfährt, wird aus Wut und Trotz zum Dieb. Und er wird im Gefängnis "gekreuzigt". So wie Jesus Christus in "Das erste Evangelium - Matthäus" (1964). Diese Parallele ist gespenstisch, doch für Pasolini realistisch. Sein Evangelium, im übrigen mit zahlreichen Filmpreisen auch der katholischen Kirche überschüttet, spielt im kargen Süden seines Landes, wo die Ärmsten der Armen zuhause sind. Sein Christus agiert ohne Pomp. Das macht ihn so lebendig.

"Große Vögel - kleine Vögel" (1965), "Epido Re - Bett der Gewalt" (1967), "Teorema - Geometrie der Liebe" (1968), "Der Schweinestall" (1969) und "Medea" (mit Maria Callas, 1969) wurden für Pasolini zu großen Erfolgen. Jeder Film wird verdammt und enthusiastisch gefeiert. "Teorema", auch als Roman erschienen, ist eines seiner beeindruckendsten Werke. Ein seltsamer Gast verzaubert fünf Hausbewohner einer Mailänder Familie. Er schläft mit dem Sohn (der erste Männerakt im italienischen Kino!) und veranlaßt den Vater, seine Fabrik an die Arbeiter zu verschenken, sich vor dem Mailänder Hauptbahnhof nackt auszuziehen und in die Wüste zu gehen.

Derb, frivol und köstlich amüsant zeichnete er seine Filmtrilogie "Decamerone", "Pasolinis tolldreiste Ge-

Szenenfotos aus "Die 120 Tage von Sodom"

schichten" und "Erotische Geschichten aus 1001 Nacht!" (1970 - 74). Hatte er seinen sozialkritischen Biß schon verloren? Nackte Ärsche, Zentnerbusen, schwule Ritterspiele, war das Pasolinis phallushafter Zeigefinger gegen das einst von ihm verleumdete Elend? "Die 120 Tage von Sodom" (1975) zeigten, wie sehr der persönlich so einsame Meister noch in der Lage war zurückzuschlagen. Dieses Drama aus Blut, Sperma und Scheiße wurde zur Abrechnung mit dem Faschismus, für ihn das Obszönste auf Erden. Er selbst wußte, was er da auf die Menschheit losließ: "Salo wird ein grausamer Film sein. So grausam, daß ich, so nehme ich an, mich zwangsläufig davon distanzieren muß, so tun, als würde ich das alles nicht glauben, als sei ich ganz starr vor Überraschung." Noch bevor die provozierende Überraschung aus Blutschande, Knabenliebe und Fäkalismus ins Kino kam, war er tot. Brutal ermordet. Es hatte der 2. November 1975 gedämmert, als die Welt das Grausame erfuhr. Allerseelen.

Pauline Courage alias Harry Pauly
Lasset die Schwulen zu mir kommen

Er war eine Institution am Hamburger Kiez, an der Neppmeile St. Paulis die Oase zum Luftschnappen. Wie das Licht die Motten zog er sie an, die schwulen Streuner, Nachteulen, Klöner. Sein "MC"-Club an der vom horizontalen Gewerbe bevölkerten Kastanienallee war über Jahre das Karussell, auf dem sich das Leben aus dem tristen Alltag in einen Rausch glückseliger Possen hineinzudrehen versuchte. Und am Schalthebel saß Pauline Courage, die mit Mutterwitz dieses Schauspiel für ihre Kerle inszenierte. Zwölf Theaterstücke, mit Herzblut nur für ihre schwule Kundschaft verfaßt und auf ihre verräucherte Kellerbühne gebracht, zeugen vom dritten Frühling, vom letzten Teil ihrer bewegten Karriere.

Harry Pauly liebte die Show. Und seine Geburtsstadt Berlin bot ihm genau den richtigen Nährboden für seine künstlerischen Ambitionen. Denn, das Leben zu Hause engte ihn ein, die Bürgerlichkeit seiner Eltern drohte ihn zu erdrücken. Als er am 23. September 1914 das Licht der Welt erblickte, war das Kaiserreich am Zusammenbrechen, die Stadt an der Spree vom Krieg ausgelaugt. Eine trostlose Kindheit. Heimlich bewarb er sich für gepflegte Statistenrollen am Theater. Mit 16 durfte er am Nollendorf-Platz beim großen Erwin Piscator debütieren. Die Rolle des "Lausejungen" währte nicht lange, denn schon nach acht Tagen hatte man das Stück aus dem Spielplan gekippt. Auf Piscator wurden sogar Stinkbomben geworfen. Volksbühne, Künstlertheater, Schiller-Theater, Lessing-Theater, andere renommierte Berliner Bühnen beschäftigten ihn die nächsten sechs Jahre dennoch ausgiebig. Liftboys, Boten- und Pfadfinderjungen spielte er bald auch beim Film. Als Reitbursche in "Gräfin Mariza" gab ihm die Ufa 1933 seine erste Rolle.

Harry Pauly lernte Filmgrößen kennen. Und die machten sich an den kessen Neuling ganz unverhohlen heran. "Mit 16 war ich noch sehr naiv, ein ganz dummes Arschloch. Natürlich bin ich manchmal puterrot geworden, wenn mir gewisse Stars der 30er Jahre Komplimente machten." Einem ist es dann gelungen, ihm "an die Klamotten zu springen". Der

"Dann begann der Zweite Weltkrieg, und da blieb mir nichts übrig, eener mußte ja die Frauenrollen spielen. Da hab' ick dann laut Dialog die Landser in den Stücken geheiratet."

Harry Pauly

blondgelockte Harry nahm bald selbst alle Gelegenheiten wahr, sich von aufregenden Männern umschwärmen zu lassen. Adolf Wohlbrück lud ihn ebenso ein wie Peter Lorre. "Der brachte mir jeden Tag 'ne Tüte Bonbon in die Theatergarderobe." In einem Interview mit Klaus Teichmann verriet Harry Pauly, daß er sich in Berlin noch in den 80er Jahren mit seinen ehemaligen Liebhabern traf: "Naja, einige Freunde von mir, mit denen ich jahrelang intim zusammen war, leben noch in Berlin. Deren Ehefrauen empfinden mich alle als Pauline und wissen, daß ich die erste Braut ihres jungen Ehemannes war."

1937, dem Jahr, in dem er als jüngster Theaterchef sein eigenes Gastspielensemble aus der Taufe heben konnte, wurde er von Hitlers Justiz verhaftet. Grund: eben seine Homosexualität, die er nicht verleugnen wollte. Der Paragraph 175 war von den Nazis verschärft worden. Und der "gesetzlose" Künstler kam in Einzelhaft und wurde zur Zwangsarbeit im berüchtigten Moorlager Neusustrum verurteilt. Nach seiner Freilassung durfte er 1938 noch ein paar Hörspiele beim Reichsrundfunk aufnehmen, bevor man ihn zu Kriegsanfang zur Wehrmacht einzog. Das Fronttheater in Frankreich wurde nun seine Heimat. Es gelang ihm, sein Talent vor den kulturhungrigen Landsern mitreißend zum Besten zu geben. Seine Frauenrollen traten Lachsalven los, die den Kanonensalven in nichts nachstanden. Aber, Harry Pauly wurde wieder ertappt, als er mit einem anderen Mann das Bett teilte. Man schrieb das Kriegsjahr 1943, und er wanderte erneut in den Knast. Später hat man ihn zu einem Kamikazeunternehmen, einem Strafbataillon, abkommandiert. "Daß ich das lebend überstanden habe, ist reiner Zufall."

Nach 1945 ließ er sich im Ostsektor Berlins wieder als Theaterdirektor nieder. Seine Fummelliebe bestimmte den Spielplan. In Thomas' Paradekomödie "Charleys Tante" wirbelte er über 500mal über die Bretter des Apollo-Theaters. Seine Regiearbeiten wurden von der Presse gelobt, seine Hauptrollen zogen das Publikum an. Doch dann nahte 1952 das Unheil. Er probte die 08/15-Operette "Die Rose von Stambul". "Da hat man mir im Osten gesagt: Herr Pauly, Adenauer steht mit der Türkei besser als wir. Setzen Sie das Stück erstmal ab. Ich bin ja schnell erregbar, und das brachte mich auf den Entschluß, zu flüchten. Ich mußte sogar flüchten, weil ich ziemlich ausfallend wurde. Ich habe den ganzen SED-Apparat doch ziemlich in Aufregung gebracht. So bin ich durchs Brandenburger Tor gekommen, sonst wäre ich vielleicht heute noch im Knast."

Sein Sprung in den Westen begann tatsächlich mit einer Haftstrafe. "Widernatürliche Unzucht mit Männern" hieß das Delikt, das ihm im Namen des Volkes Bundesrepublik erneut zur Last gelegt wurde. Den Ausweg suchte er in einer unglücklichen Ehe. Er wurde Vater und Landwirt. Im Holsteinischen bewirtschaftete er einen kleinen Bauernhof. Als Kneipier zog es ihn in den 60er Jahren zurück in die Großstadt. Hamburg wurde ihm Rettungsanker. Die Szene baute er nach der Liberalisierung des Paragraphen 175 mit auf. Und 1973 konnte er den "Rattenkeller", eine Allerweltsschwulenbar, zu seinem "MC"-Club verwandeln. MC, stehend für Mutter Courage. Die Botschaft an die Gemeinde wurde verstanden, der Run auf die couragierte Pinte war groß. Bier zapfen, Schnaps eingießen, Stullen reichen - war das für einen Impresario des Theaters nicht ein bißchen arg wenig? Harry Pauly und seinen Thekenbrüdern schien das klar. Sein mimisches Talent mußte eine Sauerstoffzufuhr erfahren, sein Können als Autor hatte eine Mund-zu-Mund-Beatmung verdient.

1976, nach gründlichem Ringen, erstand seine eigene Kellerbühne, direkt unter dem Bierhahn, die geheimnisvolle Treppe tiefer. Ein "Milljö"-Treff war geboren. Pauline Courage begann für ihr Tunten-Schauspiel umwerfend-komische Stücke zu schreiben. Banales, aus dem Leben gegriffen, wirkte erhöht auf ihrem Bretterverschlag wie eine Erleuchtung. Das Kulttheater für die mal eben 72 Arschbacken war für den schwulen Feierabend genau das Elixir zur Erholung. "Dr. Trottel", "Skandal in Baden-Baden", "Krach in der Kastanienallee" oder "Der dritte Frühling der Madame Ruschee" - Knaller für die zu pinselnde Seele.

Sein Ensemble holte sich Harry Pauly direkt vor der Haustür. Abgebrannte Stricher mit geilen Körpern, alte Herren mit der Begabung für die Nähmaschine. Denn auch Fummelnähte sollen halten. Die blutjungen, herrenlosen Zigeuner, aus Heimen geflohen, von zu Hause verstoßen, fanden bei Pauline eine Heimat. "Die Jungs haben beim Theater so richtig ihren Spaß und können auch mal so richtig lachen, denn von Zuhause haben sie ja meistens nicht so viel mitbekommen. Denn so richtige Männerfreundschaften wie Rudi und ich das hatten, das kennen die nicht."

Ein Höhepunkt in ihrer Künstler- und Kiezlaufbahn sollte Paulines Geburtstag 1977 werden. Fritz Matthies und Heinz Bendixen planten einen Film. Gedreht werden sollte die Premiere ihres neuen Stücks "Die Bestie von Notre Dame". Die Scheinwerfer gingen an, die Mimen hetzten in ihren Minislips durchs Umkleidekabuff, das Publikum war erregt von so viel inspirierender Spannung. Und dann starb einer der Hauptdarsteller, vor aller Augen. Matthies' Film "Paulines Geburtstag" hielt es fest, mit allem, was Pauline und ihre Arbeit herzugeben vermochten. Der Mythos der Kiez-Duse war in der Szene verankert.

Ein fröhlicher, dickleibiger Mittsechziger hatte sich nach bitteren Entbehrungen und Demütigungen seinen ihm zukommenden Standplatz in der Kultur - auch wenn es nur die Subkultur ist - erobert. Obwohl er 1982 aus seinem Paradies der Pointen ausziehen mußte, kellerlos wurde, sein Reich der wunschlos Verrückten konnte ihm keiner streitig machen. In Hamburg, München, Bremen, Münster tingelte er über Getto-Bühnen, die als alternative Impulsgeber längst als etablierte galten. Kunst war es nicht, was diese Verkleidungsklamotten mit den frivolen Stripeinlagen so sehenswert machten, noch nicht einmal gutes Handwerk. Es war die dressierte Spontaneität, dieser gnadenlose Humor, dieser Mut zur dilettantischen Wahrheit.

Pauline Courage alias Harry Pauly, das Kiez-Oberhaupt herzerfrischenden Zuschnitts, hat nach seinem Tod im Jahre 1985 eine grausame Lücke hinterlassen. Es ist ein Vorrecht bedeutender Menschen, daß sie immer dann sterben, wenn man sie am notwendigsten braucht.

Pet Shop Boys
Die sündigen Senkrechtstarter

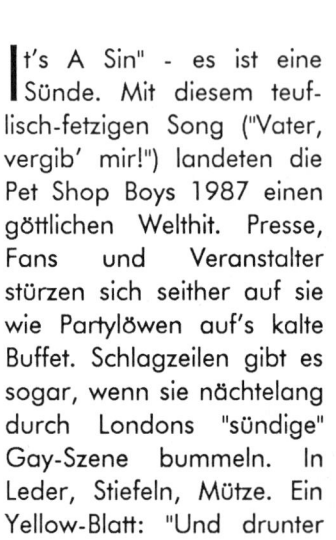

"It's A Sin" - es ist eine Sünde. Mit diesem teuflisch-fetzigen Song ("Vater, vergib' mir!") landeten die Pet Shop Boys 1987 einen göttlichen Welthit. Presse, Fans und Veranstalter stürzen sich seither auf sie wie Partylöwen auf's kalte Buffet. Schlagzeilen gibt es sogar, wenn sie nächtelang durch Londons "sündige" Gay-Szene bummeln. In Leder, Stiefeln, Mütze. Ein Yellow-Blatt: "Und drunter angeblich gar nichts!" Jimmy Somerville, dem schwulen Barden der Communards, ist diese anonyme Lederschau von Chris Lowe und Neil Tennant noch zu wenig. Er forderte sie öffentlich auf, auch ihrem Publikum ins Gesicht zu sagen: Hey, we are gay! Der Appell wurde sicher gehört, doch bislang fehlt eine eindeutige Antwort. Das Bekenntnis. Der Erfolgsrausch für die Jungs ist möglicherweise zu explosiv, um mit brenzligen Wahrheiten, für viele sowieso sündig, einen Knalleffekt zu riskieren. Ein besorgter Fan schrieb an "The Musicsound": Boys, bleibt lieber brav!

Neil Tennant, der Hitschreiber der Truppe, wurde am 10. Juli 1954 im braven Northshields geboren. Volksmusik war anfangs sein Hobby, bis er sich in der Großstadt emanzipierte. Elvis mochte er erst dann, als der schon fast mehr eine Karikatur war, in den 70er Jahren. Chris Lowe kam am 2. Oktober 1959 in Blackpool zur Welt. Nach dem Abitur ging er zum Studium nach London. Er wollte Architekt werden, tingelte aber schon früh in verschiedenen Bands. Seine Stimme, weich wie australische Butter, ließ die Zuhörer schmelzen, doch es fehlten die richtigen Songs.

Dann der für jeden Erfolg unausweichliche Zufall: Chris und Neil begegneten sich irgendwo in Londons Hinterhöfen, beim Durchstöbern eines Plattenladens. Sie kamen ins Reden, fanden sich sympathisch und entdeckten ihr gemeinsames Faible für italienische Rockmusik - Discozauber vom Stiefel. Nach langen Abenden und Nächten auf Chris' Bude beschlossen sie, zusammen eine Band auf die Füße zu stellen. An un-

"Wenn du Erfolg hast, bist du geradezu gezwungen, Rücksichten zu nehmen."

Chris Lowe

"Wir verstellen uns nicht. Man macht nur auf uns Jagd."

Neil Tennant

zähligen freien Wochenenden setzten sie ihre Träume von tanzbarer Euro-Music um.

Auf einer Tour nach New York, später als Arbeitsaufenthalt deklariert - sie wippten auch durch die Szene! -, lernten sie Bobby Orlando kennen. Disco-Zampano "O", der nicht nur aus Divine einen Markenartikel machte, gefielen ihre Demo-Bänder, von denen er eins an die Plattenfirma Epic verschob. "West End Girls", ihre erste Single, produzierte er höchstpersönlich. Die Nummer wurde in Europa zum Clubhit und vor allem in den Staaten die Rundfunkstationen rauf und runter gespielt. Die Pet Shop Boys waren im Gespräch und im Geschäft. Doch, die Kontakte zu Bobby "O" brachen ab. Er war für die bläßlichen Briten schlicht nicht mehr "erreichbar". Ein Jahr Zwangspause.

Chris und Neil trieb es zu EMI. "Opportunities" hieß ihre Single, doch bevor sie auf den Markt kam, fragten die Blätter, wer diese Boys eigentlich sind. Im Oktober 1985 ging eine Neuauflage der "West End Girls" in die Regale, diesmal von Stephen Hague produziert. Der Durchbruch. Die Single wurde die erste Nummer 1 des Jahres 1986 in England und dort über 700.000 mal verkauft. In weiteren sechs Ländern konnte sie Platz 1 erringen, in Deutschland reichte es immerhin für Platz 2. Das Album "Please", im März '86 vertrieben, wurde mehrmals vergoldet, in England gab's gar eine Platin-LP. Ende 1986 erschien das Album "Disco", wieder ein Hit.

Mit "It's A Sin" gelang es den Pet Shop Boys 1987 auch in der Bundesrepublik, Spitzenreiter zu werden. Der Starrummel ist perfekt. Neil mußte sich mehrmals wehren: "Die Fans machten sogar nach meinen Boxershorts Jagd." Von Australien bis Japan ging's in die TV-Studios, in die Hallen wagte man sich noch nicht. Aber, man wollte experimentieren und zog Rock-Oldie Dusty Springfield (48) an Land. "What Have I Done To Deserve This" (Womit habe ich das verdient?) fällt aus dem Rahmen, spielt aber auch nicht so viel ein. Doch Chris war glücklich, die Wahl-Amerikanerin angeheuert zu haben: "Ihre Musik hat mich schon als Schuljunge in den Nachmittagsschlaf gewiegt. Auch ihr Make-up fand ich toll. Millimeterdick die Augen verkleistert, das kann nicht jede. Und ihre Perücken, eine Wucht."

Zur Beschaulichkeit folgte die besinnliche Ballade "Rent". Vielen Groupies war das zu wenig rhythmisch.

Und die Pet Shop Boys griffen auf einen Elvis-Klassiker zurück. "Always On My Mind", von Julian Mendelsohn produziert, hat das Fieber, das auf die Tanzflächen muß, um dort im Lichtermeer bestehen zu können. Auch in Schwulenkneipen ist das ein Hit. "Actually", ihr drittes Album, wieder ein Renner. Auch ihr "Heart", 1988. Chris und Neil schwimmen immer noch oben. Man ist "in". Das schwule Coming out wird sicher noch folgen, das hat ihnen auch Elton John prophezeit. Und Jimmy Somerville wird's am Ende vielleicht sogar ärgern, dann stiehlt man ihm mal die Schau. Britische Brüderscharmützel!

Roger Peyrefitte
Der schwule Diplomat

Ankläger und Ästhet, das ist Roger Peyrefitte am liebsten. Es gibt keine gesellschaftliche Gruppe, die er nicht mit seiner spitzen, sarkastischen Feder angegangen wäre. Seine Enthüllungsgeschichten wurden ein literarisches Kapitel für sich. Skandale, die seinen Erfolg multiplizierten, nahm er in Kauf, ja, schrieb er herbei. Er enthüllte das Treiben des Vatikanstaates ("Die Schlüssel von St. Peter", 1955; "Die Malteser Ritter", 1957), entlarvte das Diplomatenleben ("Diplomatische Missionen", 1953), machte sich über die Freimaurer lustig ("Die Söhne des Lichts", 1961), attackierte die Amerikaner ("Die Amerikaner", 1967), las den Juden die Leviten ("Die Juden", 1965). Seiner Hauptstadt widmete er eine schonungslose Hommage: "Paris ist eine Hure" (1970). Doch sein wichtigstes Thema blieb immer die Homosexualität. Er nannte sein Hauptwerk dazu "Notre amour", unsere Liebe. Im Deutschen, man möchte fast sagen typisch, erschien das Buch 1968 mit dem Titel "Die unmögliche Liebe". Für Peyrefitte ist Schwulsein selbstverständlich.

Als Sohn eines Gutsbesitzers wurde er am 17. August 1907 in Castres (Tarn) geboren. Er besuchte die besten Internate in Ardouane und Toulouse. Am Lycée de Foix verliebte er sich zum ersten Mal in einen Mitschüler und schwelgte aus Glück darüber in lateinischen und griechischen Versen. An der Universität von Toulouse studierte er französische Sprache und Literatur, mit jeweils akademischem Abschluß. Außerdem erwarb er sich ein Diplom der berühmten Ecole libres des sciences politiques in Paris, wo er 1930 ein Diplomatenexamen ablegte. Diplomat zu sein, Botschafter für seine Kultur, das wurde bald zum Inhalt seines Lebens. 1931 trat er in den französischen Außendienst ein, wurde jedoch drei Jahre lang nur in der Zentrale am Quai d'Orsay verwendet. Endlich durfte er nach Athen, der Hauptstadt seiner Philosophie und seiner Knabenliebe.

Schwärmerisch pries er Griechenland sein ganzes Leben. Dort verliebte er sich als Gesandtschaftsrat in einen deutschen Kollegen. Offen, bisweilen sogar etwas frivol, beschrieb er ihre Beziehung. Während in Deutschland der Nationalsozialismus immer rigoroser wurde, fand der deutsche

"Homosexualität ist das Natürlichste auf der Welt. Alexander der Große nahm sich das Recht, sie auszuleben, warum nicht auch wir!"

Roger Peyrefitte

Diplomat in Peyrefitte einen, der ihn von diesen Wahrheiten ablenkte. 1938 holte man ihn nach Paris zurück, 1945 mußte er den auswärtigen Dienst wegen angeblicher sittlicher Verfehlung quittieren. Peyrefitte nahm die Entlassung nicht hin, prozessierte - und bekam 1960 Recht. Der französische Staat mußte ihm für 15 Jahre das Gehalt nachzahlen. Wichtiger jedoch war ihm, daß seine Homosexualität rehabilitiert war.

Schon 1944 erschien sein erster, in vielen Passagen autobiographischer Roman "Heimliche Freundschaften". Die zärtliche Liebesgeschichte zwischen George und Alexander, zwei Zöglingen eines Jesuiteninternats, von der doppelten Moral der Patres zerstört, hatte Aufsehen erregt. Noch 20 Jahre später, als Jean Delannoy einen sentimental-spannenden Film daraus machte, schlugen die Wellen der künstlichen Entrüstung hoch. Trotzdem, Peyrefitte erhielt für sein Werk den Prix Théophrate Renaudot. Seine Bücher - es folgte fast jedes Jahr ein neues - wurden zu Bestsellern. Seine realen Figuren umgab er mit phantasievollen Details. Zu lesen war so meist die Wahrheit. Auch wenn es vielen nicht gefiel, wie er über sie herfiel, von Peyrefitte beleuchtet zu werden, ist mehr Ehre denn Schande.

1976 schreckte sein Artikel im "Lui" den gesamten Klerus der Welt. Der gläubige Katholik hatte sich schon mehrmals mit den Ungereimtheiten seiner Kirche in aller Schärfe auseinandergesetzt, doch nun: "Ecces homo. Der Papst der Homosexualität antwortet dem Papst der Kirche". Er bezichtigte Papst Paul VI., früher selbst schwul gewesen zu sein. Obwohl ein Papst nie auf Angriffe antwortet, hier hagelte es Erklärungen und Dementis. In Deutschland mußte er seine Ehrenmitgliedschaft des "Freien Deutschen Autorenverbandes" zurückgeben, die ihm sein Freund Hubertus Prinz zu Löwenstein als Präsident des Verbandes angetragen hatte. Die Dichterseele kochte.

Privat hatte Peyrefitte Ende der 70er Jahre "sehr viel zu leiden". Sein bildhübscher "Adoptivsohn" Alain, den er umhätschelte und verwöhnte, verschleuderte sein Geld, warf es mit beiden Händen zum Fenster hinaus. Er baute Konkurs-Diskotheken an der Cote d'Azur, zechte, praßte. Peyrefitte mußte seine millionenschwere Sammlung an Sexsymbolen, erotischen Vasen, Figuren, Bildern (die zweitgrößte nach dem Vatikan!) nahezu gänzlich verkaufen. Und es blieben Schulden zurück. Alain unternahm einen Selbstmordversuch. Doch als er wieder erwachte, hielt ihm Peyrefitte die Hand: "Und es war alles verziehen." Alain heiratete zum Kummer seines Geliebten die Skandalnudel des Showbusiness, Amanda Lear. Hubertus Prinz zu Löwenstein (1906 - 1984), der mit ihm jährlich auf Capri Ferien machte, berichtete, wie sehr ihn diese Verbindung traf. "Dabei können die nicht mal miteinander schlafen, weil Amanda Lears Geschlechtsumwandlung so stümperhaft ausgeführt ist!"

Peyrefitte, von den neugierigen Amerikanerinnen auf Capri gehässig und ehrfurchtsvoll gleichermaßen beobachtet, zog sich Anfang der 80er Jahre immer stärker zurück. Aufmerksamkeit erregte er, als sein Werk über den Philosophen Voltaire erschien. "Der Spiegel" hatte ihm schon 1955 nach "Die Schlüssel von St. Peter" mit dem Dichter aus dem 18. Jahrhundert verglichen: "Die frechste und arroganteste Schilderung, die seit den Tagen Voltaires und Zolas geschrieben wurde." Peyrefitte ist ein Schwuler, der den Fingerzeigern auf die Finger klopft. Ein Botschafter mit den richtigen Manieren.

Rosa von Praunheim
Bürgerlich Antistar - Schwul Superstar

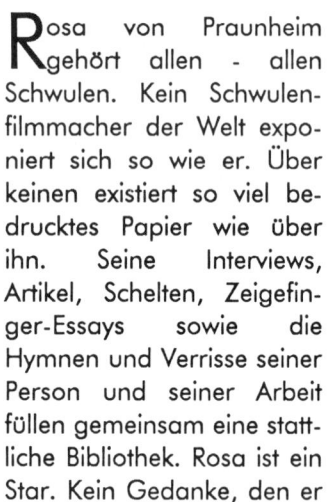

Rosa von Praunheim gehört allen - allen Schwulen. Kein Schwulenfilmmacher der Welt exponiert sich so wie er. Über keinen existiert so viel bedrucktes Papier wie über ihn. Seine Interviews, Artikel, Schelten, Zeigefinger-Essays sowie die Hymnen und Verrisse seiner Person und seiner Arbeit füllen gemeinsam eine stattliche Bibliothek. Rosa ist ein Star. Kein Gedanke, den er denkt, der nicht morgen in der Zeitung steht oder übermorgen als Filmdialog über die Leinwand rollt. Sein Leben ist öffentlich. Seine Manifeste kennt man aus dem "Spiegel", seinen Schwanz aus seinen Streifen, sein charmantes Grinsen aus Tele-Diskussionen. Er ist der schwule Avantgardist, der Home-Stories liebt. Seine bürgerlich-chaotische Sechs-Zimmer-Wohnung in Berlin-Charlottenburg ist der Szene bis ins Detail vertraut, von unzähligen Fotos und aus drei seiner Filme. Seine Hobbies sind "Fernsehen, Onanieren und Schokoladeessen". Sein Beruf: Schwulenbefreier.

Rosa heißt eigentlich Holger Bernhard Bruno Mischwitzky und wurde am 25. November 1942 in Riga geboren. 1944 floh seine Familie nach Teltow, in die Nähe Berlins. Hier, am Stadtrand des größten Trümmerfelds der Geschichte, ist er aufgewachsen. 1948 wurde er eingeschult. Als man seinen Vater, Angestellter einer großen Fabrik, versetzte, zogen seine Eltern mit ihm vom Ostsektor Berlins in den Westteil. 1954 ließ sich Familie Mischwitzky endgültig im Frankfurter Stadtteil Praunheim nieder. Holger besuchte ein humanistisches Gymnasium, das er mit der mittleren Reife abschloß. 1961 bewarb er sich an der Werkkunstschule Offenbach und absolvierte dort zwei Semester. In den Ferien belegte er einen Sommerkurs bei Oskar Kokoschka in Salzburg. 1962 kehrte er heim nach Berlin. "Da hab' ich Berlin bewußt erlebt, und die 60er Jahre waren für mich sehr aufregend." Er studierte an der Hochschule der Künste sechs Jahre lang Malerei. Seine ersten Ausstellungen zeigten "großflächige Bilder, meist ermordete Könige und Königinnen".

In Künstler- und Literatencliquen nahm man den gutaussehenden, eloquenten, sachkundigen Lebenskünstler bald sehr ernst. Sein ein-

"Ich glaube, daß ich ein Voyeur bin. Und das bin ich nicht nur im sexuellen Bereich, sondern eben auch im Filmkünstlerischen. Ich guck' wahnsinnig gern zu."

Rosa von Praunheim

ziges Manko: sein Name. Holger hielt ihn für zu wenig inspirierend. Nach seiner Lieblingsfarbe und dem Stadtteil seiner Jugend nannte er sich von nun an frech Rosa von Praunheim. Ein Einschnitt 1967, als er sein Malereistudium abbrach und anfing, einen Roman zu schreiben. "Tagebuch in Rosa" wurde jedoch nie gedruckt. Sein erster Kurzfilm "Rosa von Praunheim" entstand. Er als schöner junger Mann, Carla Aulaulu (bürgerlich: Carla Egerer) mit einem geilen Einkaufsnetz voller Mohrrüben. Für 4.000 Mark konnte er diesen Anti-Film an den Hessischen Rundfunk verkaufen.

Im selben Jahr 1967 lernte er auf dem Experimentalfilmfestival in Knokke Werner Schroeter kennen, bald privat und künstlerisch ein enger Freund. "Der war eher ein ruhiger, lexikaler, konservativer Typ, und ich war 'ne ausgeflippte Tucke. Man hat uns immer verwechselt und hat gesagt: Die Tucke muß doch der Schroeter sein mit seinen langen wehenden Haaren, und ich muß der ruhige Typ sein. Es war genau umgekehrt. Ich war bemalt von oben bis unten und im Winter barfuß mit umgedrehten Pelzmänteln und mit Rüschenhemden und mit tausend Perlen und Ringen und hatte eine wahnsinnige Freude. Das war alles in so einer Vor-Hippie-Zeit." (im Interview mit Christa Maerker und Wilhelm Roth im Buch "Rosa von Praunheim", 1984). Rosa wurde mannstoll und filmtoll. Er erkannte, daß er schwul war. Trotzdem, 1969 heiratete er seine blutjunge Filmmieze Carla Aulaulu. Die Ehe wurde 1971 geschieden.

Das Berlin der 60er Jahre hatte Rosa mit einer Art Haß gegen "dieses Getto, diese Zwangsschwulen" begleitet. Sein Interesse an der schwulen Subkultur stieg nur langsam. Zum ersten Mal schleppte ihn einer mit in "Elli's Bierbar", wo Busschaffner neben Transis und Ledertypen saßen. Die schwulen Kerle, die er traf, mochte er nicht leiden: "Ich dachte, ich spinne, daß ich im Grunde nur Teppichreiniger und Kaufhaustrinen fand, die keine anderen Interessen hatten, als deutsche Schlagerstars auf ihrer Kommode aufzustellen, mit Spitzendeckchen und so." Schwule Beziehungen erschöpften sich für ihn "in immer mehr flüchtigen sexuellen Kontakten". Er holte sich seine Partner auf Klappen, in Parks und Kneipen. Diese Art, miteinander zärtlich sein zu wollen, machte Rosa aggressiv. Seine Befreiung

"Menschen im Hotel" mit Evelyn Künneke und Christoph Eichhorn

wurde der Film. Und damit befreite er die Schwulen gleich mit.

"Nicht der Homosexuelle ist pervers, sondern die Situation, in der er lebt", 1970 gedreht, 1971 außer in Bayern im deutschen Fernsehen gelaufen. Dieses mutige Manifest gilt heute zu recht in der gesamten Welt als die Gründungsstunde des Schwulen-Kinos. Rosa erntete mehr Kritik von den Homosexuellen als von denen, die sowieso schon "wußten", daß das Verrückte sind. Sein Daniel, der sich von der Schlafzimmertunte, über den Grunewaldstricher und Wannsee-Schönling zum Ledermacho entwickelt, wurde zum Symbol für eine Bewegung. Rosas Schlußakkord: "Werdet stolz auf eure Homosexualität! Raus aus den Toiletten, rein in die Straßen! Freiheit für die Schwulen!" Rosa drehte einen Film, der solidarisieren sollte, der vorher aber den Schwulen die lila Larve verrutschen ließ. Seine Erinnerung: "Im Grunde hatte ich damit gerechnet, daß die Schwulen sich aktiv gegen mich wenden ... Das wurde anscheinend jedoch durch mein

"Ein Virus kennt keine Moral"

liebliches Aussehen aufgefangen. Ich war Sexualobjekt, nicht nur für die Schwulen. Dadurch, daß ich in der Öffentlichkeit in Diskussionen erschien, wirkte ich in den Medien ungeheuer attraktiv, viel attraktiver als in Wirklichkeit. Ich wirkte schüchtern und sanft und sehr anziehend, und das milderte das Ganze ab."

Rosa machte Karriere. Seine Filme wurden ihm von den Fernsehanstalten abgekauft, er erhielt Kulturprämien und reihenweise Preise. "Wenn zum erstenmal so eine exotische Figur in den Medien erscheint, horcht ja jeder auf." Rosa wirkte so glaubwürdig, weil er sich seines Außenseitertums fast missionarisch bewußt war. Er wollte anders sein. Sein spät erkanntes Schwulsein war für ihn eine Art göttliche Fügung. "Ich war ein Außenseiter, so wie ich eben schwul bin und nicht anerkannt war, so wie ich eine ganz konfuse Geisteshaltung hab', eine ganz konfuse Phantasie. Ich hab' als Künstler immer einen kleinen Job haben müssen und für 50 Mark mit Außenklo irgendwo wohnen müssen, um meine ganz skurrilen Sachen machen zu können." Rosa lebt gegen den Strich. Er dreht die Filme, die man zu dem Zeitpunkt am allerwenigsten von ihm erwartet, er wird putzig, wenn er brüllen müßte und frech, wenn man meint, er möchte lieber schweigen. Er hat keinen Führerschein, fährt Fahrrad und Taxi und allen Saturierten mindestens einmal jährlich über die Leber.

Von 1972 bis 1979 drehte er in New York und San Francisco seinen aufregendsten Film: "Armee der Liebenden oder Aufstand der Perversen". Jede schwule Gefühlsregung wird hier archiviert, zelluloidgerecht transportiert. Rosa lutscht in diesem Film Porno-Macho Fred Halsted den Schwanz, mitten auf der grünen Wiese. Als Lehrbeauftragter am San Francisco Art Institute führt er seinen Studenten live vor, was Schwulsein bedeutet. Er hebelt sich die Beine eines kurzgeschorenen Muskelmanns über die Schultern und fickt. Werner Schroeter, sein Ex-Lover, hält mit zittriger Hand die Kamera drauf. Am Ende bläst Rosa den Schwanz des Typen, schließt die Augen, schluckt, schluckt und lechzt nach mehr. Dem Leben folgt erneut das Manifest: "Nicht Gesetze müssen wir ändern, sondern Stimmungen!"

Nackt, als Aktmodell für Evelyn Künneke, Operetten-Duse und Wahnsinnsweib, stellte sich Rosa auch 1976 vor die Kamera. Er drehte eine Hommage an die Berliner Chansonette: "Ich bin ein Antistar." Rosa liebt Frauen. Die Künneke, Lotti Huber: Frauen, die ohne ihn von Film und Fernsehen vergessen worden wären. 1976 der Skandal nach dem "skandalösen Künneke-Leben": Rosa wirft sein Buch "Sex und Karriere" auf den Markt, ein Fressen für die Moral-Geier, ein Amüsement für die Insider. Rosa wußte schon vorher, was passieren würde: "Meinen autobiographischen Bericht wird man oberflächlich und pornographisch finden. Er ist abstoßend privat und gerade das interessiert mich, öffentlich zu machen, weil es viele schwule Säue gibt auf dieser Welt und eine Gesellschaft, die immer noch so tut, als wäre sie besser. Was uns bleibt, ist Selbstbewußtsein und Stolz." Einer, der vor Studenten fickt, um ihnen schwule Hochgefühle zu zeigen, kann mit klitschigen

Enthüllungen nicht mehr verblüffen. Selbst wenn er mit der Lupe im eigenen Schamhaar und dem der anderen auf Suche nach verbotenen Spermaflecken geht.

Rosa holte sich im New York der Jahre 1977/78 die Weltläufigkeit, die seinen provinziellen Großstadttragödien fehlte. Und er fand sein privates Glück im Tonmann Mike Shepard. Mit ihm lebte er fünf Jahre zusammen. Eine Streß-Beziehung, doch sexuell das Paradies. Ein Flop 1980 sein Frauenfilm "Rote Liebe". Aus Ärger darüber wünschte er sich in einem "Zeit"-Interview den Krieg, um sich im Atombunker entspannen zu können. Provozierend, wie er ist, der gepflegte Mister Gay, brachte er damit die gesamte Szene gegen sich auf. Und dabei war er doch nur traurig.

Der schwule Regisseur, den jeder kennt, hat es trotzdem nicht immer leicht, sexuelle Erfüllung zu finden. Auch hier ist er Rainer Werner Fassbinder ähnlich. Bei seinem Film "Horror vacui" (1983/84), wurde ihm seine Einsamkeit sehr bewußt: "Während der Dreharbeiten verliebte ich mich in meinen Hauptdarsteller Folkert Milster, der mich aber sanft zurückwies. Dann verlagerte ich meine körperliche Lust auf den Lichtmann Lars, der ebenfalls negativ reagierte. Der Kamera-Assi Pille hatte mir schon bei einigen früheren Dreharbeiten zu verstehen gegeben, daß er mich nicht scharf findet. So blieb mir nur der Tonmann Mike, mit dem ich fünf Jahre zusammengelebt, von dem ich mich aber im letzten Frühjahr getrennt hatte. Er fing mein Zärtlichkeitsbedürfnis während der anstrengenden Arbeit auf. Trotzdem dachte ich oft, daß ich die Anstrengung und den Streß nervlich nicht durchhalten würde. Ich wünschte, es wäre mein letzter Film, und dann wollte ich heimgehen, so wie Fassbinder oder Pasolini oder Glauber Rocha. An meinem 40. Geburtstag wollte ich mich eigentlich von einem Krokodil fressen lassen und glaubte fest daran, daß ich dann als Erdbeerfrosch wiedergeboren würde. Jetzt bin ich 41 und, wie eine Dame aus meinem Film 'Der 24. Stock' so schön sagte, zu alt zum Sterben."

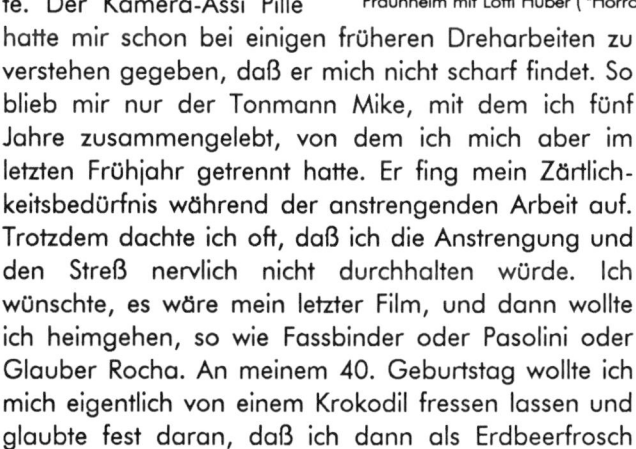

Praunheim mit Lotti Huber ("Horror Vacui" und "Anita-Tänze des Lasters")

Jetzt ist er knappe 46 - und attraktiv wie selten. Sexuell übervorsichtig (Gummi-Rosa), entschlackt, seelisch geliftet. In einer TV-Diskussion des Bayerischen Rundfunks (auch dort ist er nun "in") im April 1988 wirkte Rosa wie ein politischer Dressman. Zum Anbeißen bissig. Sein Kommentar vor der Schönheitsfarm: "Seit ich allein bin, weiß ich erst wieder, wie gut das meiner schöpferischen Arbeit tut. Früher, wenn ich bumsen wollte, bin ich halt wo hingefahren." Heute hat er Angst vor AIDS. Er hat diese Angst als einen Teil seines Lebens akzeptiert. Er ist fähig, darüber Witze zu machen. Seine schrille Komödie "Ein Virus kennt keine Moral" (1986) ist der Beweis. Rosa als Dompteur in Hell-Gay-Land, das am Virus erstickt. War er tatsächlich klüger als seine schwulen Brüder? Arthur J. Bressan Jr., mit 44 an AIDS gestorben, Dieter Schidor mit 38, Peter Chatel mit 43, Kurt Raab, 47. Rosa, 46, lebt. Quickfidel, munter wie aus dem Ei gepellt. Sein "Horror vacui - Angst vor der Liebe" ist überwunden. Sein letzter Film "Anita - Tänze des Lasters" (1988) ist die Gewißheit. Ein Film wie ein lebenslustiges Gedicht und trotzdem Protest und Lust auf Veränderung.

Rosa ist der erfolgreichste Schwulenfilmer der Welt. Auch wenn er seine Filme als kleine, schmutzige Werke bezeichnet und glaubt, er könne sich Hochglanzkino nicht zutrauen, ohne daß sein Gehirn korrumpiert wird. Wie alle Schwulen leidet er an chronischen Minderwertigkeitskomplexen, die er oft nur mit Verbalfontänen übersprüht. Seine Filme sind bewußt dunkel, zittrig, dilettantisch. Und er selbst? Rosa im eleganten Brustton der Überzeugung: "Ich bin zum Beispiel ein Mensch, der wahnsinnig viele Komplexe hat, der sich minderwertig vorkommt, sexuell wie ich weiß nicht was. Ich fühl' immer, daß Leute mich nicht mögen." Geliebt wird er vielleicht nicht, aber gebraucht wird er mehr denn je.

Freddy Quinn
Mensch Kuddel, wach auf

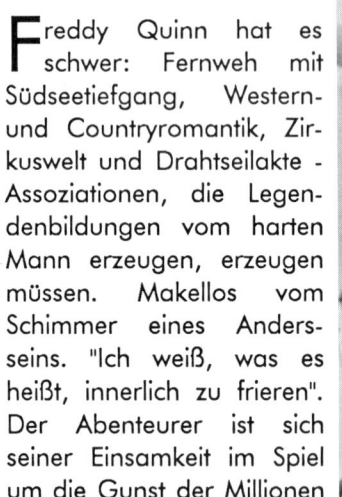

Freddy Quinn hat es schwer: Fernweh mit Südseetiefgang, Western- und Countryromantik, Zirkuswelt und Drahtseilakte - Assoziationen, die Legendenbildungen vom harten Mann erzeugen, erzeugen müssen. Makellos vom Schimmer eines Andersseins. "Ich weiß, was es heißt, innerlich zu frieren". Der Abenteurer ist sich seiner Einsamkeit im Spiel um die Gunst der Millionen sehr wohl bewußt. Ein Tramp auf hoher See. Mit 57 noch einmal gegensteuern? Das sowieso leckgeschlagene Klischee über Bord werfen? Die Segel streichen und Stürme der Erfolglosigkeit riskieren? Nein, die Disziplin von "Mister 100 percent" ist stärker. Ein Lebensartist gibt sich keine Blößen. Und so geht das bohrende Fragen, die Hoffnung auf sein Bekenntnis, weiter.

Warum hört man von Ihrem Privatleben so wenig? "Ich habe keins." - Sind Sie verheiratet? "Ich glaube nicht." - Was zählt zu den Tabus, über die Sie nicht sprechen? "Über Geld, Ehe, Taufe, Religion und Politik gebe ich keine Antwort." - Um Sie gibt es keine Skandale. Man hört auch wenig von Ihren Freunden. Warum? "Ich habe nur wenige, dafür aber sehr gute Freunde. Die meisten sind nicht im Showgeschäft. Es liegt mir nicht, mit Freunden zu renommieren. Skandale gibt es deswegen nicht, weil ich mir die Fenster meines Privatlebens nicht einwerfen lasse."

Einer, der in den bigotten 50er Jahren zum Fernwehzauberer der Massen wurde, kennt Ängste, die man haben muß, wenn einen das Gesetz für andere Neigungen bestraft. War sein Drang in die Ferne nicht auch deswegen so glaubhaft, weil er dem Zwiespalt in seiner Heimat zu entrinnen versuchte? Denn Frauen in seinem Leben gab es natürlich nicht. Seemanns Braut ist die Sehnsucht, könnte man meinen. Aber auch nette Jungs von Schrot und Korn wie er, patente Freunde, hat er immer gekannt und gehabt. Gerade, wenn er in Talkshows und Interviews gerne Seemannsgarn um sie spinnt. Das ist sehr schade, denn so entsteht zwangsläufig der Eindruck, für den Selfmademan, den Musterknaben an Geheimhaltungstaktik, den Einzelkämpfer mit der azurblauen, heilen Lebens-

*"Es gibt Komplexe, die ich im Laufe der Jahre kompensieren konnte.
Es gibt aber auch solche, die ich nach wie vor habe."*

Freddy Quinn

einstellung zähle nur sein perfektes Entertainment und damit der Erfolg: 40 Millionen Schallplatten, die unzählbaren goldenen Scheiben, Stimmgabeln, Löwen, Ehrenhüte, Bundesverdienstkreuz.

Dabei fing die Karriere des hanseatischen Charmebolzen gar nicht so rosig an. Am 27. September 1931 kam er in Niedergladnitz bei Wien auf die Welt. Sein Vater war ein Kaufmann irischer Abstammung, seine Mutter eine österreichische Journalistin. Franz Eugen Helmut Manfred Nidl-Petz, dem aufgeweckten Sohnemann, fehlte vor allem die familiäre Geborgenheit. Ständig lagen sich seine Eltern in den Haaren. Eines Tages nahm ihn sein Vater und wanderte mit ihm nach Morgantown in West Virginia aus. Ohne ein Wort Englisch zu sprechen, steckte man ihn dort in eine Schule. Ein Fremder unter Fremden. Nach vier Jahren holte ihn seine Mutter ins gemächliche Wien zurück. Doch inzwischen war ihm die Muttersprache nicht mehr vertraut. Herumgestoßen, alleingelassen, verlorene Kinderjahre. Ein Zufluchtsort: die Musik. Noch bevor er auf das Albert-Gymnasium überwechselte, konnte er rührselig Gitarre spielen. Und im Schülerchor klang seine feste Knabenstimme wie ein Fels aus der Brandung heraus.

Im Frühjahr 1946 schlich er sich zum ersten Mal heimlich davon. Per Anhalter trampte er bis nach Antwerpen. Er wollte zurück nach Amerika. Bei den GIs, mit denen er sich anfreundete und die ihn in den Kantinen der US-Mortuary and Cemetery Division singen ließen, konnte er nicht bleiben. Die Militärpolizei griff ihn auf und schickte ihn zurück nach Wien. Seine Träume von der weiten Welt jedoch ließ er sich nicht austreiben. Ein Zufall führte ihn zum Wanderzirkus Gschwandner, der einen Musiker suchte. Der junge Zirkusnarr lernte Saxophon und wurde in das Drei-Mann-Orchester verpflichtet. Bald kam ihm sein Stiefvater –

"Freddy und das Lied der Südsee"

seine Mutter hatte 1939 den Schriftsteller Rudolf Petz geheiratet - dahinter, und mit dem Nebenjob war es aus. Er nahm Rache. Wieder schnürte er seinen Seesack und gelangte über Rom bis Tunis, immer das Ziel Amerika vor Augen. Sprachen erlernte er schnell. Heute spricht er fließend Englisch, Spanisch, Französisch, Holländisch, Finnisch und Italienisch.

Beinahe in die Fänge der Fremdenlegionärswerber geraten, kehrte er nach Marseille zurück und sang in Pariser Lokalen am Montparnasse, Place Pigalle und auf dem Montmarte seine Fernwehlieder zur Gitarre. 1951 kam er als Tramp zum ersten Mal nach Hamburg. In der "Washington-Bar" auf St. Pauli, der sündigen Meile, wo sich Seeleute, Gestrauchelte, leichte Mädchen und besonders willige Jungs Theke, Bett und Träume teilen, ging er an Land. Seine Lieder sprangen über. Die freiheitsdurstigen Fahrensleute, diese muskulösen Weltenbummler, hatte er immer bewundert. Und sie luden ihn nun ein. Im Herbst 1951 startete er auf einem finnischen Tanker zunächst nach Odessa, dann nach Mexiko und New York. Bei einer Talentschau wurde er hier, im Mekka des Showbusiness, mit drei spanischen Liedern als Sieger gekürt. Ein Jahr später gewann er auch in Belfast bei einem Sängerwettstreit.

Doch der Hamburger Kiez, seine "Washington-Bar", wurde die eigentliche Wiege des Erfolgs. Werner Baecker und Jürgen Roland tummelten sich in der verräucherten Kneipe und hatten sich in die Musik dieses gutaussehenden Gitarristen regelrecht verliebt. Unter dem Pseudonym "Frederico" nahm der 21jährige bei der Teldec seine erst Schallplatte auf. Nun wurde der Krösus Polydor auf ihn aufmerksam und schloß am 5.

November 1954 den alles entscheidenden Ausbildungsvertrag mit ihm ab. Man formte seine Stimme, verfeinerte die Griffe an seiner Gitarre, holte ihn aus der Spelunke und schickte ihn als Botschafter für Sehnsucht und Romantik in die Welt.

Gleich mit dem ersten Bestseller war ein neuer deutscher Mythos geboren. "Heimweh" hieß das Stück, das ein Fieber auslöste. Drei Millionen Platten wurden verkauft. Lotar Olias komponierte dem sympathischen Matrosen das neuerstandene, freiheitshungrige Gefühlsleben der deutschen Aufbruchsgeneration auf den Leib. "Heimatlos", "Die Gitarre und das Meer", "Unter fernen Sternen", "Irgendwann gibt's ein Wiedersehen", "Laß' mich noch einmal in die Ferne" - goldene Hits am laufenden Band. Das Volk schrie "Junge, komm bald wieder". Und Freddy Quinn hat ihm mit rund 800 Musiktiteln und 13 Filmen diese Bitte gerne erfüllt.

Spätestens jetzt, 1962, als er "La Paloma" interpretierte, mußte er sich mit Hans Albers messen, dem Urgestein eines deutschen Mannes, vor dem selbst ein ausgewiesener Frauenheld wie Curd Jürgens verblaßte. Und Freddy Quinn? Der sensible Fernweh-Troubadour ließ sich ein Manns-Image stricken, das wie ein Bollwerk jedem Ausbruchsversuch trotzte. Das Lampenfieber wurde vom Erfolg übermannt. Operettenseligkeit schnürte ihn ein. "Heimweh nach St. Pauli" spielte er 16 Jahre lang auf allen deutschen Bühnen. Er ist ein zeitloser Könner, einmalig in seinem Metier. Als Hochseilartist ließ er Fernsehzuschauern den Atem stocken, als Countrysänger schwang er sein Lasso bis nach Tennessee und New York. Zirkus, hier ist er zu Hause. "Andere spielen mit der Modelleisenbahn, ich gehe in die Arena. Ich fürchte nichts mehr, als ein monotones Leben. In meinem Leben muß es kribbeln. Mit einem Handstand auf dem Klodeckel holt man niemand mehr hinter dem Ofen hervor. Also gehe ich auf das Hochseil ohne Netz."

Freddy Quinn hat allen bewiesen, er ist ein Mann. Seine Popularität ist ungebrochen. Wolfgang Rademann, der Seifenopern-Papst des Deutschen Fernsehens, meint gar, "er ist ein Markenbegriff wie Coca-Cola". Logisch, nichts wäre schlimmer, als ein solches "Produkt" in eine andere Verpackung stecken zu wollen. Man verpackte es kaputt. Konflikte kann das harmoniebedürftige Publikum nicht vertragen, also geht man ihnen aus dem Weg. Ein Seemann weiß, wie man Kippen umschifft, den Mastbruch verhindert. Der Star, der den Männermythos von Meer und Prärie, von Matrosen und Cowboys, so radikal verinnerlicht hat, spürt, was gut für ihn ist. "Ich mag Seeleute, für mich ist das Meer die letzte Bastion wirklicher Freiheit." Und der Alltag? Manchmal möchte man ihm wie in seinem Theaterstück 1973 zurufen: "Mensch, Kuddel, wach auf!"

Kurt Raab
Der ehrliche Mime

"Wohin?": Wie muß einem Schauspieler zumute sein, der weiß, das ist sein letzter Film. Mit 47 aufhören, gezwungenermaßen. Kurt Raab spielt sich in Herbert Achternbuschs Satire mit dem Fragezeichen selbst. Er ist der AIDS-Kranke, der in einem oberbayerischen Biergarten Platz nimmt, ohne daß ihn einer der Gäste in seiner heiteren Dumpfheit überhaupt bemerkt. Doch schon als er sich, abgemagert, sichtlich gezeichnet, ins Bild schleppt, stockt dem Zuschauer der Atem. Das ist Kurt Raab?! Weit über 130 Film- und Fernsehrollen hat er verkörpert, unnachahmlich hintergründig, quicklebendig, selbst wenn es nur Spießer, Gauner, Verrückte waren. Hätte man ihm den Auftritt in "Wohin?" nicht ersparen sollen? Die brutale Wahrheit: Kurt Raab, schon an eine Dauerbehandlung im Tropeninstitut in Hamburg gebunden, brauchte Geld. Die ehrliche Haut, die er immer war, gibt das auch zu. Er stellt sich auch dem unabwendbaren Schicksal.

Der Krieg tobte noch, als er am 20. Juli 1941 im Sudetenland zur Welt kam. Sein Vater war ein armer Pächter und, wie Kurt Raab in seinem Buch schreibt, ein "willfähriger Mitläufer" der Nazis. Seine Mutter hatte sich eine weitere Tochter gewünscht. "Wie groß aber war das Entsetzen, als dann ein rotes Bündel mit eindeutig männlichen Geschlechtsmerkmalen dem Mutterleib entquoll." Sie müsse, so vermutet er weiter, sein "kleines rotes Zipferl" sehr oft gepiesackt haben: "Denn als größerer Junge entwickelte ich einen regelrechten Haß auf den eigenen Penis, und ich versuchte immer, ihn wegzudrücken, in den Bauch zu drücken, dieses ungeliebte Anhängsel ins Innere zu befördern, obwohl es doch fürs Äußere bestimmt war."

Die Raabs wurden aus ihrer kargen Heimat vertrieben. In ausrangierten Wehrmachtsbussen brachte man sie nach Bayern, zuerst nach Oberfranken, dann nach Niederbayern. Hier verdingte sich sein Vater als Knecht, seine Mutter mußte als Schweinemagd die Kartoffelschalen verdienen. "Wir waren zu Leibeigenen auf dem Hof eines reichen Bauern geworden." Zu seiner Erstkommunion bekam

"Wer mein Freund ist, wird mir jederzeit die Hand geben. Wer nicht, war nie einer. Ich fürchte mich nicht vor dem Tod, wohl aber vor einem langsamen Dahinsiechen. Denn ich glaube an Gott und ein Weiterleben nach dem Tod."

Kurt Raab

Kurt Raab in "Wohin?"

der junge Kurt das erste Stück Fleisch, das er, weil es so fett war, wieder erbrach. Sehnlichst wünschte er sich, ein Adeliger zu sein, ein Ritter mit vielen hübschen Knappen. Seine Phantasie ausleben konnte er sonntags im Kino, in das ihn sein Vater bereitwillig mitnahm. Als bester Schüler der Klasse wollte er eigentlich Priester werden, doch seine Eltern meinten, Lehrer wäre für ihn die richtige Berufung. Noch bis in die 70er Jahre war ihm die Bibel sein liebstes Buch. "So wollte ich auch, wenn schon nicht der liebe Gott, so zumindest Jesus Christus sein. Aber das war mein Geheimnis, und niemand durfte davon erfahren."

Schon als Schüler spürte er, daß er schwul war: "Eine Wonne war es für mich, wenn sich der Sohn des Nachbarn, der einige Jahre älter war als ich, vor mir auszog und sich mir nackt präsentierte. Wie vollkommen und begehrenswert erschien mir sein Geschlecht, wie edel der von dunklem Haar umwachsene Penis, die kräftigen, jugendlichen Schenkel, der sehnige Bauch! Wie gern schmiegte ich mich an ihn, mein eigener Penis kam mir häßlich vor, so nutzlos und unbrauchbar, und ich hatte auch so gar nichts Athletisches an mir. Rund und weich waren meine Formen, ich wirkte wie eine fleischgewordene Putte."

Auf dem Gymnasium im kleinstädtischen Straubing lernte er Wilhelm Rabenbauer kennen, der später als Peer Raaben zu Fassbinders wichtigstem Komponisten werden sollte. Beide gingen gemeinsam nach München zum Studieren. Sie bezogen eine gemeinsame Wohnung und hatten oft auch den gemeinsamen Bettgenossen. Seinen Eltern schwindelte Kurt Raab vor, Germanistik zu studieren. Pro forma war er auch immatrikuliert. Doch er hielt sich als Requisiteur beim ZDF über Wasser. Schüchtern begegnete er den Stars, nicht ahnend, daß er selbst einer würde. München haßte er eigentlich, er fühlte sich als Bauernjunge so schrecklich deplaziert. "Ich war ein tölpelhafter Landmensch, dem der Jauchegeruch anzuhaften schien." Also übergoß er sich mit Flaschen von Parfüm und schmiß sich in die knallig-bunteste Mode.

1966 kam er ans "Action-Theater", zu dem im gleichen Jahr auch Rainer Werner Fassbinder stieß. Kurt Raab in seinem 1982 erschienenen Gedenkbuch "Die Sehnsucht des Rainer Werner Fassbinder": "Es war mir ein Mensch erschienen, der alle sonstigen Beziehungen überstrahlte." Mit Irm Hermann stritt er sich um die Gunst dieses Messias. Fassbinder nutzte beide willfährig aus. Kurt Raab war noch der Theaterkassier, ein schüchterner Mensch. Jeden Abend zog es ihn in die bekannteste Stricherkneipe, doch seine Sehnsüchte blieben unerfüllt. 1968 gründete man, irgendwie eine eigenartige Familie geworden, das "anti-theater". Es kam der Erfolg. Als König Peter in Büchners "Leonce und Lena" oder als Peachum in Gays "Bettleroper" hatte Raab nun als Schauspieler gezeigt, was er kann. In 31 Filmen von Fassbinder wirkte er nun bis 1977 mit. Er war Mime, Ausstatter, Drehbuchautor, Regieassistent und Produktionsleiter. "Liebe ist kälter als der Tod", "Der Händler der Vierjahreszeiten", "Die bitteren Tränen der Petra von Kant" - einige wichtige Streifen. Besonders aufgefallen war er in Uli Lommels "Zärtlichkeit der Wölfe" (1973). Raab spielte den schwulen Massenmörder Haarmann, ein jungenmordendes Monster, der seinen Bubis die Kehle durchbeißt. Lommel ließ Raab eine Glatze rasieren, weil man nur so einen Menschen richtig erkenne. Obwohl das Blutbad bei der Kritik und Schwulengruppen mit Schmähungen bedacht wurde, konnte der satanische Raab als Schauspieler überzeugen. Ähnlich wie 1976 in "Satansbraten", wo er einen Dichterfürsten in all seinen Orgientrieben bis zum Exzeß vorführt. Seine wohl beste Rolle unter Fassbinder, 1977, der TV-Zweiteiler "Bolwieser". Oskar Maria Grafs Roman, der das Leben eines Bahnhofsvorstehers, eines kleinen Spießers, von seiner Frau betrogen, vertrieben, leise erzählt, paßte so genau auf das Seelenleben des Fassbinder verfallenen Kurt Raab.

Die Liebe fiel ihm schwer in dieser Zeit, als er mit dem Intriganten auf Gedeih und Verderb befreundet

Kurt Raab in "Wo geht's denn hier zum Film?"

war. "Emma Kartoffel", wie ihn Fassbinder nannte, versuchte indes mehrmals auszubrechen. 1973 seilte er sich nach Tanger in Marokko ab, um dort in einer Absteige, die er schon öfter besucht hatte, einen Freund mit nach München zu holen. "Du mußt ihn aber erst ausprobieren", riet ihm der Wirt. Raab musterte den 18jährigen, schwarzhaarigen, gutgebauten Jungen "wie ein Stück Vieh" und entschloß sich, ihn mitzunehmen. Fouad wurde neu eingekleidet und verließ seine Heimat. Da er für Deutschland kein Visum bekam, lebte er in einem von Kurt Raab gemieteten Hotelzimmer in Paris. Er besuchte ihn, so oft es ging. Das ging Monate, bis ihm Fassbinder über seine "Tango-Film" ein Engagement als Schauspieler ermöglichte und er so die gewünschten Papiere bekam. Doch bald gab es Ärger, Fassbinder wurde eifersüchtig, verbot Kurt Raab seinen Geliebten mit an den Tisch zu bringen, in den Bus, ins Hotel. Nachdem seine Aufenthaltserlaubnis nicht verlängert wurde, mußte Fouad nach Afrika zurück. Kurt weinte wie ein Kind.

Nun nahm er den Sohn von Fassbinders Freund Salem unter seine Fittiche. Er wurde nach unzähligen Delikten von einem Heim ins andere geschoben. Fassbinder kümmerte sich um ihn nicht, obwohl Salem ihn immer noch liebte. Doch er ließ sich verleugnen. Erst 1982 erfuhr er, daß sich Salem in einem französischen Gefängnis erhängt hatte. Abdel, sein Sohn, war Kurt Raabs "Fickpartner" und Sorgenkind. Er mußte ihn jedoch vor Fassbinder verstecken; der erlaubt nicht, ihn in seiner Gesellschaft zu haben, er erinnerte ihn zu sehr an seinen Vater Salem.

Raab hatte mit Fassbinder 1974 das "Theater am Turm" (TAT) in Frankfurt übernommen. Er wurde sogar

Kurt Raab in "Die Zärtlichkeit der Wölfe"

Ensembledirektor. Doch was gespielt wurde und wer spielte, entschied allein Fassbinder selbst. Raab machte mit ihm Reisen in die USA, nach Mexiko, doch immer war er sein Diener, mußte Manuskripte ins Reine schreiben, Drehbücher entwerfen, verfassen - oft wurde er dafür nicht einmal erwähnt, geschweige denn entlohnt. Er begann sich freizuschwimmen. Er drehte einen Film nach dem anderen. Wie in "Der Zauberberg" (nach Thomas Mann) waren oft sehr gute Rollen darunter, er spielte stets ehrlich und irgendwie perfekt.

Dann jenes schicksalhafte Erlebnis im Winter 1986: "Ich wache in einer fremden Wohnung auf, verwundert und verkatert. Neben mir liegt im Tiefschlaf ein junger türkischer Stricher. Langsam kommt mir wieder die Erinnerung: Ich hatte mich, einer üblen Angewohnheit folgend, am Abend zuvor mit Cognac und Cola volllaufen lassen, war dann wie ein einsamer Wolf durch die Stricherlokale Münchens gehechelt ... Ich schaue den nackten Körper des Jungen an. Er hat ein paar kleine schwarz-rote Flecken an den Beinen. Plötzlich schießt es mir durch den Kopf: Der hat mich angesteckt, der hat mich mit dem Virus infiziert." Kurt Raab mußte ein Jahr später zum ersten Mal in die Klinik, eine Lungenentzündung wurde auskuriert. Theaterrollen gab er zurück. Dann, von seiner Familie in Stich gelassen, kämpfte er. "Heute plane ich nicht mehr", sagte er Anfang 1988. Er ließ ein ZDF-Video von seinem langsamen Sterben drehen und trat noch am 10. Juni in einer NDR-Talkshow auf. Am 29. Juni 1988 schlief er für immer ein.

Rio Reiser
Schwuler König von Deutschland

Seine Reibeisenstimme vibriert Konzertsäle in alternative Karnevalsstimmung. Denn selbst Ökofreaks und Anti-Yuppies werden zu glühenden Monarchisten, wenn ihnen ihr "König von Deutschland" ekstatisch einheizt: Rio Reiser, genannt Rio I. Der Royalistenhit schwemmte den Bürgersohn 1986/87 ganz nach oben. Und Rio nutzt seine neuen Freiheiten. Er fabuliert in seinen Liedern nicht nur "über alles und noch viel mehr würd' ich machen, wenn ich König von Deutschland wär", sondern verkündet, daß Deutschland nach Friedrich dem Großen und Ludwig II. mit ihm endlich wieder einen schwulen König bekäme. Einen König, der sich nicht schamhaft versteckt oder in selbstquälerischer Einsamkeit übt. Nein, einen König, der seine Gefühle und Lüste vor jedermann ausleben will. Seine Königin heißt Micha - und ist männlich.

Daß sich ein deutscher Popstar zu seinem Schwulsein bekennt, ist eine seltene Erscheinung. Daß er trotzdem keine Fans verliert, der Beweis, daß Songs ehrlicher rüberkommen, je ehrlicher ihr Macher und Interpret auftritt. Rio Reiser "ging die ganze Scheinheiligkeit auf den Wecker", er war das salbungsvolle Gelaber um seine Empfindungen leid. Wieso soll einer nicht auf Männer stehen dürfen, der im Scheinwerferlicht steht? Weil es die Lockenwicklerpresse nicht zuläßt, es die Plattenkonzerne verbieten? Nach Interviews mit klaren Worten in Szenemagazinen folgte Rio Reisers Zeigefinger im ZDF: Er forderte alle Zuschauer auf, wegen Peter Gauweilers AIDS-Politik - wie er selbst - den Freistaat Bayern zu boykottieren. Ein Sturm des Beifalls, aber auch der Entrüstung brach los. Rios Poltern aus dem Talkshowsessel hinterließ auch unter den weißblauen Schwulen eine zwiespältige Reaktion. Soll man nun nach Hessen oder Baden-Württemberg reisen müssen, um Rio auf der Bühne erleben zu können? Dünnt man Bayerns Schwulenszene mit derlei Apartheid-Parolen -statt sie zu stärken - nicht aus? Rio, the King, hat die Unsinnigkeit seiner TV-Äußerung sehr bald erkannt. Schon im März/April 1988 gastierte er in Kaufbeuren, Neumarkt

"Meine Eltern knabbern manchmal noch daran, daß ich schwul bin. Aber jetzt lassen sie meinen Freund immer ausdrücklich grüßen, wenn ich mit ihnen telefoniere. Neulich, beim Geburtstag, hat mein Alter meinen Micha geküßt. Da dacht' ich, Mensch, was für 'ne Arbeit!"

Rio Reiser

und München. Der korrigierte Liebesentzug des Rockers tat gut.

Rio Reiser ist heute obenauf. Dabei hatte es 1950 ganz tief unten begonnen. Er kam ungewollt und ungeliebt in Berlin zur Welt. Seine Rabenmutter setzte ihn aus. Von russischen Soldaten wurde das Häufchen Elend in einem noch nicht zugeschütteten Bombentrichter im Bezirk Tiergarten aufgelesen. Der kleine Rio wurde in einem der damals zum Bersten überfüllten Waisenhäuser untergebracht. Das Fabrikantenehepaar Rika und Bert von Braun-Möbius holte ihn raus und nahm ihn später an Sohnes statt an. In Traunstein am Chiemsee wuchs er die ersten Jahre auf. Noch bevor er mit den Nachbarskindern Räuber und Gendarm spielen wollte, traktierte er den Bechstein-Flügel seiner Eltern. Mannheim, Stuttgart und Nürnberg waren seine Schulstationen. Doch jedesmal brach er vorzeitig ab. Nirgends hielt es der kleine Rabauke sehr lange aus, am allerwenigsten bei seinen Eltern im vornehmen Villenvorort Erlenstegen bei Nürnberg.

Trotzkopf Rio haßte Latein, Altgriechisch sowie den gestelzten Piano- und Violinunterricht. So brannte er immer wieder durch. Er wollte frei sein, auch Freunde haben, von denen seine griesgrämige Umwelt nichts wissen durfte. Mit 15 zwang er sich in eine ungeliebte Fotografenlehre. Offenbach war die Stadt, in der er mehr als langweilige Motive schoß. Also wechselte er vom finsteren Fotostudio ins klirrendhelle Konservatorium der Leder-Metropole. Rio ließ sich zum Cellisten ausbilden, zunächst. Im Rodgau hatte er R.P.S. Lanrue kennengelernt, mit dem er die Gruppe "De Galaxis" aus der Taufe hob. Dann brannte er mit einem Freund durch. Sie kamen bis Liverpool. Das war 1966, da waren die Beatles schon in den Charts. Die Pilzköpfe hatten auch Rios Outfit geprägt. Er hatte sich eine lange Wuschelmähne wachsen lassen, sehr zur Freude seiner damaligen Jungs. Rio wurde von den Bobbys in England aufgegriffen und nach Nürnberg zurückverfrachtet.

Die Eltern sahen ein, der Junge sollte als Musiker eine Chance bekommen. Dabei wollten sie ihn ursprünglich in ein Dominikanerkloster stecken. Was wäre wohl aus Rio geworden? Wo er doch schon immer ein sensibles, musisches Bürschchen war! Schon mit 13 brachte er erste Kompositionen zu Papier. Jetzt, mit 17, schlug er zu. Mit seinem Stiefbruder Michael schrieb er die "Beat-Oper Robinson". Das gewagte Opus wurde 1967 im Berliner Theater des Westens uraufgeführt. Doch die aus aller Herren Länder angereisten Musikkritiker verrissen das Werk bis zur Unkenntlichkeit. Aus Rio, dem Geselligen, wurde selbst ein Robinson. Er zog sich schmollend zurück - in eine leerstehende Kreuzberger Fabriketage. Erst eine quirlige Studentenbewegung holte das verkannte Genie ins Berliner Großstadtleben zurück. Und ein gutaussehender Franzose, der Emigrantensohn R.P.S. Lanrue. Mit diesem Burschen mit dem Drei-Buschstaben-Vornamen, mit dem er schon 1965 gerockt hatte, kam das Glück, privat und als Musiker. Rio und R.P.S. gründeten 1970 die erste deutschsrachige Rockformation "Ton Steine Scherben". Markenzeichen der Band wurde, daß die örtlichen Ordnungshüter immer alle Hände voll zu tun hatten, wenn sie tourten. Im zunächst hochverschuldeten Selbstverlag bauten sie sich ein eigenes Platten-Label auf. Und trotz Medienboykotts konnten sie mehr als 100.000 Platten absetzen.

Die Schauspielerei hatte es Rio bei aller Liebe zur Musik auch angetan. Schon 1969 versuchte er sich als exzentrischer Mime bei "Hoffmanns Comic Theater", mit wenig Fortune. 1977 kam Rios Stunde. Roald Koller, ein 23jähriger Jung-Regisseur, gab ihm die Titelrolle in dem Aussteigerstreifen "Johnny West". Rio, mit Pagenmähne und Pickelgesicht, spielte einen Jungen, der Abend für Abend die Bühne für eine Soulgruppe aufzubauen hat. Eigentlich ist er selbst verhinderter Musiker, dem man nur erlaubt, hinter den Kulissen zu agieren. Sein Freund Max bringt ihn schließlich in einen amerikanischen Club. Zum ersten Mal kann Johnny West die Bühne als Star erklimmen. Die realistische Darstellung brachte Rio 1978 das "Filmband in Gold", verbunden mit einem Stipendium von 10.000 Mark. Trotzdem, der Film wurde ein Flop. Nach wenigen Tagen schmissen ihn die Kinos aus dem Programm, der Verleiher, die Constantin, machte gerade Konkurs. Trauriges Ende: Regisseur Roald Koller, ein enger Freund von Rio, sprang aus dem Fenster, nahm sich aus Verzweiflung das Leben.

Rio traf der Verlust seines Förderers hart. Er bunkerte sich in Fresenhagen in Nordfriesland ein. "Das war ein Schlag in die Magengrube, von dem man sich jahrelang nicht mehr erholt!" Rio war in der Tat auf Jahre von der Show-Bildfläche verschwunden. Ein Talent auf Eis gelegt. Einzig sein eiserner Wille, wieder Anschluß zu finden, verhalf ihm 1984 zum Comeback. Die Solosingle "Dr. Sommer" veranlaßte Rundfunk und Fernsehen sowie den Schallplattenhandel jedoch nicht einmal zu einem Schulterzucken. Die Scheibe verschwand sofort wieder aus den Regalen. Mit "Ton Steine Scherben", der Band, mit der Rio weiter durch Kleinstädte tin-

Rio Reiser als "Johnny West"

Die Rakete ging ab. Rio wurde zum Plattenkrösus. Sein "König von Deutschland" hämmerte 1986/87 von Flensburg bis Lindau durch alle Ätherwellen und Discowände. Rio's Krönung. Fernsehen, Boulevardpresse, Anti-WAA-Protestler, Autogrammstunden-Organisatoren rissen sich um den ausgeflippten Rock-König. Seine treuen Glubschaugen strahlten. Und mit 36 war endlich auch sein Coming out im Showbusiness vollzogen. "Daß ich schwul bin, spielt in Zukunft auch in meinen Songs eine größere Rolle." 1987 wurde er zum "Aufsteiger des Jahres" gekürt, sein "König von Deutschland" wurde "Beste Single des Jahres" und "Rio I." landete in der Rubrik "Bestes Album des Jahres" auf Platz 2. Seine neue Solo-LP "Blinder Passagier" belegt, Rio hat sich als Komponist, Autor und Sänger einen Platz im Deutsch-Rock gesichert. Weil er nun nicht mehr soviel Zeit für's Privatleben hat, engagierte er sich gelte, konnte er keinen Hit mehr landen. "Angewidert vom exzessiven Lebenswandel einer Rockband und schlechten Hotelbetten" verließ Rio Bühne und Band und zog sich mit seinem Lebensgefährten in die Einsamkeit Südtonderns zurück. Aus dieser produktiven Lethargie weckte ihn ein Manager von CBS. Der machte Rio klar, "du mußt wieder ins Studio". Mit einem Aufwand, den der Selfmade-Mann bisher nicht kannte, wurde eine Solo-LP produziert: "Rio I." einen Manager. Und schrieb ihm gleich ein Liebeslied auf den Leib: "Ich hab' 'nen Manager". Aus Rio, the King, wurde Rio, the Sting. Ein Stachel, der unbequem Wahrheiten aufpiekt und gestochen scharf transportiert. Die LP "Blinder Passagier" wimmelt nur so von Reißnägeln für Satte, Selbstzufriedene und Pharisäer. Er ist ein Sänger, der seinen Zuhörern nichts schenkt. Rio II. ist kein Gönner, er ist Rebell - mit einem schwulen Charme um die Krone.

Frank Ripploh
Vom Kerljäger zum Eremiten

Er zeigt die angenehmen Seiten am schwulen Leben genauso wie den Kampf, sich im Alltag damit zurechtfinden zu müssen: Frank Ripploh. Seine Filme strotzen vor Überlebensgier und Humor. Die Tristesse vieler seiner schwulen Regisseurkollegen ist ihm suspekt, ja zuwider. Als Grund für ihre Selbstmord- und Selbstmitleidsszenarien nennt er das noch immer unterentwickelte Selbstwertgefühl. "90 Prozent der Schwulen haben ein gestörtes Selbstbewußtsein. Und weil sie durch Erziehung und Erlebnisse verinnerlicht haben, welche Dreckstücke sie sind, identifizieren sie sich entweder damit oder benehmen sich so, daß sie es auch tatsächlich werden. Ich unterstelle den Schwulen, daß sie furchtbar spießig sind, viel mehr als die Heteros." Frank Ripploh bezieht die Kulturschwulen, "diese Kunsthuren", ausdrücklich mit ein. Er weiß offenbar, wovon er spricht.

Großstadt-Cruiser Ripploh stammt vom Land. Am 2. September 1949 wurde er im westfälischen Rheine geboren. Auf dem Bauernhof seiner Eltern wuchs er bodenständig, naturverbunden auf. Es gab rassige Pferde, die er über alles mochte, aber auch Provinzromantik, die ihm bald bis zum Hals stand. Ein Einzelgänger, was seine Sexualität betraf, der erkannte, daß er sich nur in der Großstadt würde wohlfühlen können. Und hier tobte er sich schon als Student ordentlich aus. "Ich war so ein Jagdtyp, der ständig das Gefühl hatte, daß er auf die Straße muß - und sich erproben, Menschen sehen. Ein Typ, der unersättlich und gierig ist und alles haben will, auch sexuell. Für mich ist das Leben in erster Linie Genuß."

Trotz seiner allabendlichen Aufreißtouren fand er die Muße, sein Studium geordnet zu Ende zu bringen. Er wurde Lehrer für Deutsch, Englisch und Kunsterziehung. 1972 holte man ihn an eine Berliner Gesamtschule. Es fiel ihm zunächst schwer, sich dem Trott eines Schulbetriebes unterzuordnen. "So ein Vormittag mit Kindern ist einfach ungeheuerlich anstrengend." Und die Nächte waren auch nicht mehr das, was er sich vorgestellt hatte. "Als Beamter im Schuldienst, da war man ein richtiger Bürger, und die ganzen Sehnsüchte nach Liebe,

"Ich habe mich nie als einen Bewegungsschwulen gesehen. Weil ich einfach finde, daß die sexuelle Definition deines Trieblebens nicht Basis genug ist, um sich zusammenzurotten."

Frank Ripploh

nach Zärtlichkeit, nach jemand, den du spannend findest, haben sich dann aufs Wochenende konzentriert. Du stehst in den überfüllten Bars, bist einer von 150, in der dritten Reihe, machst jemand schöne Augen und bist dann morgens um halb vier Uhr todmüde, ziehst mit jemand, der auch schon müde ist, nach Hause. Was soll da noch laufen?"

Es lief trotzdem noch sehr viel. Mehr jedenfalls als bei seinen meisten schwulen Zeitgenossen. Und Frank Ripploh kannte keine Hemmungen, sich auch an verheiratete Männer heranzumachen. "Es ist", so bekannte er im österreichischen Fernsehen, "für so einen Mann unheimlich aufreizend, einmal gefickt zu werden. Seine Frau vermag ihm diesen Genuß ja nicht zu bieten." Er wollte die Menschen draußen im Lande fürs Schwulsein sensibilisieren, Typen, die ihm gefielen, sogar okkupieren. Unter dem irren Pseudonym Peggy von Schnottgenberg tuckerte der bärtige Akademiker durch die deutsche Prärie, um dem staunenden Publikum in einer schillernden Diashow "The Way of Gay", die Welt der unverstandenen Schwulen, näherzubringen.

Auf den Homo-Missionar, der schon als kecker Gymnasiast Kurzgeschichten für "Die Zeit" und die "Westfälischen Nachrichten" zu Papier gebracht hatte, war der "Stern" aufmerksam geworden. Man bot ihm 2.000 Mark, wenn er 650 Bundesbürger dazu brächte, sich zu ihrem Schwulsein zu bekennen. Das Massen-Coming-out gelang. Zusammen mit einem Redakteur kitzelte er von Flensburg bis Garmisch aus Bäckern, Bonbonverkäufern, Taxifahrern, Lehrern offene Geständnisse heraus. Und das Blatt erschien. Aufmacher war Frank Ripploh selbst: Auf einer Doppelseite räkelte er sich unter einem Tüllschleier mit einem Freund, splitternackt natürlich.

Seine Schulleitung kochte. Sein Kommentar: "Da werden halt die Senatsherren ein paar Bäuerchen machen müssen." Die Schüler seiner 6. Klasse fanden

"Taxi zum Klo"

das kolossal interessant. Und die Eltern stellten sich hinter den Lehrer ihrer Kinder. Doch das Disziplinarverfahren lief. "Unangemessene sexuelle Ausbreitung in einem Magazin", hieß die offizielle Begründung. Frank Ripploh klagte. Nun wollte er Lehrer bleiben. "Ich war trainiert, jeden Morgen meine Kinder zu unterrichten. Plötzlich wirst du aus dem Leben gekippt, ein widerliches Gefühl."

Den Rechtsstreit gewann er glatt. Sein Stolz: "Eigentlich bin ich der erste anerkannte schwule Lehrer Deutschlands." Dann bekam er eine Hepatitis. Und wegen dieses "Leberknacks', den ich ja habe" traf er mit den Behörden eine Übereinkunft: Man bezahlte ihm zwei Jahre lang sein Gehalt, und er stieg aus. "Wenn ich weiter gekämpft hätte, müßte ich heute als Schwerbeschädigter mit reduzierter Stundenzahl irgendwo an der Mauer unterrichten." Die zwei Jahre sollten Frank Ripplohs Leben verändern. Frustriert und zugleich angestachelt von seinen Wahnsinnserlebnissen ging er daran, auf filmischem Wege mit sich ins Reine zu kommen. Er drehte "Taxi zum Klo".

Diese Liebesgeschichte, 1980 in die Kinos geschickt, hat er tatsächlich erlebt. "Das war eine Autobiographie." Kerljäger Ripploh wurde zur Kultfigur. In aller Welt. Allein in New York spielte der Streifen über eine Million Dollar (!) in die Kassen. New Yorker Taxifahrer hupen ihm hinterher. Tunten und Machos an der Ostküste wollen ihm die Hand drücken, können gar nicht glauben, daß er hier ist, der Berliner Nimmersatt, der so ungeniert zeigt, was man sich selbst nicht traut. "Taxi zum Klo" ist das Credo der Szene Anfang der 80er Jahre. Seine Botschaft: "Lebt euch aus!" Er kennt kein Tabu mehr, wagt, bis an die Grenzen zu gehen, ganz bewußt. "Ich will schließlich nicht nur die Schokoladenseite des Schwulseins zeigen, nicht nur die Schokoladenseite des Lebens. Und wenn ich z. B. dem Peter im Film lustvoll in den Mund pinkele,

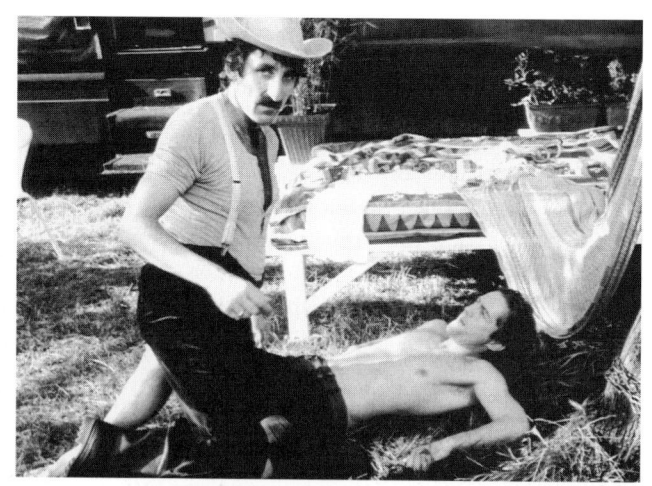

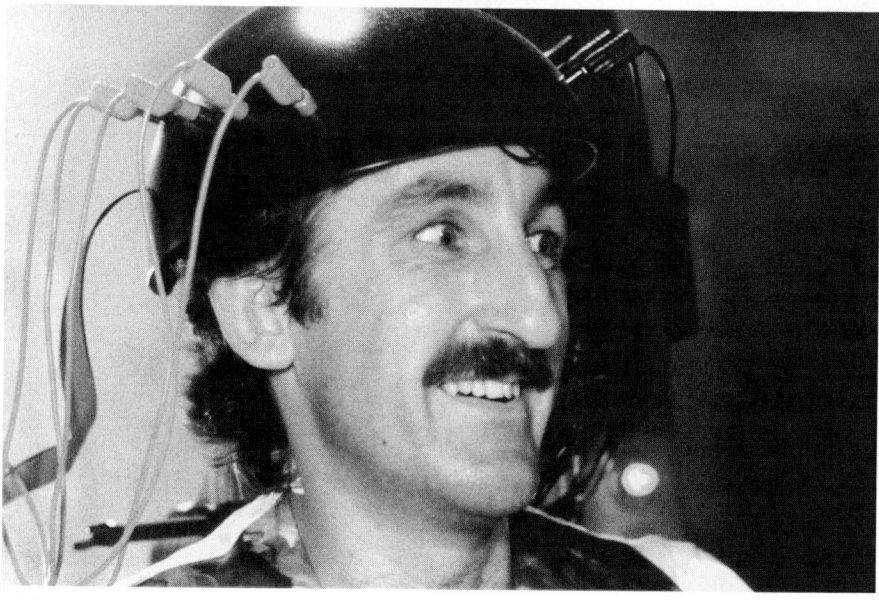

"Taxi nach Kairo"

dann zeigt das nur, daß eine vorbehaltlose Intensität zwischen zwei Menschen etwas Grenzenloses hat. Und das ist etwas sehr Schönes."

Frank Ripploh erhielt den begehrten "Max-Ophüls-Preis". Doch die zweieinhalb Minuten Pornographie im Film wurden ihm noch zum Vedrhängnis. Die Filmförderung machte ihm "wegen grob verletzender Darstellung" das Geld wieder streitig. Seither prozessiert er und hat Tage und Nächte in Anwaltskanzleien verbracht. Sein Projekt "Dressman Ronny" mußte er aufgeben. Sein Ersatzfilm "Miko - Aus der Gosse zu den Sternen" wurde ein hundertprozentiger Flop. Bis er "Taxi nach Kairo" (1987) auf die Leinwand kurbeln konnte, focht er Kämpfe mit Behörden und Fernsehanstalten bis zur körperlichen Erschöpfung. In Hamburg schließlich hat er das schwule Jungmanndrama mit dem Galgenhumor dann realisiert.

In München lebt er. Allein, in einer verschwenderisch großen Altbauwohnung im Zentrum der Stadt. "Dachpalast" nennt er sein Männer-Reich ohne Übertreibung, das ihm als Privatrefugium und als Filmbüro dient. Sein Cruiser-Image hat er verloren, jetzt ist er brav. Keine Ringe unter den Augen, kein Alkohol, keine Zigaretten. Nur zwei Kätzchen, ein Pärchen, schwirren um den rastlos-heimischen Hausherrn herum. Frischfleisch aus den Kneipen - er geht gelangweilt vorüber. "Ich bin 38, ich hab mich ausgetobt." Berlin, so verrät er heute, hat er nur benutzt, um sich sexuell freizuschwimmen. München ist für ihn trotz der bayerischen Geiljungen ein Trockendock.

Ripploh bei Dreharbeiten zu "Miko - Aus der Gosse zu den Sternen"

Eigentlich wollte er in Bayern die berühmte Hütte finden, in der man ganz für sich allein ist. "Aber die Alpen sind ja ausverkauft!" Mit dem Flieger düste er an die Ägäis. Doch auch dort fand er nicht den Platz für's intime Glück. In der Türkei hatte er einen Hafen gefunden. Doch in der Nacht vertrieb man ihn wieder. "Plötzlich legte die Freiluftdisco los und jagte Modern Talking über die Bucht." In Zypern ist er gelandet, seit ihrer Teilung eine Mauerinsel wie Berlin. "Das Klo für alle", wie er seine Coming-out-Festung nennt, hat er verlassen. Und nun? Frank Ripploh, das männermordende Monster, ist zum Eremiten geworden, ein zypriotischer Mönch.

Tom Robinson
Song Sung Gay

Wer singt schon: "Ich bin stolz darauf, schwul zu sein"? Empfinden werden es viele, auch viele Musiker und Sänger. Aber wer wagt es, dieses Bekenntnis mit ungewissem Ausgang für sein Publikum auf schwarze Rillen pressen zu lassen - um es zur Freude (nur) einer Minderheit zu verkaufen? Tom Robinson hat sich dieses öffentliche Glücksgefühl bereits in den 70er Jahren, auf dem Höhepunkt seiner Karriere, geleistet. Und "Glad To Be Gay" wurde ein Hit. Ein Coming-out-Song für Kids und ältere Semester und ein stiller Genuß für jene in den Hetero-Discos, die sich wünschten, sie könnten Tom Robinson folgen. Heute ist es etwas stiller um den selbstbewußten Sänger geworden, der in seiner Mimik ein Stück Rosa von Praunheim und David Bowie, in seiner Musik ein Stück Elton John und Paul McCartney vereinigt.

Geboren wurde Tom Robinson 1950 in Cambridge. Für die meisten Briten noch heute der Inbegriff jeder Bildung. Während seiner Schulzeit in England und Frankreich erlernte Tom mehrere Instrumente wie Oboe, Piano, Bassgitarre und Klarinette. Er war schon als Teenager ein gesamtes Orchester. Stark faszinierte ihn auch das Theater. Seine eigenen schauspielerischen Fähigkeiten hatte er sehr bald erkannt. Er liebte es, weil er sich und die Fotografie liebte, Selbstbildnisse von sich anzufertigen, Posen von hocherotischem Reiz. 1973 zog er nach Clopham, wo er in einem Musikverlag eine Anstellung fand. Nur so zum Hobby schloß er sich dem Folktrio "Café Society" an. Ray Davies, ein Musiker der Popgruppe "The Kinks", wurde 1975 auf das Trio aufmerksam und produzierte mit den Vollblutmusikern ein eigenes Album. 1976 verließ Tom die Gruppe und hielt sich mit Arbeiten für verschiedene Theaterproduktionen über Wasser. Mit dem Gitarristen Danny Kustow, einem sehr engen Freund, gründete er 1977 die Tom-Robinson-Band. Der Individualist Robinson hatte seine eigene Plattform gefunden. Ihr erster Hit hieß "2-4-6-8 Motorway". Und dann kam "Glad To Be Gay". Tom gelang es, sich über die Insel hinaus schnell alle schwulen Musikfreaks zu Freunden zu machen. Angst, nun als Tuntenrocker abgestempelt zu werden, empfand er nicht. Zu recht, wie sich herausstellen sollte. Nach "Up Against The Wall" landete er mit "Power In The

"Jeder sollte sich uneingeschränkt zu seinem Schwulsein bekennen.
Nur so wird er leben können wie er es will."

Tom Robinson

Darkness" einen Millionenseller, das Album erhielt Gold. Erfolgreich auch seine zweite LP "TRB Two".

Tom tourte durch viele Länder und kümmerte sich ein wenig zuwenig um neue Songs. "Bully For You" und "Never Fall In Love", zwei rasch hintereinander auf den Markt geworfene Singles, wurden schwerverdauliche Flops. Und das, obwohl sie in Zusammenarbeit mit den Popgrößen Elton John und Peter Gabriel entstanden. Tom konnte den Mißerfolg nicht verwinden, er löste seine Band kurzerhand auf. Nach einer auch privaten Neubesinnung gründete er 1980 "Sector 27", Steve Lillywhite produzierte die erste LP dieser Band. Tom hatte sich in Hamburg verliebt, in die neue Umgebung, die Szene, das freiere Leben dort. 1981 zog er ganz an die Elbe um. Er lernte fleißig deutsch und brachte mit "Tango an der Wand" bald eine deutschsprachige Single auf den Markt. Die Solo-LP "North By Northwest" aber verlor sich etwas im Überangebot der Hamburger Plattenindustrie. Einen genialen Tom Robinson erlebte das Theaterfestival in Edinburgh, das er mit "Robinson's Midnight Cabaret" überraschte. Eine DDR- und Bulgarientournee schloß sich an.

Seit 1983 lebt Tom wieder in London. Er holte sich eine Handvoll Musiker, mit denen er in Theatern und Clubs seine frechen Einfälle zum Besten gibt. Mit "War Baby" konnte er 1984 endlich auch wieder einen Song in den Top Ten plazieren. 1985 tourte er erfolgreich durch die USA und Australien, baute sich ein Studio in Hammersmith und prodzierte sein Album "Still Loving You". Diese LP, die sehr stark an seine Anfänge erinnert, strotzt wieder vor Bekenntnissen und nimmt kein Blatt vor den Mund. Für seinen Freund, kokainsüchtig, schrieb er den Anti-Drogen-Song "Nothing Like The Real Thing". Tom Robinson ist zum Botschafter für Minderheiten geworden. Und jetzt bekennt sich der schwule Sänger zu dieser Aufgabe mehr denn je.

Samy & Mario
Vamps und Grazien in einem

Ihre Art Entertainment ist zwischen Las Vegas und Pariser Alcazar konkurrenzlos: Travestie, die nicht imitiert, sondern kreiert. Samy & Mario tanzen sich Abend für Abend in einen Rausch. Und versetzen auch das Publikum in einen glitzernden Taumel. Erotik und Esprit - die Basis ihres Erfolges. Mal sind sie Monster, Engel oder Neptun. Mal wirbeln sie als Nonnen, Stripper oder Schneewittchen über die Bühne. Es knistert, wenn sie ihre sündhaft graziösen Körper, verpackt in sündhaft teure Klamotten, ins Laserlicht werfen.

Nachtmensch Samy fühlt sich als Vamp. Er mag Supermänner, Applaus und seine zehn Prozent Privatleben. Ein quirliger Typ, dessen Lebenslust ansteckt. 1957 kam er im heißen Tanger (Marokko) zur Welt. Seine Mutter ist Brasilianerin, sein Vater stolzer Spanier. Schon mit 13 galt seine Vorliebe der Kunst. Er wollte Tänzer werden. Doch die Eltern waren strikt dagegen. Als Ersatz nahm er Klavierunterricht. Er brachte es bis zum Konservatorium. Nach dem Abitur studierte der selbstbewußte junge Herr Guitta dann Jura, Wirtschaft und Tourismus an der noblen Universität von Nizza. Nebenbei lernte er sieben Sprachen und schwitzte immer häufiger in einer kleinen Musicalschule. "Ich jobbte auch als Kellner im 'Casino Ruhl', um mir für mein anspruchsvolles Privatleben noch etwas Geld verdienen zu können." Nizza ist teuer, Freunde dort sind verwöhnt. Der Nebenjob im Luxus-Cabaret sollte Samys Leben total verändern. Denn als ein hier engagierter Tänzer erkrankte, durfte er, der leidenschaftliche Tanzfreak, einspringen.

"Nice, very Nice" hieß die Revue, in der er mit Marlène Charell einen Winter lang auf den Brettern, die seine Welt bedeuten, sich und seine Zuschauer verzaubern konnte. Sein Talent als Verwandlungskünstler war schnell zu Tage gefördert. Und Samy beschloß, die Côte d'Azur als Solist unsicher zu machen. Mit pfeffrigen Parodien würzte er seine Shows und tingelte

"Ich steh' auf Supermänner. Richard Gere, Richard Chamberlain und Warren Beatty, toll - aber bitte alle drei auf einmal!"

Samy Guitta

"Daß ich schwul bin, weiß meine Mutter, das kann auch mein Publikum wissen."

Mario Vinci

Monte Carlo, Cannes und St. Tropez rauf und runter. 1977 zog es den Neu-Profi zum ersten Mal in die Bundesrepublik Deutschland. Von Hamburg bis München, von Dortmund bis Frankfurt flogen ihm die Sympathien der Szene entgegen. In Frankreich schloß sich Samy 1979 der damals wohl berühmtesten Travestie-Truppe, "Les Ziegfeld", an und tourte so rund um die Welt.

Dann trat Mario in sein Leben. Die beiden liefen sich 1980 in Paris über den Weg. "Eine schicksalhafte Begegnung", meinen beide Stars heute, denn sie führte zum Übererfolg. Gemeinsam gingen sie nach München, wo sie seither auch leben. Im selben Haus, aber jeder in seiner eigenen Wohnung. "Wir sind fest liiert, aber getrennt, mit verschiedenen Partnern. Du wärst ja wahnsinnig: 18 Stunden täglich im Bus, im Restaurant, auf der Bühne zusammen. Und dann auch noch im gleichen Bett? Nein, danke!"

Der chice Mario liebt München, "weil die Isar nun mal der nördlichste Grenzfluß Italiens ist". Als "Haut- und Haar-Italiener" (Samy über Mario) fühlt er sich hier zwischen Szenebars und Biergärten geborgen. Geboren wurde er 1955 in dem verträumten sizilianischen Städtchen Mazzarino. Aber in dem Industriegürtel von Turin wuchs er auf. Seine Ausstrahlungskraft auf andere Kerle hat er bereits im katholischen Klosterinternat an der Piazza Armerina erlebt. So wurde er auch nicht Pfarrer, sondern Friseur. Und weil er sich schon immer fürs Theater begeistern konnte, stieg er direkt auf Maskenbildner um. Vor allem jedoch wollte er selbst ins Rampenlicht.

"Ich bin stolz darauf, mit 17 hat mich die damals legendäre Travestie-Gruppe "La Grande Eugène" engagiert." Hier hat er sich seine sprichwörtliche Professionalität einimpfen lassen, hier hat er Tag und Nacht an seinem Körper, an seinem tänzerischen Charisma trainiert. "Ich hab' geprobt bis zur Erschöpfung." Mit zwei anderen französischen Truppen bereiste er dann Europa. Doch nicht immer lief es optimal. "Weiß

Gott kein Honiglecken, mein Anfang. Wochenlang gab' es oft nur trockene Brötchen. Dann habe ich zwischendurch mal als Garderobenfrau gejobbt." Sein Ehrgeiz indes war stärker als berufliches Sicherheitsdenken. Und das Warten auf Samy hat sich gelohnt. Mario Vinci - der Name sagt alles - blieb Sieger.

Marios Ehrlichkeit fesselt auf der Bühne und im Alltag. "My Way": Seit acht Jahren tanzt er im Minislip und wallendem roten Satinmantel diese Nummer, die zu seinem Credo geriet. Ein künstlerisches Erlebnis fürs Publikum, eine Offenbarung für die Insider darunter. Wie viele andere Travestiestars will er seine Gefühle vor den Zuschauern nicht einnebeln. "Daß ich schwul bin, weiß meine Mutter, das kann auch mein Publikum wissen." Auch Samy weicht Versteckspielen aus: "Mein Schwulsein? Kein Thema! Ich bin glücklich damit."

Sie bemühen sich nicht, ihren außergewöhnlichen Beruf umdeuten zu wollen. "Wir sind keine Schauspieler. Ein Schauspieler braucht sich doch nicht fünf Kilo Schminke ins Gesicht zu hauen. Wir sind Verwandlungskünstler mit dem kleinen Unterschied. Und zu dem stehen wir auch. Im übrigen - nicht das Geschlecht ist entscheidend, sondern die Phantasie!"

100 Kostümwechsel vollziehen sich in ihren Shows. Sie tragen die teuersten Travestiefummel Europas. Früher haben sie alles selbst genäht, jetzt macht das ihr Entwurfkünstler und Hausschneider Uli Gartz aus Köln. "Wahrscheinlich können sich nur Frauen wirklich vorstellen, welche Arbeit, welcher Aufwand, welche Geduld darin steckt", versucht Mario die Akribie der Kostüme zu deuten. Und ihr Make-up! Ein Traum, von dem Männer und Frauen geblendet nur träumen. Der Illusionsnebel, der Unterschiede-Verwischer, die Visitenkarte, die auch der ersten Reihe noch standhalten muß. Eine Stunde sitzen die beiden Perfektionisten vor dem Spiegel, bis jedes Flitterchen, jeder Rougestrich, jedes Wimperhärchen sitzt. Diese Prozedur absolvieren die Vollblut-Entertainer auch heute noch selbst.

Zwischen den Auftritten, während des tempogeladenen Klamottenwechsels, schütten sie literweise Mineralwasser in sich hinein. Am Schluß der Show dann das obligatorische, eiskalte Pils. Und Champagner? Der gehört zum Cabaret doch wie Chapeau claque, Stöckchen und Liza Minnelli. "Tabu! Unser Champagner ist der Applaus des Publikums", witzelt Samy vor dem Auftritt, um sich danach dann doch zu einem prickelnden Gläschen verführen zu lassen.

Göttliches ist den beiden Lebenskünstlern sowieso nicht fremd. Mario steht total auf Verdi, aber auch Liza bringt ihn in Schwung. Joan Collins verehrt er wegen ihres Make-ups, das er als "bestes der Showgeschichte" einreihen will. Als Hobbykoch liebt der Italiener schwäbische Spätzle, "mit Tonnen von Zwiebeln". Doch dieser Luxus ist ihm des Geruchs wegen nur im Urlaub vergönnt. Samy ißt wenig. Und beim "Marathon der Wahnsinnigen", wie er die vielen Proben umschreibt, nimmt er regelmäßig fünf Kilo ab. Musikalisch schwört er auf Gershwin, Chopin und Rod Stewart. Und im Alltag auf seinen sprühenden Humor.

Ausgetretene Travestie-Pfade verlassen, ausgelutschte Klischees überwinden, das war der hohe Anspruch zu Beginn ihrer Karriere. Mit visuellen und akustischen Glanzlichtern wurden sie ihm gerecht. Sie bringen Mini-Musicals auf die Bühne, mischen Knallbonbons mit Sentimentalitäten und komponieren sich so ihren überschäumenden Erfolg. Schon als sie noch im Münchner "Song Parnass" für einen Bruchteil ihrer heutigen Gagen ihr Superprogramm zeigten, zahlte sich ihr neues Konzept aus. Sie mußten mehr Zugaben geben als Charlie Rivel, der Welt bester Clown. Mut zur Phantasie ist ihr Motto, die ausverkauften Häuser sind die Antwort darauf.

Dieter Schidor
Der kleine Doktor liebte Querelle

Fassbinder nannte ihn "Kitty Babuffke" - "weil das so ein Berliner Putzfrauen-Name ist". Seine Freunde und Feinde nannten ihn den "kleinen Doktor". Klein, weil er nur 1,73 groß war, und Doktor, weil er als Doktor der Rechte promoviert hatte. Dieter Schidor war kein bequemer Zeitgenosse, auch wenn er aus der Distanz, vor allem durch seine zahllosen Fernsehserien wie "Derrick" oder "Der Alte", scheu und schüchtern wirkte. Hinter seinem introvertierten Bubengesicht mit den glasigen Augen und der Stupsnase verbarg sich ein gescheites, dynamisches und begeisterndes Multi-Talent.

Geboren wurde er am 6. März 1949 in Bienrode, aufgewachsen ist er in Braunschweig. Nach dem Abitur 1966 studierte er an der Kieler Universität Jura. Nach den Staatsexamina promovierte er zum Dr.jur. Doch seinen Beruf hat er niemals ausgeübt. Er ging nach München und wollte Schauspieler werden. Bei der ZBF, dem Arbeitsamt für Künstler, hinterlegte er einige Portraitfotos und hoffte, es würde sich ein Regisseur bei ihm melden. Peter Zadek hat den frechen jungen Mann - er hatte eine Schauspielerausbildung vorgeschwindelt - für seinen Film "Piggies" tatsächlich engagiert. Peter Lilienthal sah die Muster und holte ihn danach für sein Projekt "Die Sonne angreifen".

Ebenfalls 1971 spielte er den jungen Wolf Larsen in dem ZDF-Vierteiler "Der Seewolf". Obwohl Raimund Harmstorf und ihn ganze neun Jahre trennten, wirkte der Volljurist als Kindheitsausgabe gegen dieses kartofelzerdrückende Monster wie ein putziger Zwerg. Werner Schroeter holte ihn anschließend für seine Theatertournee "Salome" mit Christine Kaufmann. Dieser Bühnenausflug blieb der einzige in seiner Karriere. "Das war komisch und witzig, aber mehr nicht." Nach vielen guten Fernsehrollen und mehreren Kinofilmen mit George Moorse wollte er endlich den damals unbestrittenen Star-Regisseur Rainer Werner

"Ich glaube, daß 'Querelle' so eine Art Kultfilm wird ... Der Film hat etwas ganz Neues. Der Film sagt nie: Schau mal dorthin, wie geil das ist, wenn die beiden ficken. Schau mal dahin, wie brutal das ist, wenn der umgebracht wird. Nie ... Er ist nicht vulgär, und er läßt trotzdem den Gedanken dafür frei, daß noch viel mehr möglich gewesen wäre."

Dieter Schidor

Fassbinder kennenlernen. Er ging in Lederkneipen, besuchte fast täglich Fassbinders Stammlokal "Die Eiche", um von ihm beachtet zu werden. "Ich wollte unbedingt an die Dicke herankommen." Über Peter Chatel (auch er ist 1986 an AIDS gestorben) schaffte er es, 1975 für das Dichter-Verrißstück "Satansbraten" engagiert zu werden. "Ich stand zitternd da und voller Seligkeit, daß ich mitspielen durfte." Doch als Schidor zum zweiten Teil nicht erschien - "ich war in Südafrika, der Kunst und der Liebe wegen" - schwor ihm Fassbinder ewige Feindschaft. Schidor holte ihn mit lila Blumen vom Flughafen ab, um um Verzeihung zu bitten. Doch "die Dicke" wies sie zurück, umrundete ihn mehrmals und raunte: "So, jetzt sind wir Todfeinde!"

Lange gingen sich die beiden aus dem Weg. Schidor ließ sich immer häufiger für ausländische Großproduktionen verpflichten. Seine Agentin Carla Rehm steckte ihn in "Steiner - das eiserne Kreuz" (2 Teile, mit Richard Burton, Robert Mitchum, Rod Steiger, James Mason), "Gruppenbild mit Dame" (mit Romy Schneider) oder "Die Liebe einer Frau" (mit Romy Schneider, Regie: Costa-Gavras). Und so kam ihm im Schützengraben von "Steiner" der Gedanke, selbst Produzent zu werden. "Ich dachte, als ich da zwölf Stunden im Loch lag und wartete, es würde mir noch viel mehr Spaß machen, wie Herr Hartwig im Cadillac herumzufahren. Und dann kam noch dazu: Als Produzent kann ich machen, was ich will. Und als ich überlegte, welchen Film ich denn produzieren wollte, fiel mir 'Querelle' ein."

Dieter Schidor mit Brad Davis in "Querelle"

"Querelle" - Schidor war von diesem Matrosen-Roman Jean Genets schon immer begeistert gewesen. Zusammen mit Burkhard Driest kaufte er direkt beim französischen Meister die filmischen Rechte. Das war 1978, und der kleine Doktor mußte eine Hypothek auf seine Münchner Eigentumswohnung aufnehmen. Aber nun konnte keiner mehr diesen schwulen Stoff ins Kino bringen, ohne ihn um Erlaubnis zu fragen. Schidors neugegründetete "Planet-Film" war im Geschäft. Er dachte an Werner Schroeter, Roman Polanski, Martin Scorsese oder gar Sam Peckinpah ("den Nichtschwulen") als Regisseure. Doch die Fronten brachen auf. Schidor lebte seit 1977 mit dem bildhübschen Neuseeländer Michael ("Mike", "Mascha") McLernon zusammen, den Fassbinder seit 1980 - "Lili Marleen" - bei allen Filmen als Dialog-Coach und Aufnahmeleiter eingesetzt hatte. Nach mehreren Drehbuchversionen und dem dezenten Rausschmiß von Werner Schroeter gelang es Schidor in der "Paris-Bar" in Berlin, Fassbinder für "Querelle" zu gewinnen.

Im Bademantel, mit seinem Bauch auf der Matratze liegend (Schidor: "mit diesen wunden Ellenbogen"), begann Fassbinder das endgültige Drehbuch zu schreiben. Täglich mußte ihm Schidor dann während der Dreharbeiten 11.500 DM in bar aushändigen, so war es vereinbart. Über eine Million Mark überzog "die Dicke" den Film, engagierte statt 25 über 60 Komparsen, trieb die Studiobauten um sechshunderttausend Mark in die Höhe. Schidor stellte während der Produktion ungedeckte Schecks aus, schickte Telexe und Telegramme ab, um Gläubiger abzuwimmeln. Der Pleitegeier schwebte über ihm. Als er selbst Fassbinder nicht mehr jeden Tag entlohnen konnte, meinte der sarkastisch: "Ich kann dir auch Geld leihen, Kitty, dann kannst du mich jeden Morgen auszahlen." Schidor spielte im Film den Matrosen Vic, der Querelle behilflich ist, das Rauschgift von Bord zu schmuggeln, von ihm aber - wofür er sich auszieht - nicht geliebt wird, sondern das Messer in die Kehle bekommt. Wie strapaziös die Wochen in Berlin für den Produzenten

Dieter Schidor in "Die Liebeswüste"

von "Querelle" waren, macht auch eine Episode deutlich, die Schidor Kurt Raab für sein Buch "Die Sehnsucht des Rainer Werner Fassbinder" schilderte. Fassbinder hatte versucht, ihm Mike auszuspannen. Er log ihm vor, Schidor habe ein Verhältnis mit einem anderen, einem gewissen Ray. Der kleine Doktor, mit Fassbinders Intri-

Dieter Schidor in "Vorhang auf, wir spielen Mord!"

"Querelle"-Begleitfilm "Der Bauer von Babylon" ellenlange Monologe des Intriganten-Genies auf. Erst nach Prozessen mit Fassbinders Mutter gelang es ihm, diese Bilder ins Kino zu bringen. "Sie wollte den Mythos eines Engels aufbauen." 1982 lief, schon im Juni 1981 gedreht, Dieter Schidors schönstes Fernsehspiel "Ein Fall von Zuneigung". Er spielte darin einen Vorarbeiter namens Vodrazka, dem es gelingt, defekte Metallriesen, Großhallenmaschinen, durch Streicheln und Zureden wieder in Gang zu setzen. Ob dieser Begabung plötzlich weltweit gefragt, kommt sein gesamtes Privatleben in Unordnung, seine Frau Lona wird von einem Lieferwagenfahrer (Sascha Hehn!) verführt. Hier zeigte Schidor, welches Volumen in ihm als Schauspieler steckte.

Lothar Lambert holte ihn 1986 für seine Berlin-Satire "Die Liebeswüste". Einen Schwulen mußte er mimen, der sich im Rock-Hudson-Zeitalter vergeblich um einen Freund bemüht. Er bekam keinen ab; nur mit einem Pariser über der Zehe war einer bereit, mit ihm zu ficken. Allein ein bekennender Schwuler konnte zu der Zeit den Mut aufbringen, einen Schwulen so urig-geil zu glossieren. Wer konnte ahnen, daß sein Freund Mike McLernon schon im Dezember 1986 an AIDS würde sterben müssen. "Wir sind infiziert", erzählte Schidor in Münchner Schwulenbars, und er wußte, auch bei ihm könnte die Krankheit sehr bald ausbrechen. Er stürzte sich zunächst in die Arbeit. Wieder für Lothar Lambert, den Banal-Filmemacher aus der Szene, drehte er eine Episode für "Verbieten Verboten". Wieder ist das Thema AIDS. Er philosophiert mit einer Nutte im Angesicht eines Peep-Show-Abrisses, wie schlimm das alles noch werde. Schidor selbst ertrug den Verlust seines Freundes nicht. Mit einer Überdosis Schlaftabletten versuchte er aus dem Leben zu scheiden. Er wurde gerettet. Um dann vier Wochen später im September 1987 mit ganzen 38 Jahren an der Immunschwäche zu sterben. In der überaus erfolgreichen Ballett-Serie "Anna" (1987/88) sah man ihn noch einmal als Schuldirektor. Agil, wendig, sympathisch. Als er das drehte, wußte er längst, daß er die Sendetermine nicht mehr erleben würde. Sein schmerzhaftes "Warum ich?" an seine Agentin vermögen auch seine Freunde und Bewunderer nicht zu beantworten.

gen vertraut, wußte, was er zu tun hatte. Er setzte seinen Mike ins Flugzeug nach München und verbot ihm, zwei Tage weder ans Telefon noch an die Tür zu gehen. Denn, "die Dicke" unterbrach die Dreharbeiten, jettete ebenfalls nach München, polterte stundenlang an Mikes Tür, um eingelassen zu werden. Logisch fast, daß sein Versuch, Mike aus Schidors Wohnung in der Kaulbachstraße in seine eigene in der Clemensstraße umzudirigieren, fehlschlug.

Schidor war der letzte Interviewer, der Fassbinder vor die Kamera bringen konnte. Noch am Nachmittag seines Todestages (9. Juni 1982) nahm er für seinen

Georg Uecker
Ein Held für den Alltag

Ein Star ist er nicht. Noch nicht. Ein Phänomen ist seine Rolle. Eine schwule Kultrolle im deutschen Fernsehen: Ein junger, gutaussehender Medizinstudent hat sein Coming out hinter sich und die bitteren Auseinandersetzungen mit seiner verzweifelten Mutter. Nun kämpft er couragiert um seine Männerbeziehungen. Er hat sich einen gleichberechtigten Platz in der Hausgemeinschaft erobert; der selbstbewußte Schwule unter stockbürgerlichen, verständnisvollen, toleranten Mietern. Ein Idealzustand? Ein mutiges Modell für eine TV-Serie, die wöchentlich 13 Millionen Bundesbürger mitfiebern und mitfühlen läßt, ganz gewiß. Carsten Flöter, dieser WDR-Schwule, ist kein schöngeistiger Held in einer proletarischen Seifenoper. Er ist kein Retortenkind, seine Patina lebt. Er ist der normale junge Mann, der seinen Zivildienst absolvierte, nun Medizin studiert, sich für Kunst und Theater begeistern kann und eben auch schwul ist. Die Natürlichkeit seiner anderen Neigung ist das eigentlich Revolutionäre an dieser Rolle auf Deutschlands Mustermeile, der "Lindenstraße".

Er, der diesen klischeefreien schwulen Jungen noch bis in die 90er Jahre verkörpert, ist ein sympathischer, glaubwürdiger Schauspieler, der es natürlich zum Star bringen wird. Auch Minderheiten erschaffen sich ihre Idole. Georg Uecker ist eine virtuose Mischung aus Wikinger und Narziß, baumlange 1,90 Meter groß, glasklare, treue Augen, ein verträumter Mund, der von einem Ohr zum anderen jungenhaft-frech bis altklug grinsen kann. Er hat unheimlich grazile Hände, sinnlich fast, die Brust dagegen ist breit, behaart wie bei einem jungen Holzfäller. Seinen Schalk für den Alltag wie für die Kamera holt er sich aus der Tiefe, ein bißchen gedankenverloren, an den frühen Oskar Werner erinnernd. Reizt man ihn, zeigt er die rebellischen Züge eines kindhaften, selbstverliebten Klaus Kinski. Georg Uecker ist ein erwachsener Junge mit Drive, kein Yuppie, kein Aussteiger, kein Snob, kein Kräutergärtchenfreak, kein Avantgardist, aber auch kein Plüschfetischist. Er paßt mit

> *"Es existiert jetzt gerade eine Generation, die nicht damit aufgewachsen ist, wegen Homosexualität in panischer Angst zu leben. Da kann man schon froh sein, daß sich der überwiegende Teil der 'Lindenstraßen'-Zuschauer positiv zu dieser Thematik verhält."*
>
> Georg Uecker

seinen weichen Kanten genau auf die Rolle dieses 25jährigen Carsten, der seinerseits weder Modepüppchen noch unrasierter Bewegungsschwuler sein will.

Georg Uecker wurde am 6. November 1962 in München geboren. Dort, im oberbayerischen Lenggries, fernen Oslo und langweiligen Bonn ist er aufgewachsen, zweisprachig. Seine Mutter ist Norwegerin. Fjorde und Alpen, sein Weitblick war ihm immer von Vorteil. Schon in der Schule, als intelligenter Teenager, entdeckte er seine Liebe zum Theater. In vielen freien Gruppen probierte er sich aus. Er hörte den Widerhall, wußte, Menschen darstellen wird dein Leben bestimmen. Die Workshops am Wochenende halfen ihm auch, das Abitur schnell hinter sich zu bringen, um Theaterwissenschaften studieren zu können. Er nahm privaten Schauspielunterricht. Am Kinder- und Jugendtheater "Die Kugel" in Köln übertrug man ihm seine ersten Rollen als Profi. Schwiegersohn, Einbeiniger, Kommissar oder Lausbub bei Mark Twains "Tom Sawyer" ist er gewesen, seit 1983 hat er zudem mehrere Fernsehspiele gedreht.

Dann holte ihn 1985 ein Talentsucher des WDR von der Bühne zu einem Vorstellungsgespräch. Viele Carsten-Bewerber hatte man aus den Karteikästen der Schauspielagenturen nach Köln eingeladen, jeder mußte sich per Video auf die Tauglichkeit dieser nicht leichten, eher ungewöhnlichen Rolle testen lassen. Georg Uecker machte das Rennen. Er bekam einen Vertrag, begrenzt zunächst für 14 Folgen pro Jahr. Nun spielt er in mindestens 30.

Dieser charmante, leutselige Carsten ist Zivildienstleistender in einer Klinik, als er in Folge 6 auf dem Bildschirm erscheint. Vom Schwulsein und baldigem Coming out weiß nur der Drehbuchschreiber, das Publikum ahnt nichts. "Dieser Carsten hat mir von Anfang

Szenen aus der "Lindenstraße"

Georg Uecker als Carsten und Günter Barton als sein Freund Gert in der "Lindenstraße"

an gut gefallen, ein introvertierter junger Mann, aber eine selbstsichere Erscheinung. Ich konnte immer meine ganz persönlichen Lebenserfahrungen in diese Rolle einbringen, sehr stark sogar. Den Wehrdienst z.B. hätte ich auch verweigert, allerdings nicht aus humanistischen Gründen wie Carsten, sondern vor allem aus politischen und gesellschaftlichen."

Die fertigen Drehbücher gehen den Akteuren fast ein Jahr vorher zu. Es bleibt Zeit, ungeliebte Dialoge und wirklichkeitsstörende Momente ausbügeln zu helfen. Georg Uecker ist mit dem Produzenten und Erfinder der "Lindenstraße", Hans Geißendörfer, auch privat befreundet und diskutiert sehr oft über seinen Part. "Es gibt Prämissen, die sind klar. Schwules wird nicht denunziert. Carsten muß sich nicht verbiegen oder umpolen lassen wie das im 'Denver-Clan' mit dem armen Steven Carrington geschieht." Man legte zwar Fallstricke für's engstirnige Publikum, aber die Beziehung zwischen Carsten und seinem Freund Gert (dargestellt von Günter Barton) konnte sich unspektakulär entwickeln. Pläne wurden geschmiedet, man zog zusammen, begann ein ehrgeiziges Theaterprojekt, Cocteaus "Orphee". Spektakulär, überdreht theatralisch die Reaktion von Carstens Mutter (Dagmar Hessenland) auf sein Coming out in der 50. Folge. Sie brach weinend zusammen, erlitt einen Herzinfarkt. Georg Ueckers Deutung: "Vielleicht war sie gerade deswegen so schockiert, weil sich ihre unbewußte Ahnung bestätigt hatte. Für die Mutter ist es problematisch, daß ihr Sohn homosexuell ist. Sie hat solche Erfahrungen nicht gemacht und besitzt nur eine beschränkte Vorstellungskraft."

Carsten selbst erlebt einen emotionalen Einbruch, als er seinen Freund mit nach Hause bringt. Bei seiner Schwester und seinem Stiefvater findet er Verständnis. Im wirklichen Leben läuft es in den Familien meist umgekehrt. Doch nun, nach über 150 Folgen hält auch die Mutter wieder ungezwungen zu ihrem Sohn.

Während dieser Entwicklungsphase - schwulem Liebeskummer, gebrochenem und versöhnten Mutterherzen und natürlicher Aufnahme der Lover in die "Lindenstraßen"-Gemeinschaft - gab es teilweise wüste Publikumsreaktionen an den Sender. "Ja, die sind teilweise sehr aggressiv gewesen. Viele Zuschauer glauben, mich armen Schauspieler hätte man für diese Sauerei, diese Schwulenrolle ganz einfach vergewaltigt. Viele Mädchen schreiben mir, sie wollten mich wieder auf den richtigen sexuellen Pfad führen, nach dem Motto: Junge, da ghet's lang! Nächtliche Anrufer haben mich zu unmenschlichen Uhrzeiten als schwule Sau beschimpft."

Wie wird Georg Uecker damit fertig? Sehr routiniert. "Im Grunde geht mir das runter wie Butter. So weiß ich doch, du hast deine Rolle phantastisch gespielt. Der Zweck, den ich verfolge, Zuschauer, die sich sonst nie mit Schwulen auseinandersetzen würden, die sich nie 'Die Konsequenz' oder andere tolle Filme ansehen würden, an die Thematik heranzuführen, ist doch erreicht."

Der schwule Carsten wirkt auf dem Bildschirm auch deswegen so glaubhaft, weil Georg seine eigenen schwulen Erfahrungen einbringen kann. "Natürlich habe ich selbst mit Männern geschlafen, das ist doch kein Problem. Ich hatte auch Mädchen. Über meine eigene Sexualität zu sprechen, würde Stunden dauern. Zur Zeit lebe ich allein, bin nicht fest gebunden oder befreundet." Ist er bisexuell? Er lacht: "Ich weiß nicht, ob es das überhaupt gibt. Von Bisexualität zu reden finde ich dämlich. Das klingt immer so als Ausrede, wenn man nicht zugeben will, man ist schwul." Ein offener Jungmime, der natürlich durch solche Bekenntnisse an Vertrauen und Glaubwürdigkeit gewinnt. Klar, Georg Uecker und Carsten Flöter sind nicht einfach zu verklappen, "das ist nicht 1:1", was man in der Serie sieht. Aber wo hat es in Deutschland einen jungen Darsteller gegeben, der sich auch vor seinem sonntäglichen Millionenpublikum nicht für die eigene schwule Wahrheit geniert?

So ist es nur logisch, daß auch das Thema AIDS, wenn es die "Lindenstraße" heimsuchen wird, nicht auf den Schwulen trifft. "Carsten erkrankt ganz sicher nicht an AIDS. Noch eher hätte sich die Hausmeisterin Kling durch ihren Putzlappen infiziert, als daß unsere Autoren ausgerechnet mich als Schwulen dem Virus ausgeliefert hätten. Der Beweis, wir wollen Schwule nicht denunzieren."

Die erste deutsche Familienserie, die einen Schwulen positiv formt, hat diesem legeren, wunderbaren Georg Uecker viel zu verdanken. Seine Rolle wird breiter, pointierter, munterer. Mit seinem neuen Freund (Martin Armknecht) beweist er, daß auch schwules Glück telegen klappt.

Rudolph Valentino
Der Filmgott stand auf Männer

Rudolph Valentino gehört zu den faszinierendsten und charismatischsten Persönlichkeiten der Filmgeschichte. Er war der Über-Star seiner Zeit. Als er 1926 mit jungen 31 Jahren starb, feurig und grazil als wäre er Anfang 20, brach für Millionen Kinobesucher(innen) eine Welt zusammen. Das Krankenhaus in New York, in dem er nach einer schmerzhaften Herzklappenentzündung verschied, wurde von Tausenden gestürmt; die Begräbnisfeierlichkeiten in Hollywood wurden zu einem Massenweinkrampf, zur kollektiven Trauershow, bei der es Hunderte von Ohnmächtigen gab. Viele seiner Anhängerinnen, so berichtet es die Legende, haben nach der unfaßbaren Todesmeldung Selbstmord verübt.

Eine derartige Aura und Popularität, die sehr schnell zum Mythos wurden, erreichte einige Jahrzehnte später lediglich noch James Dean. Obwohl Valentino, dem schlanken Jüngling mit dem pomadisierten Haar und dem sizilianischen Schlafzimmerblick, nur eine kurze Lebensspanne gegönnt war, trat er in insgesamt 37 Filmen auf. Und obwohl ihn seine Ziehväter bei der mächtigen Paramount durch betörende Kostümrollen zum "größten Liebhaber der Filmgeschichte" hochstilisieren wollten, war er privat nie mit einer Frau im Bett. Ein Schwuler als Filmgott - und seine Verehrerinnen haben es nicht gemerkt. Charlie Chaplin kommentierte dieses Paradoxon sarkastisch: "Alle Frauen lieben Valentino, aber keine wird von ihm geliebt. Und schließlich beginnen seine eigenen, ihn zu betrügen."

Rudolfo Alfonso Raffaelo Pierre Filbert Guglielmi di Valentina d'Antonquelle stammte aus Castellaneta bei Bari. Er wurde dort am 6. Mai 1895 als Sohn eines ärmlichen Landarbeiters geboren. Seine Jugend blieb im Dunkeln. In Hollywood konnte keiner ein Interesse daran haben, daß ein Bauernsohn der Liebhaber und Liebling für die Massen wird. Mit einer Zwischendeckkarte kam er auf dem Schiff in die Vereinigten Staaten, angeblich, weil er von zu Hause flüchten müsse, und ein Mädchen ein Kind von ihm erwarte. Diese Anschuldigung stellte sich bald als Wunschvorstellung heraus. In New York angekommen, änderte er erstmal seinen pompösen Namen. Doch auch Rudolfo Guglielmi mußte sich als Wagenwäscher, Gärtner, Zeitungsverkäufer und Milchmann seine ersten Brötchen verdienen. Die Kunst entdeckte ihn erst mit 19.

"Wirkt ein Mann, der so leidet und doch nicht stöhnt, so wie einer, der rosa Puder benutzt?"

Rudolph Valentino auf dem Totenbett

Zuvor verdiente er sich als Eintänzer, man könnte auch Gigolo sagen, die Miete für sein möbliertes Zimmer. Die älteren Damen steckten ihm immer größere Scheine zu, weil er sie für Stunden in einen Tanzrausch versetzte. Ein Nachtclubbesitzer erkannte das Talent dieser Grazie und ließ Rudolfo mit jeweils wechselnden Schönheiten auf seiner Bühne agieren. Wieder änderte er seinen Namen. Er hieß nun: Rudolfo Valentino. Gerüchte behaupteten später, diese Namensänderung sei auf der Flucht vor der Polizei erfolgt. Doch was er verbrochen haben sollte, niemand hat es je enthüllt. Größer wurde lediglich die Nachfrage nach diesem schlanken, schwarzhaarigen Tanzgott, der bald in Chicago, Texas und Los Angeles die Tanzsäle füllte.

Wie kam er zum Film? Heute steht fest, daß ihm Männer aus dem schwulen Milieu von L.A. die ersten Statistenrollen besorgten. Er verkehrte in diesen dunklen Hinterhofbars, für deren Besuch man damals mit dem Schlimmsten rechnen mußte. Dennoch, der Tänzer tanzte auf diesem Vulkan. Später versuchten seine Filmbosse den Mantel des Vergessens über diese Zeit zu breiten, doch viele seiner Barbekanntschaften erinnerten sich gut genug. Sie posaunten ihre Erlebnisse nicht lauthals nach außen - auf Homosexualität stand der Knast - , doch die richtigen Adressen erfuhren die Wahrheit zur rechten Zeit.

Sein Filmdebüt gab Valentino 1914 als Tanzkomparse in D.W. Griffiths "The Battle of the Sexes" (Komödie einer Liebe). Erst in seinem siebten Film - bis dahin spielte er als nahezu unsichtbarer Charge - erhielt er eine kleine Hauptrolle. Er verkörperte den Grafen Roberto di San Fraccini in Joseph Maxwills "A Married Virgin" (1918). Immerhin, aus dem Bauernburschen von der Adria war ein Conte, ein leibhaftiger Graf geworden, gehüllt in Gewänder wie es sich für einen Adligen geziemt. Diese Wandlung war für den eitlen Rudolfo schon wie das berühmte amerikanische Wunder. Damen erkundigten sich nach diesem "schönen Manne", viele kokettierten damit, sie hätten schon einmal auf einem jener schummrigen Tanzböden mit ihm getanzt.

Dann trat Rex Ingram in sein Leben. Zwei Jahre älter als Valentino, aber fast ebenso gutaussehend, irischer

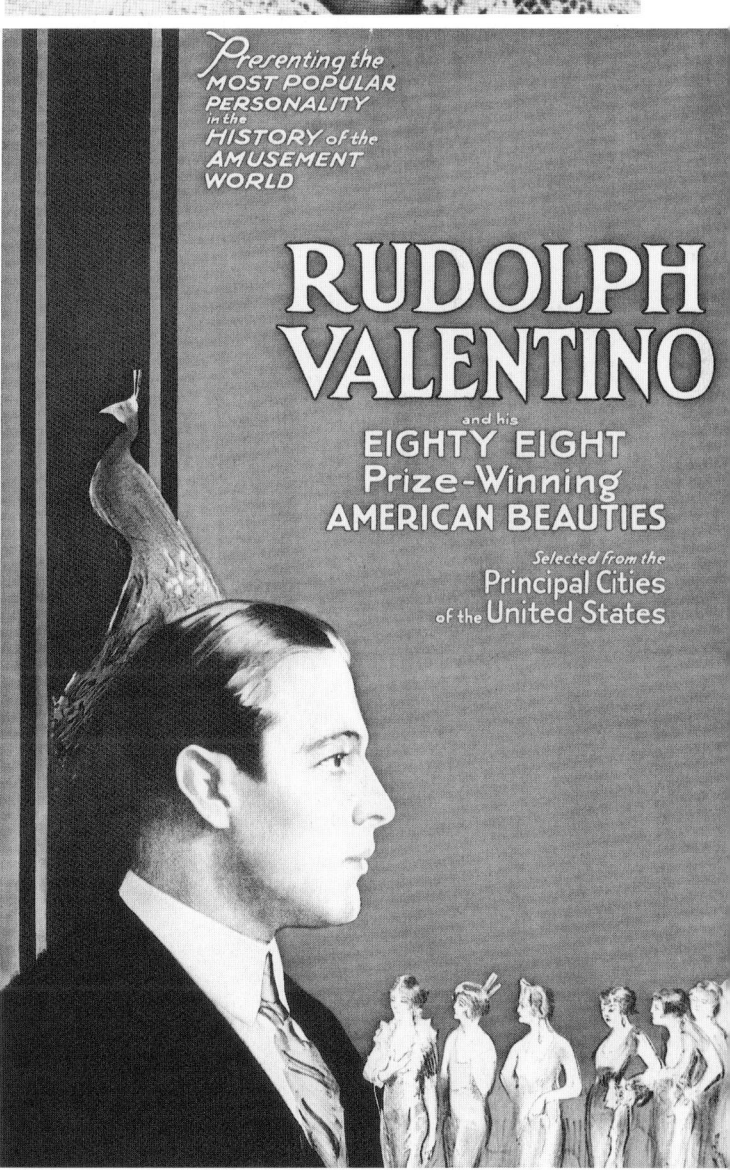

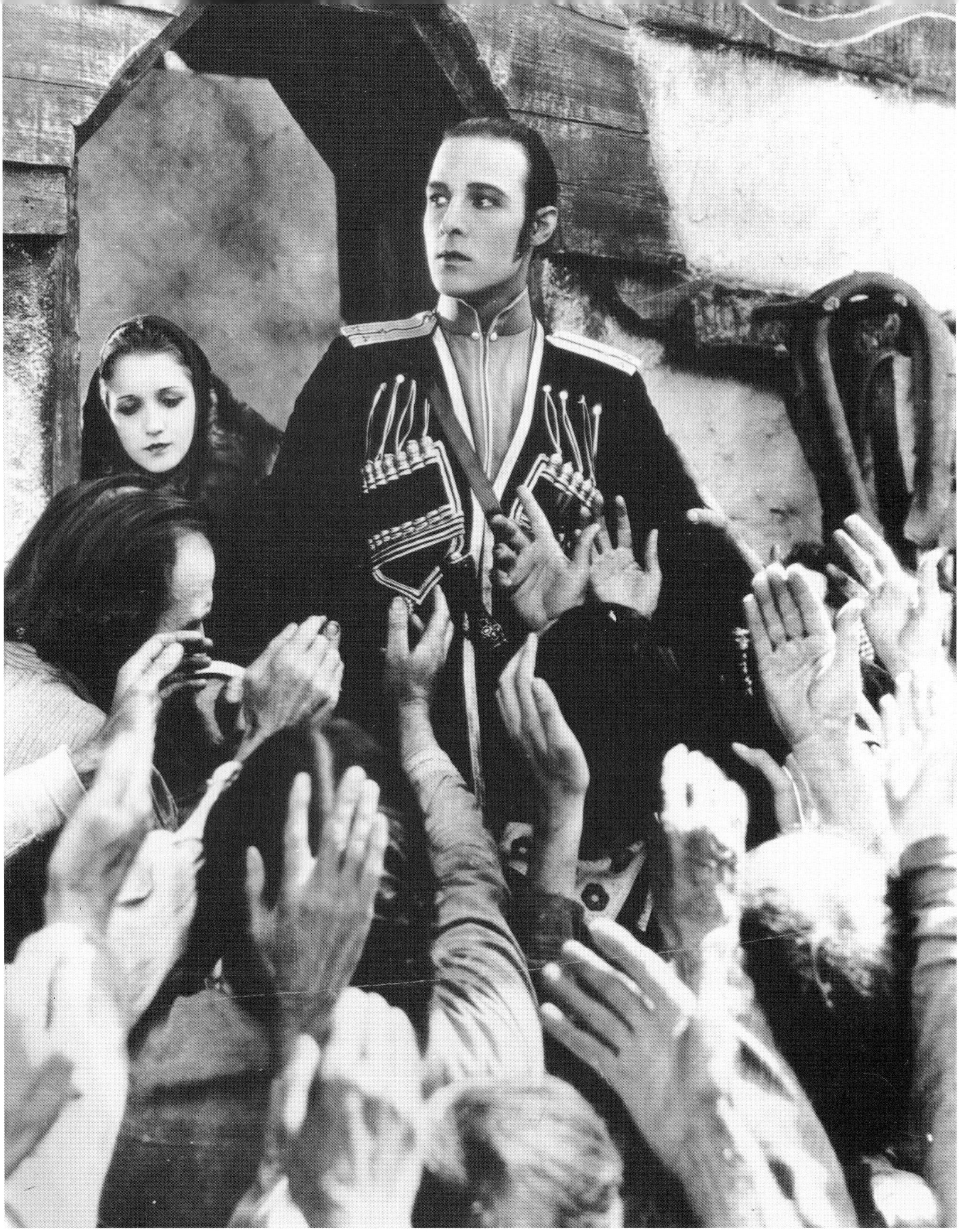

Abstammung (bürgerlich hieß er Reginald Hitchcock!), war er von der Geschmeidigkeit des Italieners begeistert. Ingram hatte den ersten Weltkrieg miterlebt und mußte sich selbst erst wieder in Hollywood zurechtfinden. Sein Kriegsroman "Die vier Reiter der Apokalypse" (1921) löste bei den Produzenten zuerst keine großen Gelüste aus. Doch dann überzeugte er seine Mäzene und brachte den völlig unbekannten Valentino als Hauptdarsteller mit. Später wurde gemunkelt, Ingram (er starb 1950) und sein Star hätten nur über das Bett zueinandergefunden. Denn daß ein Nobody in einem der bis dahin aufwendigsten Stummfilme gleich die Hauptrolle bekam, schien undenkbar. Für Valentino war es zwar der 27. Film, aber zum ersten Mal konnte er brillieren. Er spielte Julio, den Sohn eines Viehbarons, der sich in eine französische Juristengattin verliebt. Der Tango des Films gehört zu den erotischsten Szenen des Kinos. So - und nur so - im Tanz liebte er seine Partnerinnen wirklich. Oder liebte er hier nur sich selbst? Jetzt, 1921, war jedenfalls ein neuer Typus von Held geboren. Bis dahin konnten nur blonde Heroen die Frauenherzen gewinnen, romanische, schwarzhaarige Männer wurden nur als Schurken und Bösewichte besetzt.

"Der Scheich" (Regie: Georg Melford, 1921) machte Valentino zum Millionär. Für die nächsten vier, die letzten vier Filme bekam er je eine Million Dollar Gage, steuerfrei. Sehr viel Geld investierte er in sündteure Klamotten. Er kaufte sich Berge von Morgenmänteln, Seidenschals, Nerze. Seine Hemden waren mit Spitzenrüschen verziert. Und wo blieben die Frauen? Ihn interessierten die Berichte der Film- und Klatschpresse nicht, er ließ sich Luxusbäder einrichten. Schließlich schlugen die Verantwortlichen der Paramount auf den Tisch: Er mußte heiraten. Anne Acker, eine Nebendarstellerin und eine schrecklich nervöse Mimose, wurde mit dem unwilligen Star zum Traualtar geführt. Wie kaum anders zu erwarten, ging die Scheinehe nach einigen Wochen in die Brüche. Anne Acker: "Das war wohl ein Flop." Paramount zog sofort die nächste Braut aus dem Zylinder. Man wußte, was passieren würde, wenn Valentinos schwule Gefühle die Leinwand durchbohrten. Mit dem weltweiten Millionengeschäft wäre es vorüber gewesen. Den Skandal, den man zu verhindern trachtete, beschwor man nun geradezu herauf. Valentinos zweite Frau verlangte nach wenigen Wochen die Scheidung "wegen nicht vollzogener Ehe". Wieder konnte der Kino-Liebhaber seiner Frau im Bett nicht das geben, weswegen ihn alle seine Anhängerinnen so leidenschaftlich begehrten.

Nun wurde "Rudy Puderquaste" geboren. Ein Blatt in Chicago druckte in großen Lettern, Valentino parfümiere sich, trage unmännliche Unterwäsche und pudere sich sein Gesicht mit rosa Puder! Alle Zeitungen druckten nach. Paramount mußte den Star für Monate aus dem Verkehr ziehen. Pola Negri wurde als Ehefrau Nr. 3 in die Schlagzeilen gebracht. Doch eine Hochzeit sollte es nicht mehr geben. Nachdem Valentino seinen wohl besten Film "Der Sohn des Scheichs" (Regie: George Fitzmaurice, 1926) abgedreht hatte, und die Premiere im August 1926 mit phantastischem Erfolg in New York über die Bühne lief, wurde er krank. Ahmed, der Sohn eines Wüstenfürsten (seine Rolle), der sich in diesem Palast-, Karawanen-, Fummel- und Tränendrüsen-Film auf den Olymp der Filmgötter spielte, erlitt einen Zusammenbruch. Die Ursache dafür bleibt ein Rätsel. Von Syphilis wurde gesprochen, von einem vereiterten Blinddarm, von einem unheilbaren Magengeschwür. Täglich erhielt der sterbenskranke Patient nahezu 500 Telegramme aus aller Welt. Das Hospital, in dem er sein Leben Revue passieren ließ, wurde täglich von Tausenden umlagert. Er wußte, er war zum Mythos geworden, er ahnte jedoch auch, daß man ihm den Liebhaber sehr lange nach seinem Tod nicht mehr abnehmen würde. Darüber besorgt, nicht aus Angst vor dem Ende, schloß er am 24. August 1926 für immer die Augen.

Village People
Macho - Rhythmus

Der schwule Kultsong am Ende der 70er Jahre: "Y.M.C.A." Sechs amerikanische Jungs, kernig, cool, sexy, röhrten ihn durch alle Hitparaden der Welt, tourten durch Edeldiscos und TV-Studios, ließen nur klatschende, stampfende, naßgeschwitzte Anhänger zurück. Sechs Gays aus Greenwich Village im Zenit ihres Erfolges.

Jacques Morali, ein agiler Showman mit dem Gespür für das, was "in" ist, hatte die Idee, die Formation aus unbekannten Alltagsgesichtern auf die Bühne zu bringen. Wie einem Sexfilm von Joe Gage oder Jack Deveau entsprungen, so knallhart erotisch steckte er sie in markante Uniformen. David Hodo als kräftiger Bauarbeiter, mit Helm, aber offenem Hemd, damit die behaarte Brust voller Schweißperlen glänzen kann. Glenn Hughes als Ledermann, behängt mit Ketten oder geilem Geschirr auf der Brust. Alex Briley als muskulöser GI, langgewachsen, in oliv-grünen Fetisch gezwängt. Felipe Rose als schlanker Indianer, schokobraun, mit Federschmuck, nur mit einem frivolen Lendenschurz bekleidet. Ray Simpson mit Lederstiefeln als Bulle, doch wer weiß, wofür seine Handschellen gut sind. Jeff Olsen als Cowboy, seine Männlichkeit in den abgewetzten Jeans am direktesten nach vorne gereckt.

Es war keine Maskerade, es war das Kostüm der Szene. Schwierig nur, sich so beim gesamten Publikum auf Dauer zu halten. Doch zunächst gab es nur Hits: Nach "Y.M.C.A.", allein über zehnmillionenmal verkauft, "In The Navy", "Do You Wanna Spend The Night", "Renaissance", "Macho Man". Mit Cruiser-Image in die Charts! Rund 20 Millionen Singles und 19 Millionen LPs konten Village People in wenigen Jahren an den Mann bringen. Ihr Film "Can't Stop The Music", eine auch dem Hetero-Geschmack entsprechende Darstellung ihrer unbeschwerten Anfänge, lockte 1979/80 Millionen Fans in die Kinos. Heute würde so ein Musikpotpourri wegen Video nicht mehr gedreht, aber damals... Das US-Blatt "Mandate" bezeichnete den Streifen als "den vielleicht schwulsten aller Filme". Wer sich die Gesichter, die Gesten, die Gags der sechs Machos genauer ansah, mußte diesem fachmännischen Urteil nur folgen.

Jacques Morali baute die Gruppe um. Es kamen zwei neue. Das Outfit wurde ziviler, von Szenesymbolen befreit, weniger schwul. Die Fans wollten etwas Neues

"Was wir auf der Bühne zeigen, ist keine Show, das ist unser Leben."

Village People

sehen. Und es wurde Zeit, daß die Gruppe einen neuen Weg einschlägt." War es Zufall, daß sich durch AIDS in den Staaten eine Diskussion entwickelte, die offenes Herzeigen von Leder, Cockringen, Handschellen kritisch begleitete? Oder war es nur musikalische Einfallslosigkeit, die die Truppe aus Plattenstudios und Schlagzeilen drängte? In Europa jedenfalls waren sie plötzlich verschwunden, die Helden der Sub.

Über England setzte 1987 eine verstärkte Nachfrage ein. Village People zog es auch wieder auch Deutschland. Gefragt sind dabei nur die alten Hits, neue Titel wollten die Jeanskerle nicht hören. Nostalgie der 70er! Die Szene konnte noch toben. Erlebt man Village People heute, wird man die Vision nicht los, auch sie tremolierten, wippten und tanzten unter einem Gummi. Macho-Rhythmus im reißfesten Kondom.

Luchino Visconti
Ein Graf ließ die Erde beben

Er war Adliger und Kommunist, Anbeter des Schönen und Zelebrator des Verfalls: Luchino Visconti. In 18 Filmen hat er dem italienischen Kino ein Denkmal gesetzt, das größer und mächtiger ist, als das aller seiner Kollegen. Er war ein Schöngeist, der sich in die Niederungen des Lebens traute. Er kämpfte für eine gesellschaftliche Revolution und bewohnte doch das Reich der Bourgeoisie. Er liebte das Leben, die Männer und wußte doch um die bittere Vergänglichkeit allen Seins. Aber, er lebte auch seinen pompösen Stil und scherte sich einen Teufel um die alltäglichen Dinge des Lebens. Er konnte und wollte es sich leisten.

Luchino Visconti entstammte einem der berühmtesten Adelsgeschlechter Italiens. Er war ein lombardischer Graf, ein Nachfahre Karls des Großen, dessen Vorfahren Mailand beherrscht hatten und dessen Familie bis in die 50er Jahre in der Stadt immer noch über beträchtlichen Einfluß verfügte. Geboren wurde er am 2. November 1906 in Mailand. Sein Vater Giuseppe war Herzog, er hatte sich mit der Millionen-Erbin des Pharmakonzerns Erba vermählt. Schon als Kind, das eine musische Erziehung genoß, versuchte er auszubrechen.

"Im Alter steht man unversehens vor der Notwendigkeit, die Einsamkeit zu vermeiden."

Luchino Visconti

Er rannte so oft von zu Hause weg, daß ihn sein verzweifelter Vater in eine Kavalleristenschule steckte, denn in seiner Jugend war er regelrecht von Pferden besessen. Er probierte sich als Rennpferdtrainer, bevor er an die Kunst dachte. Und in den 30er Jahren hatte er mit einem seiner Pferde sogar das Glück beim Grand Prix in Paris versucht.

Paris: Für Visconti war das die Stadt mit der größten Anziehungskraft. Dort stürzte er sich in das gesellschaftliche Leben, verkehrte er mit gebildeten, reichen und schönen Menschen. Coco Chanel sollte eine seiner besten Freundinnen werden, über sie erreichte er noch später alle Zeitgenossen, um die er sich mühte. Sie lancierte ihn auch bei Jean Renoir, der den italienischen Müßiggänger 1935 als dritten Assistenten für seinen Film "Eine Landpartie" engagierte. Renoir, ein sozialistischer Denker, beeinflußte Visconti so entscheidend, daß er zum Kommunismus konvertierte. Früher hatte er durchaus auch mit dem Nazismus geliebäugelt, als der sich noch als nationaler Sozialismus gebärdete. Von der NS-Olympiade 1936 in Berlin war er mächtig begeistert, und von dem, was Leni Riefenstahl in ihrem Film daraus machte. In seiner deutschen Trilogie kam Visconti auf seine Begeisterung für dieses Schauspiel zurück.

1937 besuchte Visconti Hollywood. Er hatte sich durch Renoir ins Kino verliebt und wollte das Mekka des Films erleben. Er machte kehrt. Zurück in Mailand stattete er mit seinem Kunstsinn zwei Theaterinszenierungen aus und begann mit Renoir den Film "Tosca" zu drehen. Als 1940 der Krieg ausbrach, mußte der Franzose die Regie zurückgeben. Der Deutsche Carl Koch drehte weiter. Und, Visconti arbeitete auch unter dem von den Faschisten geholten Spielleiter mit. Renoir empfand das als Vertrauensbruch, und beide trennten sich. Visconti fühlte sich stark genug, mit 39 Jahren seinen ersten eigenen Film zu gestalten. Er nahm James Cains "Wenn der Postmann zweimal klingelt", schrieb das Stück um und drehte 1942 "Ossessione" (Von Liebe besessen). Die Handlung - ein Liebespaar tötet gemeinsam den Ehemann der Frau und zerbricht danach an den Schuldgefühlen - verlegte er in die armselige Poebene und drehte an Originalschauplätzen. Damit hat er den italienischen Neorealismus im Kino begründet. Mussolini persönlich ließ sich den Film vorführen, deklarierte ihn als "Kunstwerk" und gab ihn frei für den Verleih. Doch in den letzten Tagen des Salo-Regimes wurde das Negativ vernichtet. Glücklicherweise hatte Visconti eine Kopie.

Visconti war nach dem Neubeginn in Italien zu einer Symbolfigur geworden. Er wurde der gefragteste Regisseur am Theater. Cocteau, Steinbeck, Sartre brachte er auf die Bühnen des Landes. Dafür hatte er eine eigene Theatergruppe gegründet, in die er fast sein ganzes Vermögen investierte. 1946 traf er in Florenz einen jungen, völlig unbekannten Bühnenbildner und Jungschauspieler namens Franco Zeffirelli. Er verliebte sich sofort in ihn, lud ihn zum Essen ein und verbrachte mit ihm Urlaube in der Toscana. Für Zeffirelli wurde der wohlhabende, geschmackvolle, theatralische Graf zum wichtigsten Menschen seines Lebens. In seiner Autobiographie "Zeffirelli" (1986) setzte er seinem langjährigen Lebensgefährten eine kritische Liebeserklärung. Über Schlafzimmerereignisse spricht er nicht, doch, daß sie auf allen Reisen, bei allen Dreharbeiten und zu Hause in Rom und Ischia das Schlafzimmer teilten. "Das

Visconti mit Björn Andresen bei Dreharbeiten zu "Tod in Venedig"

Mondäne an ihm war für mich nicht das seidene Taschentuch oder die Krawatte aus Paris, sondern wie er roch, und als wir uns zum zweiten Mal trafen, war ich unverschämt genug, ihn danach zu fragen. 'Hammam Bouquet' erklärte er, 'die Könige von England verwenden es seit Generationen'. Trotz dieses augenscheinlichen Narzißmus vermittelte Luchino vor allem den Eindruck von Männlichkeit und Kraft. Er sah aus, wie seine Vorfahren ausgesehen haben müssen, eine Art stolzer Krieger. Er hatte ein klassisches Profil und ein sehr ausgeprägtes, lebendiges Gesicht mit buschigen Augenbrauen und großen, dunklen Augen; sein Körper

Visconti bei Dreharbeiten zu "Ludwig II." mit Helmut Berger

war durchtrainiert. Natürlich trugen auch die Erlesenheit seiner Kleidung, die teuren Anzüge, die seidenen Hemden, die maßgefertigten Schuhe und der dezente Schmuck zu seiner von Natur aus aristokratischen Erscheinung bei. Ein Dandy war er jedoch nicht; der dominierende Eindruck war der einer ziemlich skrupellosen Selbstsicherheit." (Franco Zeffirelli)

Visconti verwöhnte seinen neuen Freund, wie die anderen, die er vorher und später in Mailand, Rom und Paris hatte. In seinem cremeweißen BMW-Sportwagen war es nicht schwer, auf Jungenfang zu gehen. Alle hübschen Geschöpfe, die er auflas, darunter auch nur Bekanntschaften fürs Bett, sollten ihn im Gleichgewicht halten. Zeffirelli verfiel ihm mit Haut und Haar. Er stattete seine Filme aus, wurde sein engster künstlerischer und privater Berater, stritt mit ihm über die politischen Verhältnisse. Denn er war kein Kommunist, im Gegenteil, er wählte in seinem Leben immer die Christdemokraten. Der 23jährige und der 40jährige waren Freunde geworden, eine Art Ehepaar. "Die Abende verliefen immer nach dem gleichen Muster. Nach der Arbeit eines langen Tages legte er sich in die Badewanne - er hat nie in seinem Leben geduscht - und las dabei Drehbücher oder den neuesten Roman. Wenn ich da war, saß ich normalerweise neben der Badewanne und unterhielt mich mit ihm ... Nach dem Bad zog Luchino einen seiner vielen Morgenmäntel an,

Visconti mit Udo Kier

machte es sich im Bett bequem und ließ sich vom Butler ein Tablett mit dem Essen bringen, das auf Silberplatten angerichtet war."

Erst 1948 drehte Visconti wieder einen Film: "Die Erde bebt". Er zeigt sizilianische Fischer, die einen vergeblichen Aufstand gegen ihre Ausbeutung durch Großhändler proben. "Bellissima" (1951) wurde sein erfolgreichster Film, "Senso" (1954) einer der besten. Doch immer wieder inszenierte er am Theater. Tennessee Williams überließ ihm die italienischen Rechte seiner Stücke. Jean Marais, mit dem er 1957 "Weiße Nächte" drehte, wurde zu einem seiner besten Freunde. Alain Delon holte er aus dem Strichermilieu von Paris, um ihn mit "Rocco und seine Brüder" (1960) eine Weltkarriere zu eröffnen. Auch in "Der Leopard" (1963) bekam der junge Rebell sein Denkmal.

1966 trat Helmut Berger in sein Leben. In einem deutschen Hotel, wo er als Kellner jobbte, hatte er ihn aufgelesen und sich sofort in ihn verliebt. Er wurde für ihn wie damals für Zeffirelli der Mittelpunkt seines Lebens. "Die Verdammten" (1970), den ersten Teil seiner deutschen Untergangstrilogie, widmete er im Grunde schon ihm. Helmut Berger brillierte als Marlene Dietrich. Den Bayernmonarchen "Ludwig II." (1972) und Berger verschmolz er zu einer Person. In seinem besten Film "Gewalt und Leidenschaft" (1974) rechnete er mit ihm ab. Dieser Film, eine Begegnung der Welt der Älteren und der Jungen, der Welt der Kultur und des Irrweges, ist Viscontis Vermächtnis. Hier zelebrierte er den Untergang seiner Klasse, hier gibt es keinen Halt mehr für eine Gesellschaft des Inzest, in der er sein Leben lang rastlos, aber ausschweifend lebte. Sein letzter Film "Die Unschuld" (1976) kann die Trostlosigkeit nur unterstreichen.

Er selbst war von Krankheit gezeichnet. Es fiel ihm schwer, nicht zu arbeiten. Helmut Berger ließ ihn in Stich. Vergeblich wartete er auf ihn, als er beim Abendessen im römischen Hotel "Eden" einen Schlaganfall erlitten hatte. "Getreulich", so berichtet Zeffirelli, "versuchten seine Schwestern, ihm die Tatsache zu verheimlichen, daß Berger nicht gekommen war; mein Eintreffen war also eine willkommene Ablenkung. Ich konnte nur mit Mühe meine Betroffenheit verbergen, als ich Luchino sah, hilflos auf Kissen gestützt." In einer Schweizer Klinik baute man ihn noch einmal auf, er blieb an den Rollstuhl gefesselt. Er inszenierte noch die Oper "Manon Lescaut", für den gebrechlichen Meister ein wahrer Triumph. Wie zu einer Wallfahrt waren alle italienischen Stars, voran Anna Magnani, gekommen. Ein Graf hielt noch einmal Hof. Am 17. März 1976 ist er in Rom verstorben. Helmut Berger, den er wie Zeffirelli erschuf, tut sich seither schwer, aus seinem Schatten zu treten. Zeffirelli hat es geschafft. Er hatte sich schon zu Lebzeiten von seinem "Maestro im Sinne der Renaissance" gelöst. Sein abschließendes Urteil: "Er war ein Erzieher, ... umringt von ergebenen Schülern und Mitarbeitern; selten zahlte er ihnen etwas; sie verdienten sich ihr Geld, wo immer sich eine Gelegenheit bot, und arbeiteten für ihn, um zu lernen." Fast glaubt man, Rainer Werner Fassbinder hätte sich - hätte er es gewußt - an Viscontis Erfolgsgeheimnis erinnert.

Oscar Wilde
Bohemien der schönen Bosheiten

Seine geistreichen Bonmots, kunstvollen Aphorismen und sarkatischen Lebensweisheiten sind heute fast in allen Sprachen gern zitiertes Volksgut geworden. Keiner fragt mehr, welcher Außenseiter sie damals zu Papier gebracht hat. Oscar Wilde, der im Fleiß die Wurzel aller Häßlichkeit sah, war ein Genie des Müßiggangs. Denn er liebte das Schöne - nur das Schöne. Und das Vergnügen. "Vergnügen ist das einzige, wofür man leben sollte. Nichts altert so schnell wie das Glück." Trotz seiner Triumphe auf Bühnen und in der feinen Gesellschaft fand er das Glück nur für kleine Augenblicke. Denn auch die Zeit erlaubte es ihm nicht, so zu sein, wie er war und wie er sein wollte. "Man sollte immer etwas unglaubhaft sein", meinte er stolz. Daß man ihn für die Wahrheit einsperren würde, dafür reichte sein stilsicherer Weitblick nicht aus.

Oscar Wilde wurde am 16. Oktober 1854 als zweiter Sohn des angesehenen Augen- und Ohrenarztes William Wilde und einer kunstsinnigen Mutter im irischen Dublin geboren. "Sich selbst zu lieben, ist der Beginn einer lebenslangen Romanze", schrieb er später, schon in seiner Kinheit ging er so mit sich um und putzte sich dementsprechend heraus. Bereits auf dem College war er ein Snob, berichteten seine Schulkameraden, die den etwas hochnäsigen, weltgewandten Jüngling aber auch wegen seiner hervorragenden schulischen Leistungen nicht sonderlich mochten. Er war der beste Schüler, und was er sagte, saß. Als er mit zwanzig Jahren nach Oxford kam, scharten sich die reichen und adligen Studenten um ihn, weil er so amüsant, bisweilen frivol zu parlieren wußte. Seine "Décadence" und seine extravagante Kleidung wurden bald Gesprächsstoff in den Salons. "Frühreif sein heißt vollkommen sein", gab er zum Besten. Und mit dieser Devise fing er sich schon bald die ersten Liebhaber ein.

Mit "dem Wunder und der Schönheit des Lebens im alten Griechenland " vertraut, mühte er sich, in stilvoller Ableitung davon seinen eigenen Ästhetizismus zu praktizieren.

Als sein Vater 1876 verstarb, hatte die Familie zwar

"Für mich bestand das Vergnügen darin, mit denen zusammen zu sein, die jung, aufgeweckt, glücklich, sorglos und frei sind. Ich mag die Vernünftigen nicht, und ich mag die Alten nicht."

Oscar Wilde

nicht mehr so viel Geld zur Verfügung, aber Wilde dachte nicht daran, einen Beruf zu ergreifen. Er verkaufte unregelmäßig Gedichte an Magazine und ließ sich als galanter Unterhalter auf Schlösser oder in Stadtpalais einladen. Er wurde zum Dandy der Reichen. Nach einer langen Italienreise gewann er 1878 einen Preis für sein Gedicht "Ravenna". Immer mehr Zeitschriften publizierten nun seine kleinen Geschichten. Sein erstes Theaterstück "Vera" (1880) erschien. Auf Vortragsreisen in den USA posierte er, ganz Bildungs-Europäer, vor kulturhungrigen Bürgern, die sich an dem Lebemann mit der Kornblume im Knopfloch nicht sattsehen und satthören konnten.

Aus reiner Geldknappheit heiratete er 1884 Constance Lloyd, eine wohlhabende Dame, und bezog mit ihr ein geräumiges Haus in London. Seine beühmten Märchen wurden gedruckt. Und 1890 erschien sein "Bildnis des Dorian Gray" zum ersten Mal als Fortsetzungsroman. Die Geschichte dieses Narziß, der sich in sein eigenes Bildnis verliebt, seine Seele für das ewig Schöne verkauft, ist im Grunde Wildes Autobiographie. Alle, die ihn kannten und dieses für die Kritik so anrüchige Werk lasen, ahnten, wohin das führen könnte. Dorian wird nicht als schwul geschildert, aber er bewegt sich in einer Welt aus schönen, geistreichen Männern, und seine Beziehung zu Lord Henry ist mehr als der unverbindliche Treff zum Fünf-Uhr-Tee. Wilde verliebte sich in seine Figur und versuchte sie für sich selbst mit Leben anzureichern.

Während er seine Theaterstücke "Lady Windermere's Fächer", "Eine Frau ohne Bedeutung", "Ein idealer Gatte" oder seine berühmte "Salome" Anfang bis Mitte der 90er Jahre nur so aus seinem Salonärmerl schüttelte, traf er sich immer häufiger mit jungen Männern. Er steckte ihnen Geschenke zu, Zigarettenetuis, lud sie zum Diner, kleidete sie von Kopf bis Fuß neu ein. Er mietete sich Suiten in Luxushotels, um mit ihnen ungstört heitere und wilde Nächte verbringen zu können. Diener, Stallknechte, Laufburschen waren darunter. Waren sie schön für eine Nacht, es reichte ihm aus.

1891 stellte ihm der Dichter Lionel Johnson Lord Alfred Douglas vor. Douglas war 21 und der dritte Sohn des achten Marquess of Queensberry, eines gestrengen Lords. Wilde, 36, verliebte sich bei ihrer ersten Begegnung in dieses blonde, bildschöne Geschöpf. Wäre sein "Dorian Gray" nicht schon geschrieben gewesen, Douglas hätte ihm sicher als neues Modell dafür gedient. Wilde und Douglas wurden unzertrennlich. Er überhäufte seinen jungen Geliebten mit teuren Geschenken, schließlich mietete er für ihre Abenteuer ein Haus auf dem Land. Sie tollten dort wie Kinder herum und versetzten ihre puritanischen Nachbarn in Aufruhr, als sie splitternackt zu baden beliebten. Wilde nannte seinen "einzig geliebten Jungen" mit dem Kosenamen "Bosi". Ein Brief an ihn sollte die glücklichen Tage beenden. Ein Erpresser drohte Wilde, seine glühenden Verse an Lord Queensberry zu schicken, wenn er nicht 60 Pfund zahlen würde. Wilde lehnte ab.

Douglas' Vater verlangte von seinem Sohn, jede Beziehung zu Wilde abzubrechen. Douglas telegrafierte ihm zurück: "Was bist du doch für ein komisches Männchen." Obwohl es Lord Queensberry nicht gelang, Wilde bei der Uraufführung seines Theaterstücks "Bunbury" die mitgebrachten Blumen ins Gesicht zu schlagen, beleidigte er ihn, wo er nur konnte. Douglas forderte von Wilde Revanche. Im März 1895 wurde der Lord verhaftet und der Verleumdung beschuldigt. Währenddessen vergnügte sich Wilde mit Douglas in Monte Carlo.

Doch als im Kriminalgericht Old Bailey in London der Prozeß begann, mit Wilde als Zeugen, zeigte sich bald, daß Wilde selbst zum Angeklagten gemacht werden würde. Trotz herrlicher Bonmots, vom Publikum stürmisch beklatscht, redete er sich um Kopf und Kragen. Es wurde immer klarer, daß er tatsächlich die verbotenen Verhältnisse mit anderen Männern pflegte. Queensberry indes wurde freigesprochen und Wilde angeklagt. Fünf Tage dauerte dieser Mai-Prozeß, und Wilde war danach auch finanziell ruiniert. Obwohl ihm seine Theaterstücke rund 100.000 Goldmark jährlich einzubringen versprachen, pfändete man ihm in mehreren Konkursverfahren alle noch verfügbaren Güter. Seine Stücke wurden wegen "seiner abnormen Beziehungen" abgesetzt.

Was hatte er getan, gar verbrochen? Er gab ärmlichen Jungs für Stunden, Tage, Monate ein bißchen Geborgenheit, einen Zipfel vom Luxus, den er sich seit Jugend als Lebensinhalt erkor. Die vielen Zeugen, die ihn belasteten, gierten danach, diesen Bohemien leiden zu sehen. Die Gerichtsakten seines Prozesses lesen sich heute wie eine einzige Denunziation. Was wurde da alles gegen Wilde ans Licht gezogen! Juweliers, Hoteliers, Zimmermädchen, Liftboys, alle wollten den Mann, von dem sie einst lebten, nicht schützen. Sie berichteten, wie sie ihn mit einem sechzehnjährigen Jungen, mit kurzgeschnittenen Haaren, bläßlich, im Hotelbett ertappten. Er, der Genießer, hatte ja nicht einmal die Schlafzimmertür verschlossen. Die Hotelverwalterin ließ sich über Wildes Bettlaken aus, "die so merkwürdig verschmiert waren, mit Fett oder Vaseline". Monogramme in Zigarettenetuis wurden entziffert, Küsse an Kellner beschrieben, seine Schlafgewohnheiten enträtselt. Am Ende des Prozesses stand ein gebrochener Mann. Er, der für die Schönheit und das Vergnügen gelebt hatte, landete im Gefängnis. Der Innenminister, den Wilde um Haftentlassung bat, lehnte ab, erlaubte ihm nur ein paar Bücher in die Zelle zu nehmen.

Wilde und Douglas

Wilde wurde auch von seinem "Bosi" im Stich gelassen. Dennoch, er schrieb ihm einen langen anklagenden Brief, der später als "De Profundis" zu seinen beeindruckendsten Werken gezählt werden sollte. Nach zwei Jahren Haft wurde Wilde am 19. Mai 1897 in die Freiheit entlassen. Noch am selben Tag verließ er England und reiste nach Frankreich, wo er sich in Dieppe, einem kleinen Dorf an der Küste, niederließ. Sein Pseudonym hieß nun Sebastian Melmoth. Erst langsam fand er wieder zu anderen Menschen, so, als er aus Anlaß des Thronjubiläums von Königin Victoria eine Party gab. Gäste waren meist junge Burschen, die er mit Erdbeercreme bewirtete. Sein größtes Problem waren seine Schulden. Sein Ex-Freund Douglas, der seinen Absturz verursacht hatte, und mit dem er sich ein paarmal in Rouen und Neapel traf, wollte ihm, obwohl er geerbt hatte, nicht helfen. Wildes Frau verlangte, erst nach seiner endgültigen Trennung von "Bosi" ließe sie ihm ein paar Pfund zum Leben zukommen.

Der amerikanische Schriftsteller Frank Harris hielt Wilde die nächsten Jahre über Wasser. Er ermöglichte ihm Reisen nach Italien und in den Süden Frankreichs. Trotzdem, Wildes unbezahlte Rechnungen wuchsen. In dem kleinen Pariser Hotel, in dem er sich einquartiert hatte, wurde er nur geliitten, weil der Direktor Mitleid mit diesem großen Dichter empfand. Er ließ ihm Kaviar und Champagner servieren, obwohl er wochenlang nicht mehr bezahlte. Absynth, jenes flüssige Gift, das schon andere Künstler umgebracht hatte, war bald Wildes einzige Nahrung. Er schrieb Bettelbriefe, konnte aber seinen Seelenfrieden mit dem schnöden Mammon nicht mehr finden. Am 10. Oktober 1900 mußte er sich einer Mittelohroperation unterziehen, Folge eines Sturzes in der Gefängniszelle. Am 29. Oktober stand er noch einmal auf, ging aus, trank seinen geliebten Absynth. Vier Wochen später ließ er sich am Sterbebett in die römisch-katholische Kirche aufnehmen, erhielt die Nottaufe und die Sterbesakramente.

Am 30. November 1900 starb er in einem erbärmlichen Zustand. Auf seinen Schläfen hatte man Blutegel angesetzt, um den Druck auf sein Gehirn zu lindern. Aus seinem Mund quollen Schaum und Blut. Ein grausames Ende für einen Ästheten wie Wilde. Eine Gesellschaft hatte ihn zugrunde gerichtet, über die er so wortreich zu triumphieren verstand. Vielleicht hatte sie ihn auch nicht verdient.

Tennessee Williams
Poet auf dem heißen Blechdach

Er bezeichnete sich selbst als so schwul wie die Nacht finster, der wohl erfolgreichste Dramatiker unseres Jahrhunderts. Tennessee Williams war ein rastloser Mensch. Seine Begabung, menschliche Wahrheiten unverblümt, bitterironisch in pointierte Theaterdialoge zu fassen, ging einher mit grenzenloser Sehnsucht. Selbst als der Erfolg im Übermaß kam, kam er nicht zur Ruhe, mit sich und seinen quälenden Ängsten. Er hatte nicht nur einen labilen Kreislauf, wurde von fast allen Krankheiten befallen, war anfällig für Alkohol- und Drogenmißbrauch, er verwirrte seine Umwelt mit der Vehemenz eines Außenseiters. Dabei hielt er der pharisäerhaften Gesellschaft nur den Spiegel vor. Er lebte ein reiches Leben, "mit sehr vielen Augenblicken der Glückseligkeit, befleckten und unbefleckten". Aber er war trotz seines Ruhms ein einsamer Mann.

Tennessee Williams hieß eigentlich Thomas Lanier Williams und wurde am 26. März 1911 in Columbus, Mississippi, geboren. "Es braucht wohl kaum gesagt zu werden, daß ich mit einer besonders schwierigen Jugend geschlagen war", schreibt er in seinen fast indiskreten Memoiren (1972). Seine ersten acht Jahre, die er im Pfarrhaus seines Großvaters verbrachte, waren für ihn die zufriedensten und harmonischsten seines Lebens. Jene "verzauberte Periode" mußte er verlassen, als seine Familie nach St. Louis übedrsiedelte. Ein Jahr lang kämpfte er gegen die Diphterie, die den kleinen Draufgänger beinahe hingerafft hätte. In dieser Krankheit, so glaubt er, liege die Wurzel zum Weichling, seine Mutter habe ihn zu sehr verwöhnt. Mit 16 schrieb er "Die Rache des Nitocris", das erste Stück, das man von ihm druckte. Sein Großvater nahm ihn im gleichen Jahr auf eine große Europareise mit. Auf sein Studium in Missouri mußte er warten. Er verdiente sich als Arbeiter in

"Ich kenne viele Homos, die nur für Sex leben und bei denen diese insistente Hölle bis ins mittlere Alter und länger währt. Sie ist in ihre Gesichter gegraben und steht in ihren hungrigen Wolfsaugen zu lesen. Ich glaube, was mich davor bewahrte, war, daß bei mir an erster Stelle immer die Arbeit stand. Ja, selbst als die Liebe dann zu mir kam, war meine Arbeit mir immer noch das Allerwichtigste."

Tennessee Williams

einer Schuhfabrik das Nötigste zum Leben. Er war krankhaft schüchtern, doch oft ging der Jähzorn mit ihm durch. Und er errötete, wenn ihn auch nur einer ansprach.

Mit 17 verliebte er sich in Hazel Cramer, ein rothaariges Mädchen, das er schon länger kannte. Auf einer Flußfahrt legte er seinen Arm um ihr ärmelloses Abendkleid, "und ich kam in meine weißen Flanellhosen". Der feuchte Fleck auf der Hose sollte das Intimste zwischen beiden bleiben. Denn nur zweimal im Jahr erlaubte sie ihm, sie auf den Mund zu küssen. Seine "zweite" Frau, "die einzige und letzte sexuelle Affäre mit einer Frau", hatte er 1937 mit Sally, an der theaterwissenschaftlichen Fakultät der Universität von Iowa. Sally war Alkoholikerin und Nymphomanin. Williams: "Ich stürzte mich mit Leib und Seele in sie hinein. Sie wechselte die Stellung, setzte sich auf mich und ritt auf meinem Schwanz wie auf einem Steckenpferd – und dann kam sie ... Ach, es war, als hätte ich den Suezkanal gefickt." Ein offenes Wort hinterdrein: "Ich lernte es, meinen Orgasmus zurückzuhalten, obwohl ich damals nicht auf einen angewiesen war."

Jungs fand er noch nicht so interessant, auf dem College im Jahr 1929. Mit einem Schüler, der sich zu ihm ins Bett legte und ihn streichelte, konnte er noch nicht viel anfangen. Auch bei Smitty, einem anderen Collegeboy, wußte er noch nicht sicher, wie's um ihn stand. "Er legte sich neben mich und umschlang mich fest mit Armen und Beinen, und ich zitterte so sehr, daß das Bett ratterte." 1934 kam sein erstes Theaterstück "Kairo, Shanghai, Bombay!" auf die Bühne in Memphis, wo er den Sommer bei den Großeltern verbrachte. Er lernte einen jungen Iren kennen, mit dem er lange Kanufahrten unternahm. Ein Grund, warum er im nächsten Semester durchfiel? Doch dann schaffte er sein Diplom und reiste nach Chicago. Dort lernte er einige "phantastische schwarze Schwuchteln" kennen, die in einem Nachtlokal auftraten. Das Wort Analverkehr hört er (?) zum ersten Mal. "Ich wußte nicht einmal, wie ich mich verhalten sollte, wenn sich die Gelegenheit bot, daß ein junger Mann mir seine Bereitschaft zu verstehen gab." Mit einem jungen Schriftsteller-Kollegen hurte er sich durch GI- und Matrosenkneipen. Selbst auf der Straße machte er diesen Prügeln von Mannsbildern offene Anträge. Man hielt ihn bisweilen für einen Zuhälter. Als ihn die Kerle fragten, "wo sind die Weiber", mußte er sie aufklären, "daß wir die Weiber sind".

1939 arbeitete er auf einer Geflügelfarm. Er war Hühnerrupfer in der Nähe von Los Angeles. Da geschah das Wunder: Er erhielt ein Telegramm vom Group Theater in New York, daß er für eine Reihe von Einaktern eine Sonderprämie von 100 Dollar bekäme. Später erhielt er für "Der Kampf der Engel" einen Scheck über 1000 Dollar von der Rockefeller-Stiftung. Er konnte sich, wie er glaubte, nun etwas mehr leisten. Doch das Geld war schnell weg. Einmal verlor er alles, einmal klaute man es ihm, einmal setzte er es in Liebesdienste um. 1940 lernte er seine erste große Liebe kennen, Jack Kip. Ihm widmete er seine erste Sammlung von Kurzgeschichten. Kip trug hautenge Jeans, kochte ihm Muschelsuppe und ließ sich von ihm bedingungslos lieben. Sie schliefen jede Nacht zusammen. "Und mein Verlangen nach diesem Jungen war so übermächtig, daß ich ihn mehrmals im Laufe der Nacht weckte, um meine Lust aufs neue an ihm zu stillen. Verstehen Sie: In jenen Tagen - und Nächsten - wußte ich noch nicht, wie sehr die Leidenschaft auch einen passiven Partner ermüden kann." Kip liebte auch ihn, aber er ließ sich von einer Freundin überzeugen, daß er am Ende noch schwul werde, wenn er weiter jede Nacht mit einem Mann das Feldbett durchbumse. Kip starb mit 26 Jahren, an einem Gehirntumor.

1941 zog es Williams zum ersten Mal nach Key West. Diese spätere Schwulenoase, von Hemingway keine Spur mehr, sollte für den nun immer erfolgreicher werdenden Literaten zur Bleibe werden, zumindest für einige Monate im Jahr. Mit 30 Jahren wurde er bereits am Star operiert, insgesamt mußte er ein Dutzend Augenoperationen über sich ergehen lassen. Die erste geschah auf Pump. Er war sein Leben lang in keiner Krankenversicherung und konnte sich damals noch keine so aufwendige Behandlung erlauben. Noch 1943 jobbte er als Platzanweiser in einem Kino am New Yorker Broadway. Erst 1944 kam der sensationelle Erfolg. "Die Glasmenagerie", ein Drama der Hoffnungslosigkeit, erlebte auf eben diesem Broadway einen überwältigenden Triumph. Das Stück ging nach England, noch nicht jedoch auf den europäischen Kontinent. Hier tobte der Krieg.

Bill, ein ausgeflippter, schwarzhaariger Junge mit einem leichten Sprachfehler, selbst nicht schwul, wurde Williams Bettgenosse für den Notfall. Er besuchte ihn in verschiedenen Hotelsuiten New Yorks, wenn der Dramatiker nun für die Lust Zeit fand. Er war gefragt. Trotzdem, er verfiel in tiefe Depressionen. Er hatte es geschafft und er war geschafft. Er reiste nach Mexico City. Dort begegnete er Leonard Bernstein, damals schon ein reicher Mann, der jeden Samstagabend in seiner Wohnung eine "Herren-Party" veranstaltete. Williams nahm sich einen "Mischling mit Indianerblut in den Adern". Bernstein und er wurden von amerikanischen Salon-Tunten zum Essen eingeladen. Der Maestro war schockiert und beschimpfte die "scheißeleganten Tucken".

"Endstation Sehnsucht": Williams brachte sie 1947 auf die Bühne. Zu Ende geschrieben in seinem geliebten Key West, bei Brandy Alexander und Whisky. Star der Inszenierung wurde Marlon Brando. Er und Williams verstanden sich nicht sonderlich gut. Hemmungen. Frank Merlo, sizilianischer Abstimmung, trat in sein Leben. Er wurde zu dem Mann, der Williams ein Leben lang am nächsten stehen sollte, zu "meinem Gefährten". Williams nannte ihn "das kleine Pferd", angeblich wegen seiner Gesichtszüge und der braunen Augen. In Provincetown, in einer Nachtbar, hatten sie sich das erste Mal getroffen. Nach Annäherungsversuchen in seinem Pontiac-Kabriolett fuhren sie zu den Dünen. Der Sand, so schwärmte Williams, war nur nicht die ideale Unterlage "für die Huldigung an den kleinen Gott". Sie blieben zusammen. Sie schlemmten Hummer, tranken die besten Weine, tourten durch unzählige Bars - und sie liebten sich nächtelang, tagelang, unersättlich.

Williams ist weltberühmt. "Sommer und Rauch" (1948), "Die tätowierte Rose" (1951), "Die Katze auf dem heißen Blechdach" (1955), "Orpheus steigt herab" (1957), "Süßer Vogel Jugend" (1959), "Die Nacht des Leguan" (1961), "Königreich auf Erden" (1968), "Sturmwarnung" (1972) - und "Plötzlich letzten Sommer" (1958). 33 Bühnenstücke von Williams haben die Theater weltweit in ihrem Repertoire. Und zu den größten Werken entstanden fast monumentale Filme. Liz Taylor, Marlon Brando, Montgomery Clift, Paul Newman, Vivien Leigh, Katherine Hepburn brillierten. Williams Vermögen wuchs ständig, vielleicht auf 15 Millionen Dollar, oder so ungefähr. Er konnte die Tantiemen nicht mehr verleben. Trotzdem, mit Frank Merlo kam es ständig zu finanziellem Ärger. Er war mit seinen 150 Dollar pro Woche nicht zufrieden. Besser, es reichte ihm nicht aus. Williams stöhnte. Denn: Sein Liebhaber war, was erst keiner glauben wollte, mit zehn Prozent an sämtlichen Einspielergebnissen der Stücke beteiligt. Sogar nach ihrer Trennung erhielt er die wöchentlichen Wechsel. Dann die Schreckensnachricht: Franky hat Lungenkrebs. Weil er Kettenraucher war? Williams rätselte. Im Tod des Gefährten die späte Versöhnung. Das Ende einer fast siebenjährigen Depression.

Drogen wurden Williams selbst immer wichtiger. Sein Erfolg, der der neuen Stücke, ist verhalten. Er ist ein alter Mann. 1970 erlitt er einen Nervenzusammenbruch, mußte in eine psychiatrische Klinik. Als er nach Key West zurückkehren konnte, mußte er feststellen: Sein Freund Ryan hatte nicht mehr mit seinem Überleben gerechnet. Das Haus hatte er schon völlig renoviert. Doch Williams kämpfte. Als Gehetzter, als Dramatiker, der nur mehr in den frühen Morgenstunden schreiben konnte. Aber-Go-Go-Boys in New Orleans oder Edelstricher in Rom interessierten ihn noch immer. Viele nur mehr visuell, denn als Penicillin-Allergiker hatte er Angst vor einem Tripper. Angst! Obwohl er alles erreicht hatte, mehr ist für einen Sterblichen nicht möglich, witterte er in jedem und allem die Gefahr. Mit 60 konvertierte er zwar zum katholischen Glauben (ähnlich Oscar Wilde), aber sein Gottvertrauen war doch eher dürftig. Eitel war er auch, doch Stolz stand darüber. Einsam, aber mit Haltung, legte er sich am 25. Februar 1985 in einem New Yorker Hotelzimmer zum Sterben.

Alexander Ziegler
Zeuge der Inkonsequenz

Er liebte theatralische Gesten. Schließlich war er Schauspieler. Zu wirken war sein Beruf. Viele Jahre war man ihm dankbar für seine Begabung, im richtigen Augenblick die schwule Pauke schlagen zu können. Nach publicity-geilen Fehltritten auf politischem Parkett rief keiner lauter als die Schwulen: "Kreuziget ihn!" Alexander Ziegler war das, was schon 1970 im Klappentext zu seinem Bestseller "Labyrinth" erschien: "Er macht sein Leben zur Schaubühne, ohne Vorsatzstück, Vorhang oder Dekoration."

Am 8. März 1944 wurde er in Zürich geboren. In der Stadt des Geldes, der Krawatten, der trotzdem beschaulichen Ruhe über dem See wuchs er auch auf. Schon als Junge wollte er Schauspieler werden, mit 16 ging er an das legendäre Max-Reinhardt-Seminar nach Wien. Mit 18 bekam er seine ersten Rollen in Deutschland; die Theaterdirektoren hielten den meist recht ernst blickenden Wuschelkopf für sehr begabt. Als Moritz Stiefel in Wedekinds "Frühlingserwachen" schaffte er 1964 in Wien seinen Durchbruch, man bot ihm die männliche Hauptrolle in der amerikanischen TV-Serie "Boys and girls" an. Ein Riesenerfolg. Nach Kurzgastspielen in italienischen und französischen Filmen schien die Karriere als jugendlicher Held vorprogrammiert.

Doch Alexander Ziegler war schwul. Und darauf stand Zuchthaus. 1966 verurteilte ihn ein Schweizer Gericht "wegen Verführung Minderjähriger" zu zweieinhalb Jahren Gefängnis. Bis Mitte 1969 saß er im Knast. Das, was er später in seinem wohl gelungensten und erfolgreichsten Buch "Die Konsequenz" niederschrieb, hat er am eigenen Leib erlebt. Für die Liebe zu einem Jungen hat man ihn gedemütigt, ihm, selbst noch blutjung, die schönsten Jahre geraubt. Er konnte und wollte nicht begreifen, daß man jemand für seine tiefsten Gefühle so drakonisch bestraft. Denn seine Liebe wurde ja flammend erwidert. Im Knast entstand sein Buch "Labyrinth - Report eines Außenseiters". Als es 1970 erschien, erregte es mächtig Aufsehen und machte den Autoren in Windeseile bekannt. Ziegler nutzte die Liberalisierung des Paragraphen 175 in der Bundesrepublik Deutschland, um mehr über seine Minderheit, die Schwulen, in die Medien, nach draußen zu bringen. Er erkannte, jetzt war die Zeit, in die Offensive zu gehen. In einem Jahr

"Ich blicke in den Spiegel und bekenne, daß ich nicht der bin, für den ich mich hielt."

Alexander Ziegler

schrieb er die beiden Theaterstücke "Zellengeflüster" (1970) und "Happy-end" (1971), die dann mit mehr oder weniger großem Erfolg an über 20 deutschsprachigen Bühnen liefen.

Die Schwulen begannen langsam, sich aus ihren Iglos zu wagen, das Eis der Ablehnung, der Isolation, hatte angefangen zu schmelzen. Die Zeitschrift "DU&ICH" engagierte Ziegler als ihren Chefredakteur. Fast zehn Jahre lang nutzte er das Blatt als sein Forum. Aus dem Angeklagten war ein Ankläger geworden, ein renommierter Kämpfer, viele meinen eine Institution. Auch mit der Schwulenbewegung selbst focht er mit spitzer Feder, einige nannten seinen Journalismus nicht besser als den von "BILD". Er halste sich Prozesse auf, weil er Prominente zwingen wollte, zu ihrem doch erwiesenen Schwulsein zu stehen. Er nahm offen Partei für Willy Brandt bei der Bundestagswahl 1972; dessen Gegenkandidat Rainer Barzel wurde von Ziegler kurzerhand als ungeeignet "kastriert". Über allem medienwirksamen Schlagzeilenstricken vergaß er jedoch nicht, vielen jungen Strafgefangenen wirklich zu helfen. Er organisierte Spenden, trieb Gefängnisdirektoren wegen Hafterleichterungen zur Weißglut, vermittelte Entlassenen Jobs und impfte Politikern und Institutionen geeignete Hilfsmaßnahmen ein.

1975 erschien "Die Konsequenz", 1977 wurde das Buch von Wolfgang Petersen unter Zieglers Obhut beklemmend-realistisch verfilmt. Jürgen Prochnow und Ernst Hannawald, beide nicht schwul, konnten Zieglers Erlebnisse glaubhaft transportieren. Ziegler selbst spielte im Film einen Gefangenen, der sich mit Martin, dem Helden, in der Zelle vergnügt. Der TV-Film, vom Bayerischen Rundfunk nicht gesendet, kam wegen dieser Zensur ins Kino und wurde vor allem für viele jüngere Schwule der Auslöser für ihr Coming out. Ziegler, seinen Freund, dessentwegen er in den Knast ging, stolz an seiner Seite, hatte mehr Publikum mobilisieren können als seine "Mitschwestern" Werner Schroeter oder Rosa von Praunheim. Auch dieser Erfolg machte ihn für viele verhaßt. Ebenfalls 1977 kam sein Theaterstück "Tribunal oder Der Sittlichkeitsverbrecher" auf die Bühne, wieder lieferte sein Leben die bittern Pointen dafür.

Doch je ruhiger es in der breiten Öffentlichkeit um ihn wurde, desto mehr trat er aufs nachrichtenträchtige Gas. Er mischte sich ein in die schmuddelige Affäre um den österreichischen Außenminister Pahr, dem man vorwarf, homosexuell zu sein. Und er spielte 1984 den divenhaften Kronzeugen für Bundesverteidigungsminister Manfred Wörner, als dieser den Vier-Sterne-General Kießling wegen dessen angeblichem Schwulsein fristlos entließ. Für Tage hatte Ziegler das grelle Licht des Bonner Sumpfes auf sich gezogen, doch wie ein geschlagener Boxer verließ er den Ring. Er mußte zurückstecken, seine angeblichen "Tonbandbeweise" waren nicht dicht. Vor allem aber war sein denunziatorisches Vorgehen ein Skandal. In seinem letzten Buch "Ich bekenne" hat er sich für diesen Fehltritt glaubhaft entschuldigt.

Politiker verachtete er im Grunde, doch er liebte sie auch, schon, um sich an ihnen zu reiben. Stolz verkündete er bereits 1977, daß der Parlamentarier, den er in

Szene aus "Die Konsequenz" mit Erst Hannawald und Jürgen Prochnow

der "Konsequenz" zeigte, wirklich existiere, auch wenn die Parteien abstritten, daß einer wegen seiner sexuellen Neigungen nicht wiedergewählt würde. Ziegler angriffslustig im WDR-Interview: "Ich habe einen Brief von Helmut Kohl (damals Oppositionsführer im Bundestag), der mir geschrieben hat, dieser Mann könnte sich bekennen und es werde ihm innerhalb seiner Partei nichts geschehen ... Den Brief habe ich zu Hause."

Ziegler betrachtete sich und seinen Freund als "Glückspilze": "Weil für einen Homosexuellen, ungeachtet der umweltbedingten Probleme, wohl das Schlimmste ist, wenn er allein leben muß - ohne Partner, ohne Gefährten, mit dem man über alles reden, dem man vertrauen und mit dem man, so profan sich das jetzt vielleicht anhört, auch schlafen kann, weil man gerade als Homosexueller oft ein sehr starkes Bedürfnis nach sexueller Zusammengehörigkeit hat."

Ob er selbst diese Zweisamkeit, die er als Idealzustand pries, am Ende seines Lebens noch erfahren durfte - darüber läßt sich nur rätseln. Mehr und mehr jedenfalls hatte sich der einstige Aktivist an sein Züricher Theater "Stok" zurückgezogen. Hier spielte er seine eigenen Stücke. "Kokain", eine Aufführung mit wenig Fortune - so einhellig die Presse -, lief in diesem Juli/August 1987, als sich das Tragische anzubahnen begann. Ziegler brach zusammen, sein Nervenkostüm war überreizt. Er schluckte 90 Schlaftabletten und versuchte zu sterben. Theatralisch, wie es ein bühnenerfahrener Mann tut. Ein Freund fand ihn leblos in seinem Einzimmerappartement und konnte ihn retten. Der Spuk vom Selbstmord schien vorbei. Doch Zieglers Nieren konnten, den Ärzten zufolge, diese tödliche Dosis nicht mehr bewältigen. In der Nacht des 11. August 1987 war er tot. Ein Einzelkämpfer, ein schwuler Rebell, der trotz seiner Fehler ehrlich genug war, mit sich ins Reine zu kommen. Wer ihn heute nur am Fall Kießling beurteilt, wird ihm nicht im mindesten gerecht. "Mimen", so schrieb es schon Schiller 1798 im Prolog seiner Wallenstein-Trilogie, "flicht die Nachwelt keine Kränze", und Ziegler war ein Schauspieler, mehr als alles sonst. Doch er war auch ein Darsteller schwuler Lebensart, schwulen Lebens und Leidens. Und wenigstens dafür gebührt ihm ein Kranz.

Schiffe, die sich nachts begegnen

Klassische Erzählungen und Lichtbilder
aus der Welt der Homosexuellen

FOERSTER VERLAG

Diskrete Leidenschaften

Homosexuelle Prosa aus Polen

FOERSTER

Der pädosexuelle Komplex

Angelo Leopardi

FOERSTER